和布の針仕事

私の毎日使いたい
バッグとポーチ

岡崎光子

はじめに

私は小さい頃から針を持つのが大好きでした。祖母や母のそばで、はぎれをもらってチクチク縫っていたのを思い出します。大人になってもその気持ちは変わらないままです。洋服を作る仕事をし、自分の子供の洋服やバッグは全部手作りしていました。

その後パッチワークキルトを始めて、心地よいと思う布は昔ながらの木綿や絹物でした。古い布に新たな命を吹き込んで自分らしいバッグを作り、そのバッグを持ち歩いては心がときめきます。これこそが針仕事の最大の魅力です。

74歳になった今、針仕事を通してたくさんの仲間が出来ました。毎日が楽しく、この先もこのまま仲間とおしゃべりしながら針を持てたらなんて幸せなことだろうと思います。

この本を手に取ってくださったみなさん、そして一緒に針仕事をしている仲間に感謝します。この本を参考に、貴方らしいお気に入りのバッグを作っていただければとても嬉しいです。

岡崎光子

もくじ

大島紬・紬 30

銘仙 46

メッシュ地 52

藍布

藍布とは、藍の葉を発酵させた染料で染めた布のことです。黒に見えるような濃い藍から淡い水色まで何段階もの色に染められ、それらの微妙に違う色には、「甕覗き《かめのぞ》」「浅葱《あさぎ》」「縹《はなだ》」「藍錆《あいさび》」といった美しい名前がつけられています。この色の違いは、布や糸を染料にくぐらせる回数によって変化します。

織った布を染める方法と糸を染めてから織る方法とがあり、持ち味は大きく異なります。型染め、筒描き、絞り染めなどは織った布に糊をつけたり糸でしばったりすることで色が染まらない部分を作ってから染めて模様を描く方法です。一方、絣は糸の段階で模様の出る部分を染め分け、その糸で正確に織ることで模様を描き出します。

藍布には消臭、防虫効果があると言われ、昔から日常着として親しまれてきました。種類が豊富でしっかりとした張りと厚みがあり丈夫な木綿の布は、普段使いのバッグに向いています。古布の場合は、何度も使われ水をくぐってやわらかくなっているものが多くあります。独特の風合いとやわらかさは魅力的ですが、薄くなっている布も多いので、裏に接着芯をはったり、破れたところはアップリケで隠すなどの工夫をしてください。

絣。独特のかすれたような柄が
味わい深い布。

無地。色と質感で十分存在感があり
ますが、刺し子をしても映えます。

型染め。大柄から小紋までさまざまな模様があります。

四角つなぎのおもしろさ

無地、型染め、絣とさまざまな種類の藍布をつないだ、藍づくしバッグ。5.5cm角の正方形を規則正しく並べた間に、マルのパターンを組み込みました。布合わせは難しくありませんが、大柄、中柄、小紋をバランスよく配置してメリハリを付けるとより引き立ちます。ふわふわとシャボン玉が飛んでいるような丸い刺し子がかわいらしく、ポイントです。持ち手と底部分は刺し子をした無地を使っています。ただの無地よりも雰囲気が出るので重宝する布です。最初から刺し子をした状態の布が販売されていますが、自分でちくちくと刺すのも楽しい時間です。このバッグで基本の仕立て方を解説しています。ほかのバッグを作る際にもぜひ58ページを参考にしてください。

28×38cm　岡崎光子
作り方---58ページ

25×40cm　岡崎光子
作り方---66ページ

持ち味を生かした素材の組み合わせ

藍布と酒袋の組み合わせは、木綿同士の最強コンビ。質感、色合いともにぴったりです。しっかり丈夫で使うほどに手になじみ、味わい深くなります。特に丈夫な酒袋を痛みやすい持ち手とマチや底に、種類が豊富で縫いやすい藍布を柄やデザインを見せたい本体にと使い分けました。藍布部分のマルは7ページと同じデザインですが、ピーシングではなくアップリケをしています。4枚を接ぎ合わせて、型紙で形を整えてからアップリケすればきれいなマルになります。刺し子はランダムにひたすらざくざくと刺します。この無心の繰り返しから素朴なおもしろさが生まれます。持ち手は幅を広くしてボリュームたっぷりに。デザインの一部にもなり、酒袋の持ち味が生きています。

反対側は絣模様に合わせて星のように
刺し子を入れました。

まっすぐ刺す 刺し子のコツ

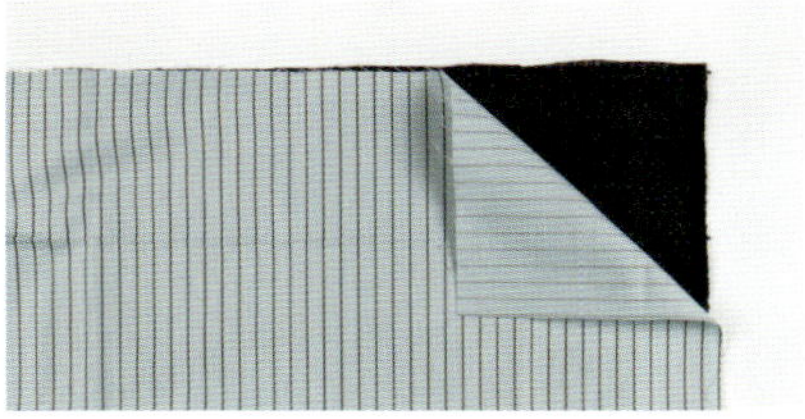

1 刺したい布の裏に、縞の布を外表に重ねます。

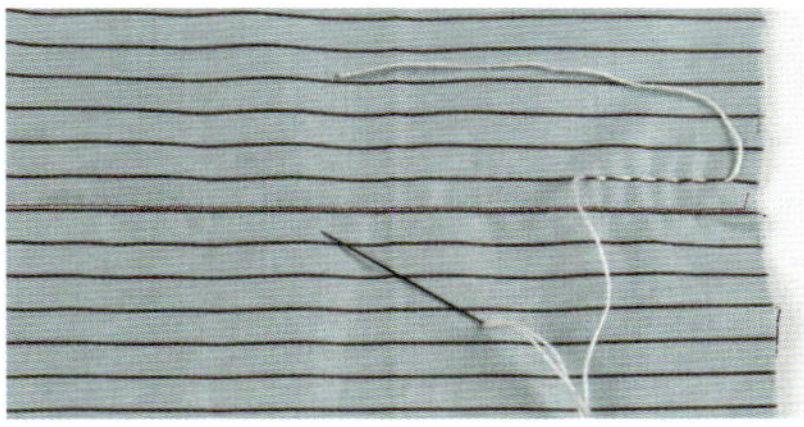

2 布がずれないように中心の縞に沿ってミシンをかけます。刺し終わった後もこの糸ははずさないので、実際に縫うときは目立たない色の糸を使ってください。裏側（縞布側）から、縞に沿って刺し子をします。刺し始めは10cmほど糸を残しておきます。

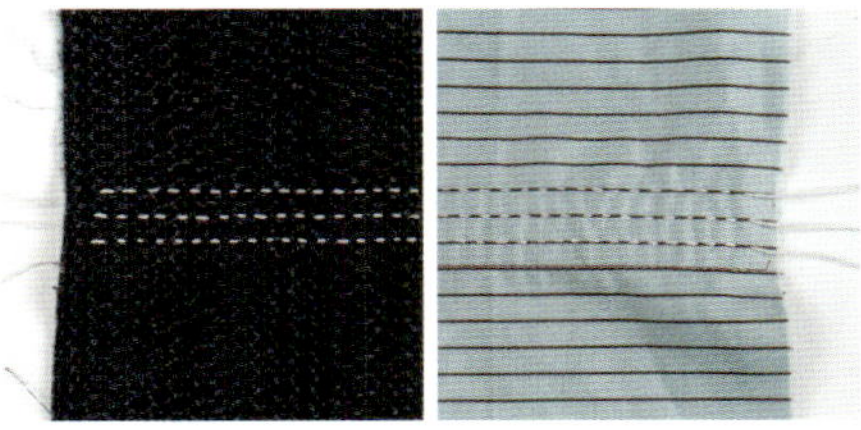

3 ざくざくと順番に刺し子をします。中心から上半分が刺せたら、もう下半分も同様に刺します。表から見るとまっすぐ刺せているのが分かります。

4 上の作品のように、刺し子の途中に丸い玉を作りたいときは、表側で針に糸を3回ほど巻き付けて玉止めするだけです。浮き上がらないように、布のきわで玉止めしてください。

27×31cm　岡崎光子
作り方---67ページ

藍にざくざく自由に刺し子

ざっくりとした質感の無地の藍布に、自由気ままに刺し子をしたバッグです。刺し子糸も太いもの、細いもの、縫い目の大きさも間隔も自由に。きれいに刺すよりも不揃いだったり歪んだりした縫い目のほうがかえって木綿の布の質感に合っています。刺し子糸の色は布と同じ藍を使っていますが、刺し子をくっきりと目立たせたいときは白や黄色などで刺してもかまいません。よく見ると、布は一枚布ではなく接ぎ合わせたもの。刺し子をしてから自由にカットして接ぎ合わせています。接ぎ目にも刺し子を入れてデザインの一部にしています。同じ色の無地の藍布を接ぎ合わせましたが、濃さの違う布を組み合わせてもおもしろいですね。藍布は濃淡だけでも味わい深いものです。

反対側はOとMの刺し子。自分のイニシャルも刺し子ならばわざとらしくなく自然です。

刺し子をした布からパーツを切り出すので、持ち手にもざくざくと刺し子が入っています。

24×25cm　岡崎光子
作り方---68ページ

マルにうずまき 曲線の魅力

藍布の素材は同じでも、かっちりとした直線のバッグにするか、やわらかな曲線のバッグにするかで印象が変わります。このバッグはすべて曲線で作られたバッグ。直線なのはバッグ本体の刺し子だけです。本体は同じ形を4枚縫い合わせているだけですが、曲線同士を縫い合わせるのでふっくらとした独特の立体感のある形に仕上がります。そして何より目をひくのが、藍布にうずまきの刺し子をしたマルのアップリケ。ほぼ無地の濃い藍布に白の刺し子糸が浮き上がって見えます。うずまきは単調にならないように、中心に向かうほど幅をせまくして動きを出します。持ち手は、手に提げても腕に掛けても、肩に掛けることも出来るほどよい長さに。これ以上長くするとバランスがくずれる絶妙な長さなのです。

口を留めるボタンもうずまきにして
デザインのひとつに。ループはバッグの形が
くずれないように長めにしました。

底でぴったり4枚が合わさるように
丁寧に仕立ててください。

後ろは大胆に大きなマルひとつ。

自分で布を縮ませて生み出す表情

しぼりの布のように、くしゅくしゅと縮んだ質感を藍布で作り、バッグに仕立てました。それだけで立体感と存在感があるので、シンプルなデザインのバッグに向いています。もともと一枚の布のように見えますが、中心は花を描いた型染め布、両側は絣を組み合わせています。A4サイズが楽々入る縦長のぺたんこバッグは、サブバッグとしてもひとつは欲しい使い勝手のよい形。簡単に作りたいけれど布を接ぎ合わせただけでは物足りないときにぜひ試してほしい手法です。本体に存在感とボリュームがあるので、持ち手も布一枚ではなくふっくらとさせてバランスをとるようにしましょう。

くしゅくしゅを作る ちぢむシートの使い方

1 「ちぢむシート」という専用のシートを使います。15％と30％の2種類の収縮率があります。

2 格子など好みの模様をシートに描きます。上のバッグは、ミシンのフリーモーション機能にある模様を使いました。

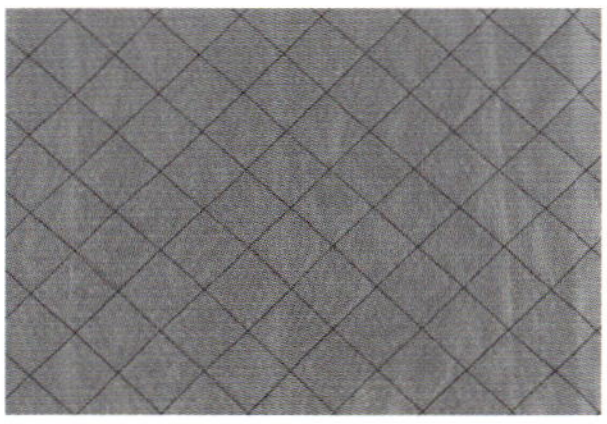

3 布の裏にシートを重ね、ずれないように周囲にしつけをかけるかまち針で留めてから格子に沿ってミシンをかけます。手縫いの場合は細かい針目で縫ってください。

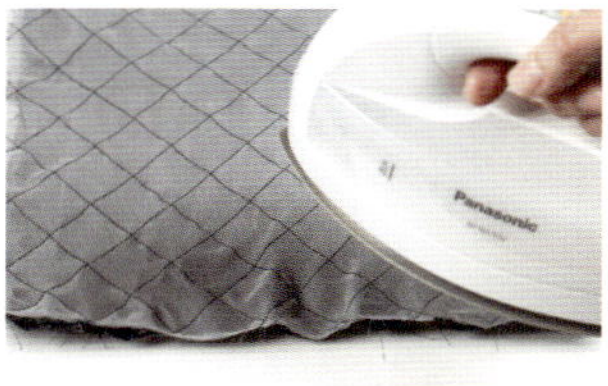

4 アイロンのスチームを浮かしながらかけて、シートを縮ませます。スチーム機能がないときは、表面をそっとなでるようにしてかけます。

5 シートが縮んで、布にくしゅくしゅとした縮みが出来ました。下は布とシートの間にキルト綿をはさんだタイプです。布だけだとくしゅくしゅとした質感ですが、綿をはさむとぽこぽことしたふっくら感が出ます。模様で印象が変わるので、いろいろ試してみてください。

33×31cm　岡崎光子
作り方---65ページ

長財布10×20cm　小銭入れ10×15.5cm　岡崎光子
作り方---70、71ページ

すっきり仕分け二つ口の便利財布

おそろいの長財布と小銭入れは、どちらも口が二つあるアイディアもの。すっきりスマートに分けて収納できます。二つともファスナー付きの口で、中身が出る心配もありません。毎日使うものだから、デザインは飽きのこないシンプルなストリングにしました。藍布で全体のトーンはそろえながら、ポイントとなるグリーンの布をはさんで変化をつけています。ストリングは順番に帯状の布を縫い付けていくプレスキルトの技法（42ページ参照）で作るので、簡単に作ることが出来るのもうれしいところ。お財布としてだけでなく、カード入れや小物入れのポーチとしても使えます。

小銭入れは、直線側とカーブ側にそれぞれ
ファスナー付きの口があります。
直線側の口は、中が仕切りでさらに2つに分かれます。

長財布はファスナーを開けるとさらにファスナー口がある入れ子方式になっています。
お札と小銭、カードなど、自分仕様で使い分けてください。

19×21cm　岡崎光子
作り方---72ページ

本体の口はゴム入りで伸び縮みします。
ふたと本体後ろが一体型の袋状になっています。
ふたのつつみボタンの飾りは、アクセントと
ふたの落ち着きをよくする役目を兼ねたもの。

大好きポシェット

大きなバッグともうひとつ欲しいもの。必要最低限のお財布とハンカチなどを入れて持って回ることが出来る小さなバッグ。両手があいて、旅行のときにも近所へのお出かけのときにも便利なもの。せっかく作るならばかわいらしくて、でもかわいすぎなくて、人とは違ったデザインのものがいい。そんな欲張りな願いをかなえるポシェットです。さらに、うれしいことがもうひとつ。口が二つあるので分けて収納出来るというおまけ付きです。肩ひもをはずせば大きめのポーチとしても使えるサイズ。本体のストリングをつなぐときは、布の幅を細くして少し繊細さを出すのがポイント。好みですが、ストリングの幅が広いと大胆さは出ますが野暮ったくなることもあります。

本体にギャザーを寄せて引き絞ることで
丸い形を作ります。

あげたいもの

小さな小さなきんちゃくとポーチです。お菓子を詰めてちょっとしたプレゼントにいかがでしょうか。小さなサイズですが、きんちゃくは底が広く、ポーチはタックが入っているので見た目以上に物が入ります。ポーチの持ち手はナスかんで取り外し可能。どちらも刺し子をした布をカットして仕立てています。

きんちゃく 9×13cm
ポーチ 7.5×11cm　田山芳子
作り方---74、75ページ

着たいもの

ゆったり楽ちんな絣のチュニックです。裾にゴムを入れて少し絞っているのが、ふんわりとしたかわいい形を作るポイント。脇にスリットを入れているので裾がまとわりついたり動きにくいということもありません。はぎれではなくまとまった長さの藍布が手に入ったら、バッグとおそろいの洋服を作ってコーディネートすることをお勧めします。

着丈93.5cm　岡崎光子
作り方---76ページ

酒袋

酒袋とは、日本酒を製造する工程で中にもろみを入れて絞るときに使う袋です。厚手の手織木綿の布を柿渋で染めており、大変丈夫に作られています。柿渋染めは夏の強い日差しの中で染めるほどに濃い色となるのが特徴で、耐久性をあげて抗菌作用があると言われています。

柿渋の茶色の濃淡やかすれ具合が袋によって違い、素朴な風合いが魅力です。破れた部分を刺し子糸などでざくざくと補修している部分もあり、普通の布なら使わないような部分もおもしろいポイントとして作品に取り入れることが出来ます。使うほどにやわらかくなじみ、使い込んだ美しさや丈夫さはほかにはない素材です。

最近では、日本酒製造の機械化によって製造の過程で酒袋を使うことが少なくなってきたことから、出回る古布の酒袋も少なくなりました。酒袋布として新しい布が作られているので、古布が手に入らないときはそのような布を使うのもよいでしょう。

厚みがある布なので、縫うときはミシンを使います。パッチワークパターンのような小さなピースには不向きです。大きなピースや一枚布として本体に使いましょう。素朴な雰囲気と厚みのある布だからこそ、仕立てがきちんとしていないと雑に見えてしまうことがあります。きっちりと美しく仕上げることが肝心です。

濃い茶、薄い茶、黒みがかったものなど、袋による色の違いはもちろん、同じ袋でも表と裏で色の濃さが違います。何種類かの布を合わせて立体感や変化を出します。

縦に長い袋状です。

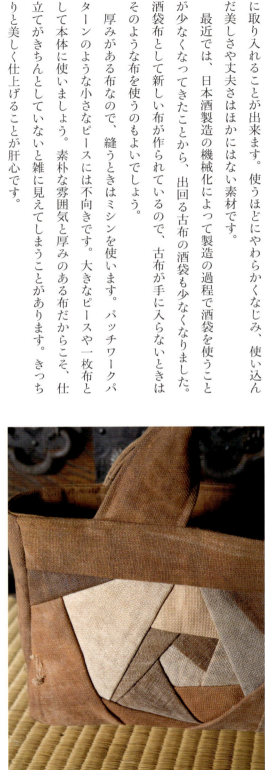

濃淡の美しさ

酒袋のみを合わせた横長タイプのバッグです。濃い茶色から黒みがかった茶色、優しいベージュのような茶色と微妙な色の違いが楽しめます。酒袋の持ち味を生かして、ピースは自由に接ぎ合わせるのがコツ。酒袋のみ、しかも落ち着いた茶色だけなのに模様のように動きが出て、インパクトがあります。酒袋は何枚か重なるとかなりの厚みが出て縫いにくくなります。そこで、見返しの布には酒袋ではなく、同じ茶系の薄手の布を使って少しですが厚みをおさえています。

20×37cm　岡崎光子
作り方---78ページ

28×30cm　岡崎光子
作り方---80ページ

大人カジュアルな大きめショルダー

ふたにクレイジーキルトをあしらったショルダーバッグ。ほぼ正方形のちょっと大きめサイズです。本体にボリュームがあるので、持ち手も太めにしてバランスをとりました。太めだと長時間肩に掛けていても痛くならないのがうれしいですね。ふたの角は藍布のつつみボタンではさんでちょっとした遊びを入れました。酒袋と藍布は木綿同士で相性のよい組み合わせです。左右のつつみボタンのサイズを変えているのも手作りならではの自由な遊び心です。酒袋の渋さで落ち着きが出た大人カジュアルなショルダーバッグになりました。

本体の後ろはファスナーポケットを付けて便利に。
内側にポケットがあるのですっきり見えます。

内側に使う布を統一するとごちゃごちゃせずにすっきりかっこよく
見えます。刺し子をした布を使って、酒袋と質感をそろえています。
本体の口には縫い付けタイプのマグネットボタン、
中袋には後ろと同じファスナーポケット付きです。

袋の形を生かす

まさに酒袋をそのまま生かしたバケツ形のバッグです。上下をカットして筒状にし、カットした部分を底のパーツに使います。もともと袋になっているので脇を縫い合わせる手間もかかりません。簡単に早く作りたい場合は、本体と底を縫い合わせるだけでもかまいませんが、物足りない場合は、作品のようにクレイジーキルトのモチーフを付けてみるのはいかがでしょう。上にアップリケするのではなく、本体をくり抜いてモチーフをのぞかせています。

ばらのようなクレイジーキルトの作り方

1　中心の布1を好きな形の五角形にカットします。

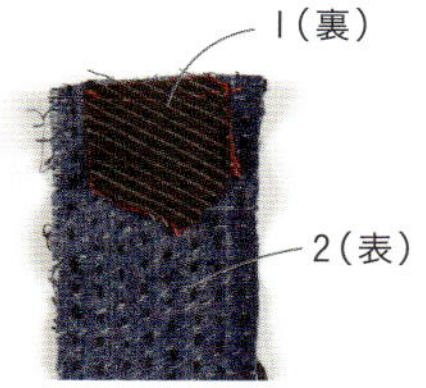

2　適当なサイズの布2と1の布を中表に合わせて縫います。

3　縫い代を2の布の方に倒し、1のピースの辺に沿って2の布をカットします。

4　2の布の大きさはお好みで。

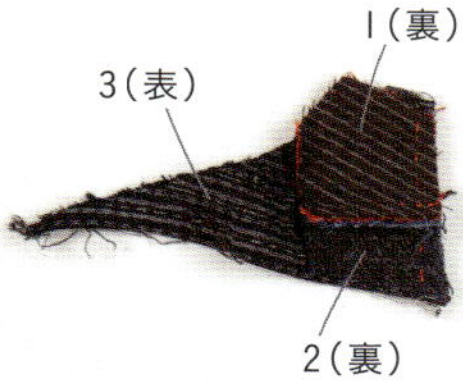

5　1と2の布を合わせた辺に次の布3を中表に合わせて縫います。

6　3の布も同様に辺に沿ってカットします。

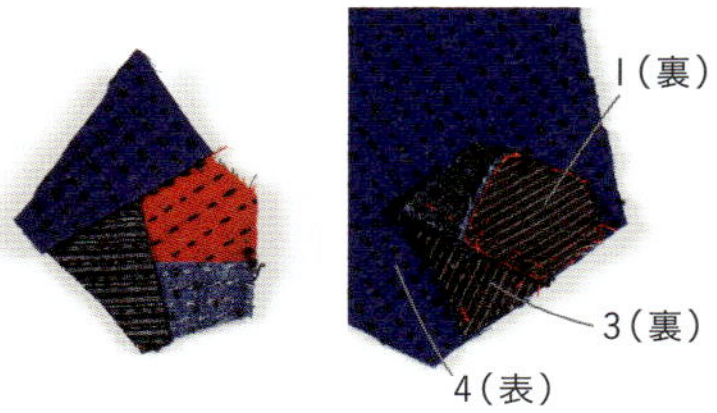

7　次は1と3の布を合わせた辺に、次の布4を中表に合わせて縫い、同様に辺に沿ってカットします。

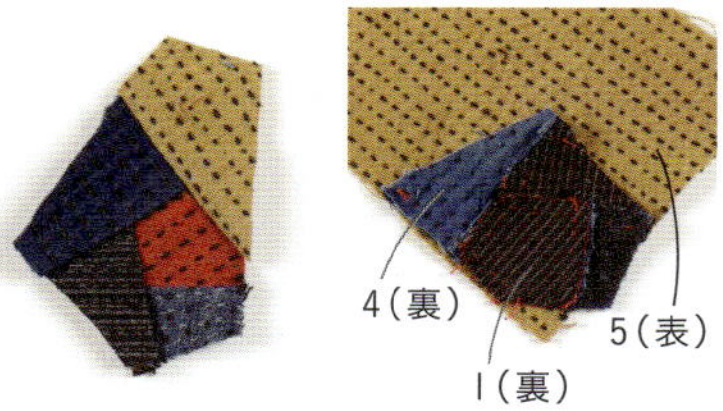

8　さらに次は1と4の布を合わせた辺に、次の布5を合わせて縫い、同様に辺に沿ってカットします。

9　このように順番にぐるぐると布を縫い合わせては辺に沿ってカットすることを繰り返します。好みの大きさになるまで繰り返せば完成です。

30×29cm　岡崎光子
作り方---79ページ

持ち手のお話

バッグを製作する際に、重要なポイントのひとつとなる持ち手。本体がすてきに出来上がっても持ち手とのバランスが悪かったり持ちにくかったりすると、なんとなく使わなくなってしまうものです。デザインを考えるときから、どんな持ち手にするかイメージして選んでおきましょう。まずは手作りの持ち手にするのか、市販品を使うのか。それによって仕立ても変わってきます。

木

滑らかな手触りが心地よい、和布とは相性のよい持ち手です。木にひもを巻いたり飾りの付いたものなど趣向を凝らしたタイプもあります。 持ち手の幅や形が調節出来ないので、バッグのサイズやデザインに合ったものを探して使います。

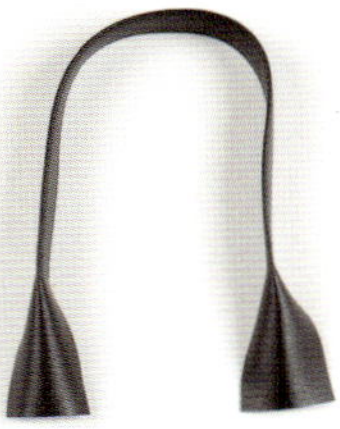

革、合皮

本革と合皮があり、本革は使うほどに手になじんで持ちやすくなります。合皮はリーズナブルな値段が魅力です。たくさんの種類が出ているので、バッグに合う形や色、質感を選んでください。 ミシンで付けられない場合は、革に開けた穴に沿って手で縫い付けます。

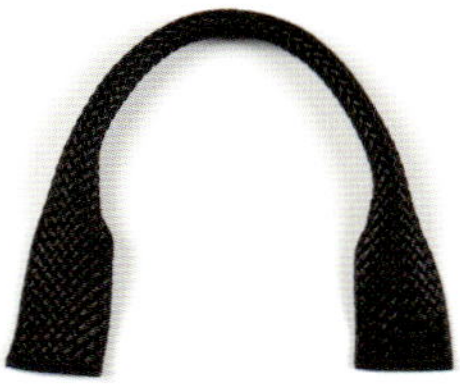

テープ

織ったり編んだりしたテープ状の持ち手。合わせやすく、縫い付けやすいので便利です。アクリル、革、コードなど素材はいろいろありますが、写真の織りのものは雰囲気もあり、適度なやわらかさと幅で持ちやすくてお勧めです。

手作り持ち手

手作りのよさは、何と言っても本体のデザインに合ったものを作れることです。またやわらかいので長時間持っていても疲れないこともよい点です。ただ、汚れたりすり切れやすいので、付け替えるなどの補修が必要です。右はいちばんシンプルな形。中にキルト綿をはさんでしっかりとさせています。詳しい作り方を58ページに解説しています。左は少し凝ったタイプ。本体に合わせて持ち手もデザインしてください。

ショルダーひも

両端のナスかんで取り外しが出来るタイプの肩ひもです。 長さを調節する金具も付いているので便利。 革、アクリルタイプなど素材やひもの太さとバッグのバランスを考えて選んでください。

キルト綿と接着芯のお話

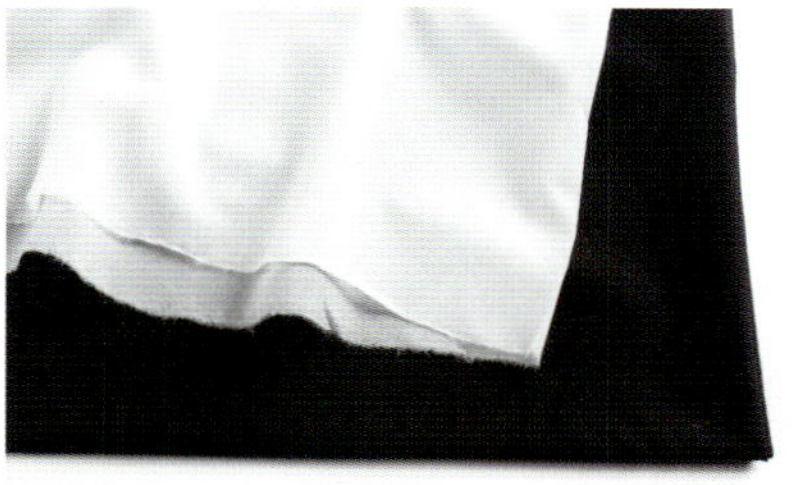

【キルト綿】

基本的にバッグの本体には、片面に接着樹脂が付いた接着キルト綿をはっています。接着キルト綿はしつけをかける手間がはぶけ、ぱりっと仕上がるのでバッグには向いています。表面によりやわらかさを出したい場合は、接着樹脂のないキルト綿を使ってください。基本は白を使いますが、縫い目の間から綿の繊維が出てきて目立つ場合があるので、黒っぽい作品には黒の綿を使うこともあります。

【接着芯】

布タイプ、ニットタイプ、不織布タイプがありますが、主に伸縮性のあるニットタイプを使っています。古布の裏にはって補強したり、裏打ち布の代わりにキルト綿にはります。裏打ち布の代わりに使うとキルティングの際の針通りがよく、しつけの手間もはぶけてしっかりとするので便利です。またキルト綿をはらないバッグは、張りをもたせてしっかりと仕上げるために中袋や本体にカバン用接着芯をはることもあります。出来上がりサイズより0.5cmほど小さくカットし、縫い代にははらないように注意してください。

道具のお話

【針】

手縫い針は、絹針(四ノ二)を使っています。ピーシング、アップリケ、キルティングの専用の針がいろいろ販売されているので、自分に合ったものを使うようにしてください。しつけをかけるときはしつけ針を使います。ミシンの場合は、仕立てには11～14番、特に酒袋など厚くて硬い布を縫うときは14～16番がお勧めです。

【糸】

手縫いのピーシングやキルティングは、使う布に合わせて糸を選びます。大島紬ややわらかい生地には絹糸、藍などの木綿にはパッチワーク用の糸、刺し子には刺し子糸を使います。刺し子糸は太いタイプと細いタイプがあるので、作品に合わせて使い分けてください。しっかりと縫いたい部分には、ボタン付け糸を使うのもお勧めです。ミシン用の糸は、仕立てには60～80番、酒袋には50番がお勧めです。

ボタン付け糸も使います。意外と便利。

大島紬・紬

落ち着いた和布のバッグに欠かせない布が大島紬と紬です。大島紬は、奄美大島が発祥の絣柄の絹織物です。こげ茶の地に薄茶色で折り込んだ柄と渋い光沢が特徴です。本来は糸の段階で染める先染めの手織り布。泥、泥藍、本藍、草木などの天然素材で染めています。最近では機械織りしてから化学染料で後染めするものもあります。小紋から大柄まで幅広い柄が織られており、大島紬だけで布合わせをしても大柄と小紋の対比で美しくまとまります。古布にはすりきれたり弱くなっているものもあるので、裏に黒の接着芯をはってから使うようにします。

紬は紬糸で織られた絹織物です。木綿の紬もあり、バッグの本体に向いています。紬糸とは、くず繭を真綿にしてから糸を紡ぎだし、手で撚りをかけているので太さが均一ではなく節のあるのが特徴です。この糸から織ることで、ざっくりとした素朴な風合いが生まれます。丈夫で、最初は硬い質感の布ですが、使い込むほどにやわらかく変化します。

色の入った大島紬もあります。大柄で目を引きます。

上から小紋、中柄、大柄。

節があり、ざっくりとした手触りの紬。

一つは作りたい　定番の形

縦長の六角形のみを接ぎ合わせたバッグです。一つの形を接ぎ合わせるワンパッチは、大島紬の美しさをシンプルに表現出来ます。マチは大島紬を引き立てるように、無地の紬を合わせました。大きすぎず小さすぎず、個性的すぎずシックで、どこに行くにもオールマイティーに使えるタイプです。色合いや質感から木の持ち手との相性がよく、きちんとした印象のバッグに仕上がります。

26×32cm　岡崎光子
作り方---82ページ

22×40cm　岡崎光子

作り方 --- 84ページ

シックな布でかわいらしさを出すには

大島紬と言えばその色合いや柄からシック、渋い布の代表格です。そこが持ち味でもあるのですが、少しかわいらしさが欲しいときもあります。特に大きめサイズのバッグなどは、かっちりと男性的にも見えることも。そんなときはバッグの形を変えてみます。このバッグは、半円のような舟形のような形。バスケットのようにも見えて、ぐっとかわいらしさがアップしました。それともうひとつは丸いアップリケ。ひし形の交点に小さなつつみボタンを付けることで、小さなマルが並ぶかわいらしさが生まれます。このマルがないバッグを想像してみてください。ちょっと間が抜けたようで物足りなく感じませんか。

底マチは途中まで。上部は本体同士を縫い合わせています。

かなり幅の広い底にしています。安定もよく、よりころんとした形でかわいくなります。

二種類の布だけで

小紋の大島紬と黒の紬の二種類だけでまとめたショルダーバッグです。ふたのデザインも長方形をつなぐだけというシンプルさ。しかしシンプルなものほど、仕立ての差がはっきりと出るものです。ふたと底の周囲にパイピングコードを付けて、かっちりとした形に仕立てます。目立つものではありませんが、このパイピングコードが全体を引き締めるポイントにもなります。肩ひもも手作りなので、自分の使いやすい長さにアレンジして作ってください。

22×23cm　海野原美代子
作り方---86ページ

規則正しく描く模様

31ページのバッグとほぼ同じサイズの台形バッグ。31ページのバッグは六角形をひたすらつないだデザインでしたが、こちらは規則正しく大島紬を黒の格子のラインで分割したようなデザインです。茶色同士の組み合わせよりも、黒と茶の組み合わせのほうがきりっとメリハリが付いて見えます。木の持ち手も、全体の雰囲気を考えてより深い色のものを合わせました。

27×31cm　髙田紀
作り方---85ページ

27×40cm　田山芳子
作り方---88ページ

かっちりしっかり大きめ

大きなサイズのバッグを布でかっちりと作る方法。本体に接着キルト綿をはって厚みと張りを持たせ、キルティングをかたよらないようにまんべんなく入れること。直線のデザインで角をきちんと出すこと。広すぎず狭すぎず、本体とバランスのいいマチの幅をとること。布のバッグは大きくても重くないので、重宝します。中央のひし形のピーシングは、中心の大きなピースに大柄を使ってインパクトを、周囲に無地のように見える小紋を入れることでヌケ感を出します。

口のループは、タッセルなどの飾りを付けたり
カードケースをぶら下げたりするためのもの。

荷物が少ないときは
口が大きく開かないように、
脇のナスかんを
止めておきます。

ポーチかショルダーか

ポーチに肩ひもを付ければショルダーバッグとして使えます。二種類の使い方が出来るようにするには、かっちりとした仕立てで大きめに作って、脇にループを付けておくこと。旅行のときなどにも必要な物だけを入れて出かけるのに役立ちます。39ページはスタイリッシュなクラッチタイプです。どちらも糸巻きのパターンが2×4つ並ぶデザインは同じです。

11×20.5cm　岡崎光子
作り方 --- 90ページ

クラッチバッグは、ひもをループに通しながら
巻き付けるおしゃれなデザイン。

20×26cm　岡崎光子
作り方---91ページ

柄のおもしろさを楽しむ

正方形のカードが重なったような連続するデザインがユニークなバッグです。タイプの違う大島紬を組み合わせて、次々と変わっていく柄のおもしろさを楽しみましょう。36ページのバッグとほぼ同じ大きさですが、バッグの角をカーブにして持ち手をやわらかいコードタイプにしたために優しい印象です。周囲をパイピングコードで縁取りして、カーブの輪郭をはっきりと出します。こちらも荷物が少ないときは口が大きく開かないように、マチに付けたバネホックで止められる仕組みです。

本格仕様 バネホックの付け方

1 アタマとバネのセット、ホソとゲンコのセットを用意します。

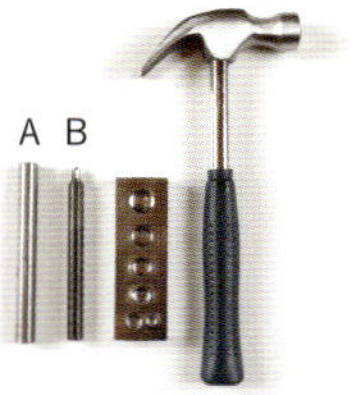

2 道具を用意します。左から打ち棒2種類（A、B）、打ち台、金づちです。 打ち棒と打ち台はサイズを合わせて用意してください。打ち棒付きのバネホックもあります。

3 付けたい位置に目打ちなどで穴をあけ、裏側からホソを通します。表側からホソにゲンコをはめます。

4 打ち台の平らな部分に乗せ、ゲンコに打ち棒Aを合わせて金づちで垂直にたたきます。

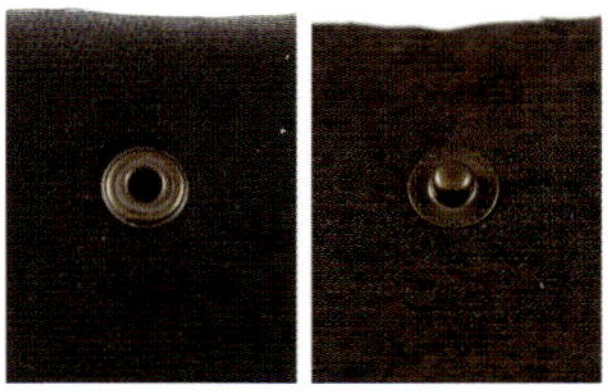

5 ホソがゲンコにはめ込まれました。

6 もう片方も同様に目打ちなどで穴をあけて裏側からアタマを通します。打ち台のくぼみにアタマを合わせて重ねます。

7 上からアタマにバネを重ねます。

8 打ち棒Bをはめ込み、金づちで垂直にたたきます。

9 アタマの足が丸まって止め付けられました。きちんと止まるかゲンコとバネを合わせてみて確かめます。

28×40cm　堀越久子
作り方---92ページ

ストリングは頼りになるデザイン

帯状の布を縫い合わせるストリングのデザインは、定番中の定番です。藍のお財布やポシェットにも使っています。はぎれ使いが出来るので布の整理にもなり、何より型紙を作って印に合わせてカットする必要がなく、自分の感性でどんどん縫い合わせていけるので簡単です。これはピーシングとキルティングが一度に出来るプレスキルトという技法。帯状の布の幅を変えれば印象も変わってきます。頼りになるストリングのデザイン、楽しくて意外とはまるかもしれません。

反対側はおもしろい柄とストリングを組み合わせました。

簡単 プレスキルトのしかた

1 好みの幅の帯状の布（ストリング）を用意します。ロータリーカッターでカットすると簡単です。

2 接着キルト綿の接着面を上にして、端から1枚目の布を重ねます。1枚目に2枚目の布を中表に合わせて右端をミシンの押さえ金の幅で縫います。手縫いの時は0.7cmの縫い代です。

3 2枚目を表に返して、戻らないようにまち針で留めます。

4 同様にして3枚目を2枚目に中表に合わせて縫います。

5 3枚目を表に返してまち針で留め、重ねては縫うことを好みの大きさまで繰り返します。

6 アイロンをかけて接着キルト綿と布を接着します。ここでは接着キルト綿を使いましたが、接着なしのキルト綿でもかまいません。

25.5×38cm　岡崎光子
作り方---93ページ

20×23cm　田山芳子
作り方---94ページ

機能的？遊び心？二つバッグ

一見普通の四角いショルダーバッグですが、二つのバッグが一つにつながったデザインです。物を仕分けて入れたいなら、一つのバッグの中を仕切ればいいのですがあえて二つに。一つのバッグで小さめのバッグを二つ持つ感覚です。手作りならではの遊び心と便利さをミックスしたショルダーバッグ、使い勝手はばつぐんです。

大島紬の使い方のポイント

落ち着いた色合いが、場合によっては地味に見えてしまう大島紬。効果的な見せ方と楽しみ方があります。

大島紬の柄のバランスを考えて合わせます。色と柄の大きさ、密度がかぶらないように配置すればメリハリが出て柄が生きてきます。

見えない部分のピーシングは見えたときの効果が大きいものです。丁寧に楽しんで作っているのが分かります。

31ページのバッグ（上）を地模様が入った黒の絹だけで合わせると（左）ずいぶんシックでフォーマルな印象です。大島紬はカジュアルにもシックにも持てるのがいい所です。

銘仙

銘仙は大正から昭和にかけて流行した平織りの絹織物です。主に女性の普段着、おしゃれ着として人気がありました。斬新なデザインと鮮やかな色は、今見てもモダンでおしゃれという印象を受けます。そして銘仙の特徴でもあるのがにじんだような輪郭線。銘仙は先に糸を染めてから織る絣の技法で模様を描きますが、縦糸と横糸を組み合わせる際にわざとずらすことでにじみを生み出します。これにより、はっきりとした色の大胆な幾何学模様や花柄も強くなりすぎずにやわらかさが出ます。

足利、伊勢崎、桐生、秩父、八王子などが産地で、それぞれに得意な模様や柄の描き方があります。お手頃な価格で斬新なデザインを楽しめる着物。おしゃれに敏感な女性に人気が出るのも分かる気がします。

個性の強い布なので、バッグにするときは銘仙同士を合わせるとまとまりやすくなります。今見てもデザイン性が高くモダンな布なので、スカートにしたり洋風なデザインも楽しめます。古布には弱くなって裂けやすくなっているものもあるので、使う前には布の状態を確認して接着芯をはったり補強して使ってください。

こんな渋い色同士でも、
色の組み合わせが斬新。

大柄の花柄など、見るだけでときめくデザインがたくさんあります。

三角と四角
銘仙のレトロモダン

銘仙と黒地を市松模様に接ぎ合わせたバッグ。シックで規則正しい布合わせと、スカートのような三角形のかわいい形のバランスが絶妙です。持ち手も丸ではなくてかちっとした印象の四角形がお勧め。脇にはあわじ玉を手作りしてアクセントにしました。ぺたんこ形なので、少し大きめのほうが使い勝手もよく、銘仙の柄も楽しめます。

34×52cm　山根悦子

作り方---96ページ

これぞ銘仙 かわいいの作り方

銘仙と聞いて思い浮かべる、鮮やかで斬新な柄を使いました。バッグはパフというふっくらとしたモチーフをつなぎ、小ぶりでぷくぷくとしたボリューム感のあるかご風に。スカートはバッグに合わせて大柄の銘仙を接ぎ合わせました。黒と合わせることで銘仙の鮮やかさが引き立ちつつも、ハデすぎずにまとまりが出るので安心して使えます。誰が見てもかわいいと思わせるようなセットです。

触りたくなるかわいらしさ パフの作り方

1 台布（左）と表布（右）を縫い代を付けて必要枚数カットします。台布には中心に綿入れ口の切り込みを入れておきます。

2 タック部分の印を付け、印同士を合わせてたたんでまち針で留めます。

3 タックをとると表布の一辺の長さが台布と同じサイズになります。

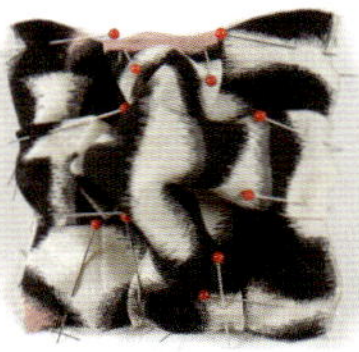

4 表布のすべての辺にタックをとり、台布と外表に重ねます。

5 布端と出来上がり線の間くらいの位置をぐるりとしつけをかけます。大きな目でミシンをかけると簡単です。

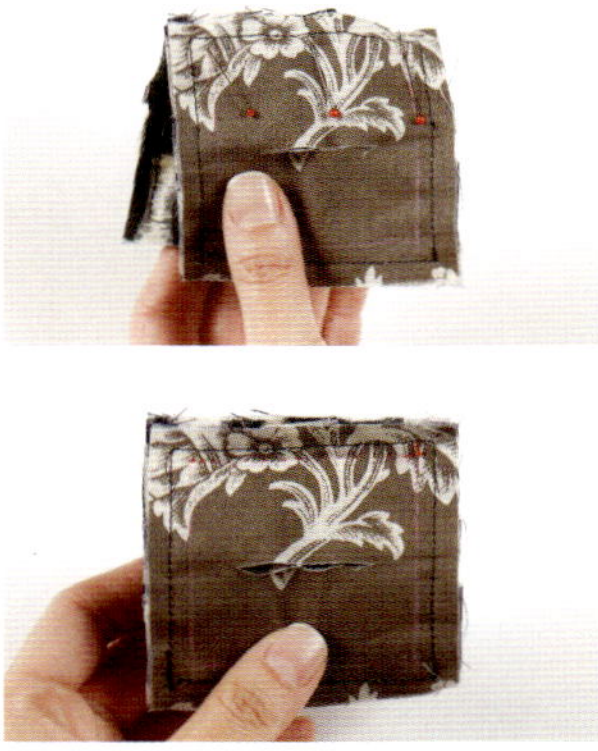

6 2枚を中表に印を合わせてまち針で留め、出来上がり線を印から印まで縫います。

7 2枚のパフがつながりました。これを必要枚数つなぎ合わせて本体をまとめます。縫い代は風車状に倒して角に厚みが出ないようにします。

8 必要枚数つないだら、切り込みから手芸綿を詰めて切り込みをかがって閉じます。綿の詰め具合はお好みで。パンパンではなくふっくらするくらいがかわいく見えます。バッグにする時は、袋の形に仕立ててから、最後の中袋を付ける前に綿を詰めます。

バッグ 21×28cm　後藤京子
スカート丈 72.5cm　岡崎光子
作り方---98、100ページ

ポーチ 17.5×22cm　バッグ 25×42cm　岡崎光子
作り方---102、103ページ

シンプルなバッグはおそろいで満足度アップ

小花をちりばめた柄が清楚な雰囲気の銘仙です。一枚布に接着キルト綿をはって張りを出し、ざくざくと横にステッチを入れて仕上げました。赤い小花に合わせて持ち手も赤を選びました。シンプルですが、目を引く組み合わせです。黒の持ち手では少し地味になってしまいますね。おそろいのポーチはぺたんこ形。少し大きめなのでこまごまとした物を入れるにはちょうどよいサイズです。おそろいは自分だけの密かな楽しみ、手作りだから出来るささやかな幸せです。

左側のループは取り出すときにもファスナーを開けるときにもあると便利。

中袋にも銘仙を使っています。同じ紫系でまとめました。

メッシュ地

張りと透け感のあるメッシュ地は、和布とよく合います。いろいろな色のメッシュ地がありますが、和布と合わせるにはやはり黒がお勧めです。ちょっとシックで重たい感じのする和布は、メッシュ地を合わせると夏のバッグとしても使えます。逆にメッシュ地は和布と合わせることで、夏だけでなくオールシーズン楽しめます。

メッシュ地は硬いので、ミシンで縫うのが基本です。織りの穴に針をとられるので、なるべく穴に合わせて縫うのがコツ。縫い代はバイヤステープでくるんで始末します。縫い代が折りたたまれた便利なバイヤステープが売っていますので、上手に活用しましょう。

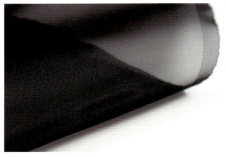

張りと透け感は他の布にはないものです。

藍と合わせてカジュアルに。

絹との意外性のある
組み合わせで軽やかに。

個性の強い柄を透かして見せる。

閉じ込めてワントーンおさえて やわらかい表情

おもしろい柄の羽裏などが手に入ったら、試してみたいバッグです。柄に特徴のある布は、柄のおもしろさを生かしたいけれど、一枚で使うには個性が強すぎますね。洋服と合わせづらいので、柄を切り抜いて使うことが多くなってしまいます。メッシュ地を上にかぶせると、ベールをかぶせたようにやわらかい表情になり、柄だけが目立ちすぎることがなくなります。思い切って個性的な柄も使えて、しかもシンプルでかっこよく仕上がります。このバッグでは内側にもメッシュ地を使っています。

32×45cm　岡崎光子
作り方---108ページ

28×36cm　岡崎光子
作り方---104ページ

絹を軽やかに上品に

ちりめんや絹のバッグと言うと、しっとりとした色と質感、華やかでハレの日をイメージさせるので冬から早春にかけて使いたくなります。メッシュ地を合わせると、絹の持ち味は残したまま軽い仕上がりに。絹のやわらかな華やかさにメッシュ地の透け感と張りがプラスされて、きちんとした印象なのに軽やかで、普段使いからフォーマルな場にも使えるバッグになります。地模様のある黒地と華やかなちりめんなどの絹を市松模様に合わせてキルトにし、飾りとしてメッシュ地のバッグに合わすだけというアイディアです。

つつみボタンを合わせた飾りがゆらゆら揺れます。
市松模様のキルトの飾りも口に縫い止めているだけです。

メッシュ地は透けて見えるのが心配というときは、
中にきんちゃくを入れて使います。
黒のナイロン素材を使って、軽やかさと絹の雰囲気を
じゃましないように考えて。

毎日持つなら藍とのさわやかコンビ

メッシュ地に藍布をアップリケしたバッグです。決まったデザインはありません。柄をくり抜いたり重ねたり、見本帳のように好きな布をコラージュして楽しんでください。アップリケすることで中に入れた物がほどよく見えにくくなる効果もあります。藍の木綿の素朴さと涼しげな色合いは夏の装いに合うのは言うまでもありません。メッシュ地は毎日使ってもへこたれずに丈夫な素材です。藍を合わせることで、ワンランク上のカジュアルバッグになりました。

後ろ側は大きな柄をくり抜いてアップリケしました。

ハートのタッセル飾りや
三角飾りなどの立体パーツを
はさみ込むと、動きが出ます。

30×28cm　佐藤とし子
作り方---106ページ

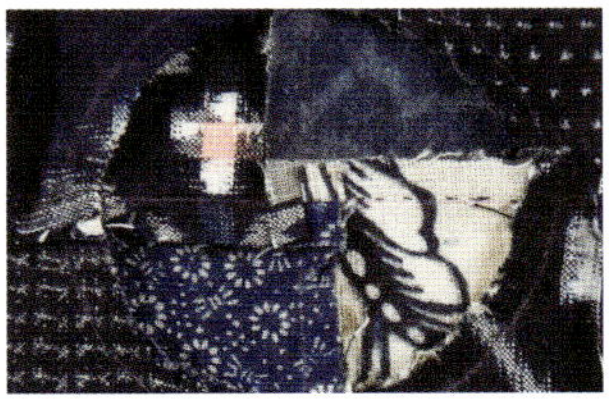

7ページの四角つなぎのバッグを作ってみましょう

*分かりやすいように赤い糸で縫っている部分がありますが、基本は布の色と似た色の糸を使ってください。

材料
本体、つつみボタン用布各種 持ち手用布（本体底、つつみボタン1つ分含む）30×90cm パイピング用布30×30cm 中袋用布45×70cm 接着キルト綿95×80cm バッグ用底板30×10cm 直径4.5cmつつみボタン2個 刺し子糸適宜

本体を作る

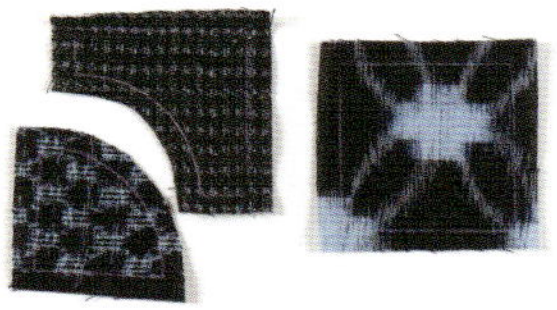

1 印を付けてピースをカットします。裏に接着芯ははっていませんが、布の状態に合わせて補強したほうがよい場合ははってください。

2 ピースの印を合わせて、両端、中心、その間の順にまち針で留めます。カーブを縫うときは、山のカーブのピースを手前にしてまち針を打ちます。

裏　表

3 印から印まで縫い、縫い代を山のカーブ側に倒します。

4 ピースを縫い合わせて横一列のブロックにまとめます。縫うときはすべて印から印までで縫い止めます。これを8列作ります。

5 4のブロックと底布を縫い合わせて本体のトップをまとめます。縫い代は重ならないように風車状に倒します。

マチにはつつみボタンが付いています。

単位：cm

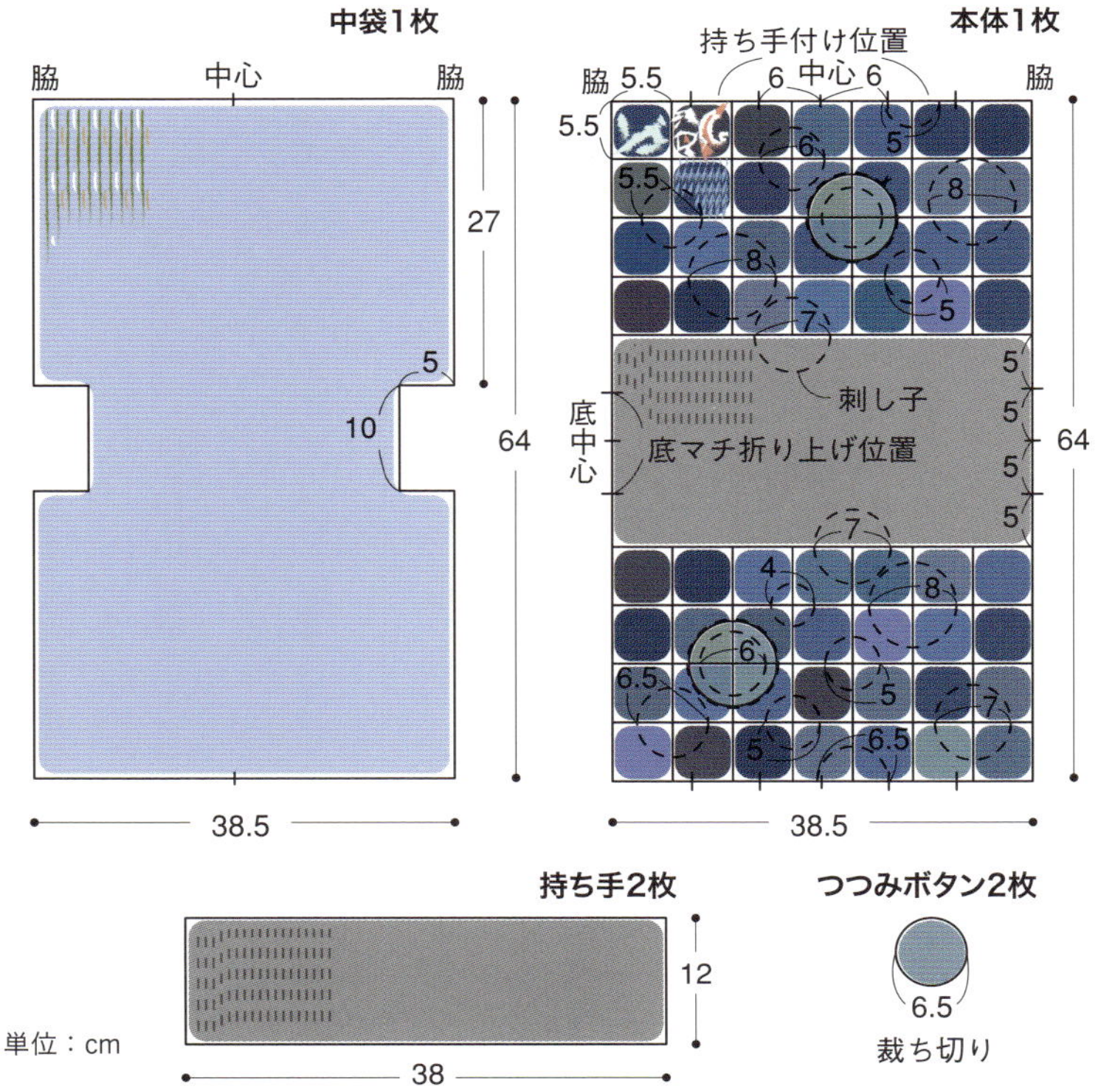

6　縫い代を含んだ本体と同じサイズの接着キルト綿を重ねます。

7　当て布をして表側からアイロンをかけて接着します。キルティングをたくさん入れる場合は、裏打ち布の代わりにさらに裏に接着芯を重ねてアイロンで接着します。この作品は刺し子だけなので、接着芯ははっていません。

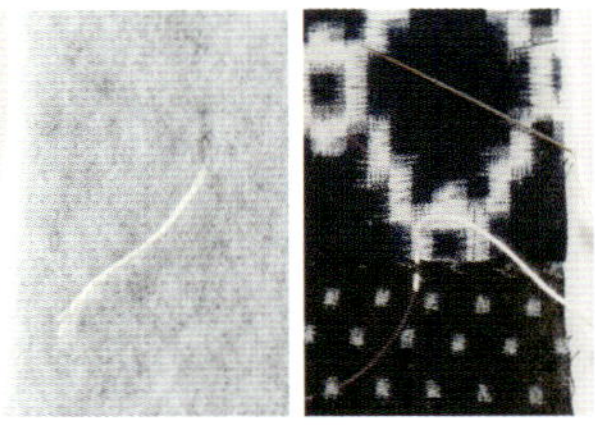

8　マルのラインを描き、刺し子をします。裏から針を入れて、玉結びはせずに糸端を5cmほど残して刺します。

9　マルに刺せたら最後は最初に残した糸端に針を刺して通します。刺し始めのひと目の刺し子をすくって糸を下に通します。

10　1cmほど糸を残してカットします。これでほどける心配はありません。

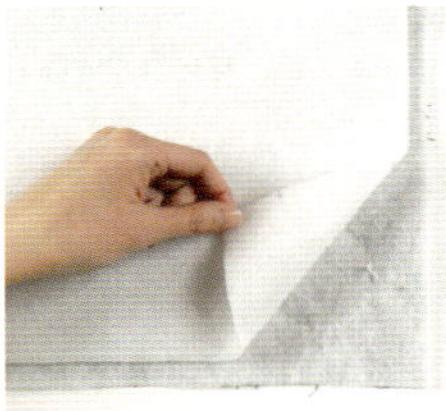

11　刺し子がすべて刺し終わったら、裏に裁ち切りサイズの接着キルト綿を重ねて接着します。

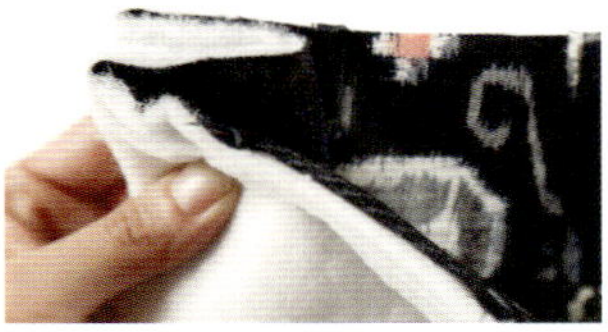

12　底を折りたたみます。本体を中表に合わせて底中心と底マチ折り上げ位置を内側にはさむように折り、まち針で留めます。

13　脇をピースの接ぎ目を合わせてまち針で留めます。この縫い線がそろっていた方がきれいです。

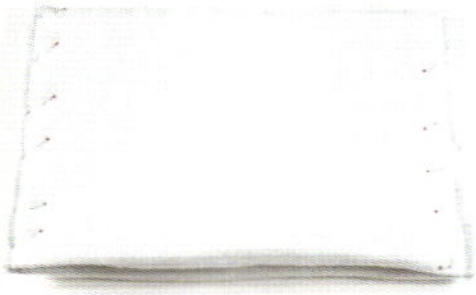

14　もう片方の脇も同様に折りたたみ、まち針で留めます。

15　脇を縫います。厚みがあるので目打ちで押さえながらゆっくりとミシンで縫います。

16　脇が縫えました。表に返して間違っていないか、ピースの線が合っているかを確認します。

口を始末する

17　バイヤステープを作ります。布をゆがまないようにまっすぐ広げて45度の対角線にカットします。45度のラインが入った定規とロータリーカッターを使うと便利。

18　幅4.5cmのテープ状にカットして、テープが短い場合はつなぎます。2枚を中表に直角に合わせて縫い代の1cm分をずらして重ね、直角のへこみからへこみまでを縫います。縫い代1cmの印を書いておき、印同士を合わせて縫ってもかまいません。

19　広げて縫い代を割り、飛び出した余分な布はカットします。きれいな1本のテープが出来ました。

20　テープを口のサイズに合わせて77cm（縫い代別）の長さにし、両端を**18**のように縫い合わせて輪にします。裏に縫い代1cmの線を書いておきます。

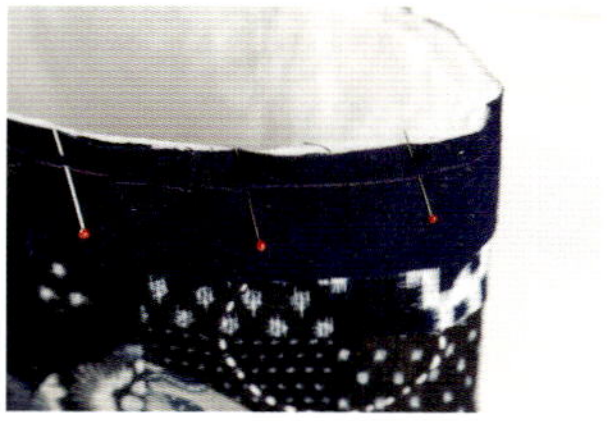

21　本体の口をきれいに切りそろえ、**20**のバイヤステープを中表にぐるりと合わせてまち針で留めます。縫い代の線の上を一周縫います。

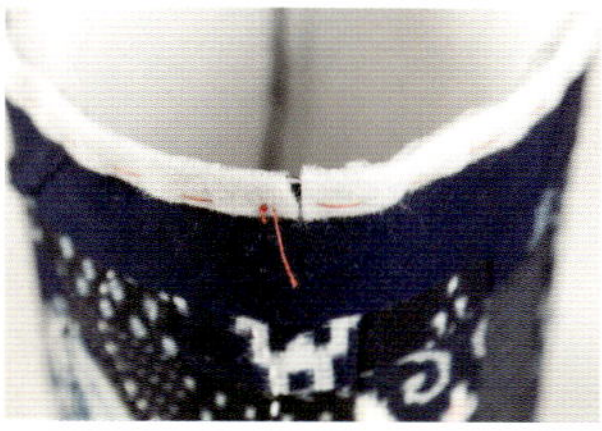

22　幅1cmにカットしたキルト綿をバイヤステープの縫い代の上に重ねて、キルト綿のぎりぎり下辺りにしつけをかけて留めます。このキルト綿をはさむことで、パイピングがふっくらときれいになります。

23　キルト綿と縫い代をつつみながらバイヤステープを内側に折り返し、まち針で留めます。折り返したテープの端はくるまずにのばしたままにしておきます。

24　表側からパイピングのきわをミシンで縫います。手縫いの場合は星止めで縫います。

持ち手を作って付ける

25　持ち手に裁ち切りの接着キルト綿をはり、中表に合わせて筒状に縫います。片側の端もあらく縫っておきます。

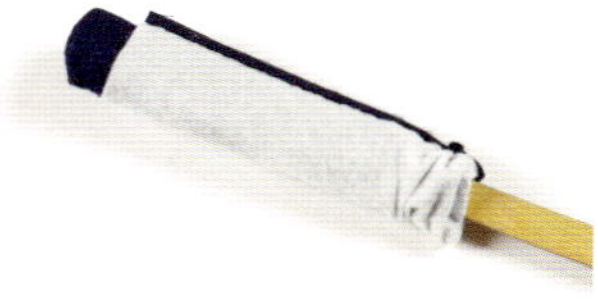

26　表に返します。**25**であらく縫った端を定規などで押して表に返します。

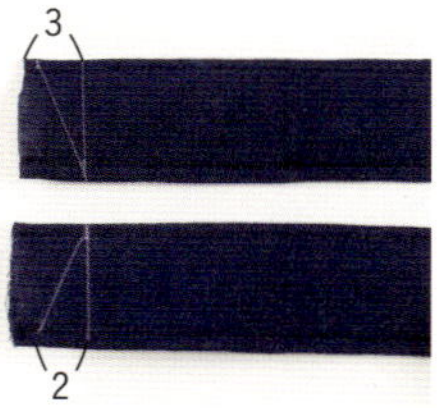

27　長辺に幅0.7cmでミシンステッチをかけて押さえます。端に持ち手付け位置の印を付けます。持ち手は**25**で筒に縫った縫い目を外側にして、内側にかたむけて付けます。まず端から3cmの位置に線を引き、2cm下がった位置から斜めに線を引きます。この斜めの線が持ち手付け位置の印です。

28　中心から左右に6cmの位置に印を付け、外表に合わせてまち針を留めます。0.7cmのステッチに合わせてミシンで縫います。手縫いの場合は巻きかがりします。

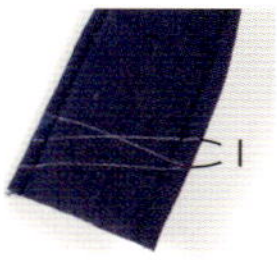

29　持ち手が2本出来ました。持ち手付け位置の印の斜め線からさらに1cm上に平行の線を引きます。これはパイピングの幅の分です。

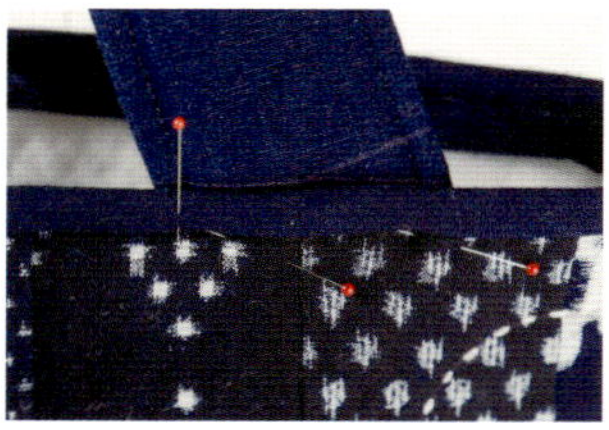

30　本体の中心と中心から左右に6cmの位置にまち針を打ち、持ち手付け位置の目安にします。持ち手を本体の内側に重ね、パイピングの端と**29**の線を合わせてまち針で留めます。

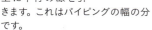

31　表側からパイピングのきわをミシンで縫い、持ち手を付けます。

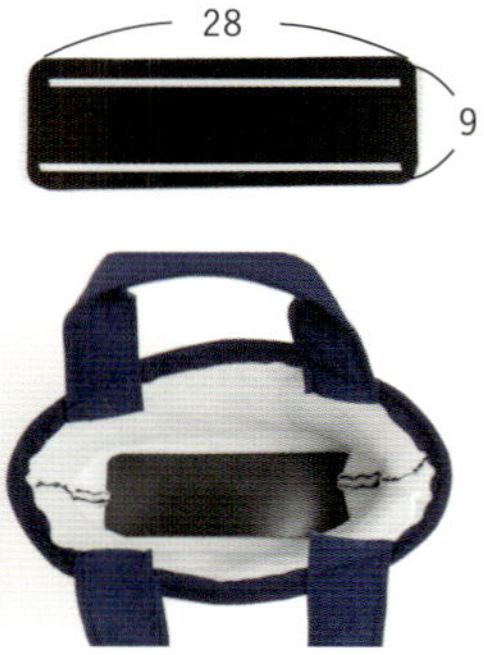

32　底板に両面テープをはり、本体の底にはり付けます。

中袋を作って付ける

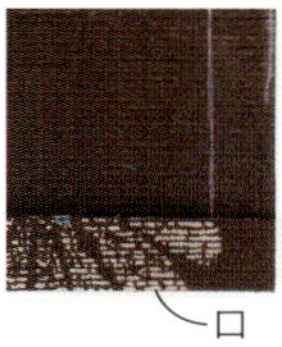

33　中袋をサイズ通りに印を付けてカットし、マチの印も書いておきます。口の縫い代はアイロンで折って形を付けます。

34　中表に合わせて脇を縫い、マチをカットします。このとき口の縫い代はのばして縫います。

35　底中心と脇を中表に合わせて折り直し、マチを縫います。

36　中袋が出来ました。口の縫い代は片倒しして折っておきます。

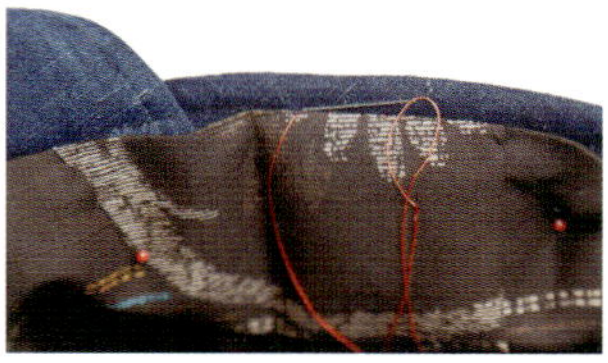

37　本体の中に中袋を入れて脇同士を合わせます。パイピングの縫い目をかくすようにまつって縫い付けます。

つつみボタンを作って付ける

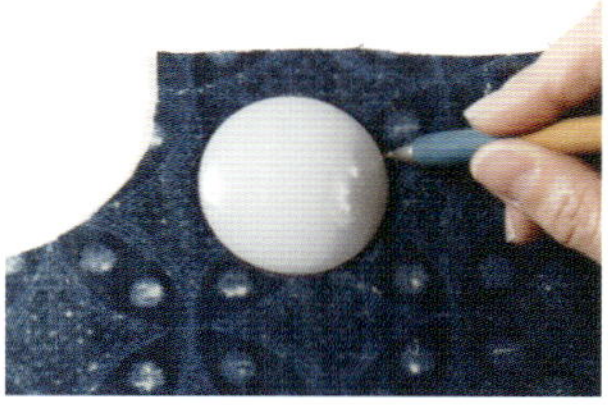

38　布の裏につつみボタンを重ね、周囲をなぞって印を付けます。縫い代1cmを付けてカットします。

39　印よりも外側をぐし縫いします。つつみボタンを重ねてぐし縫いを引き絞り、くるみます。形を整えて引き絞ったきわで玉止めをします。

40　折りたたんだマチの先につつみボタンをかぶせ、まつって縫い付けます。これでバッグの完成です。

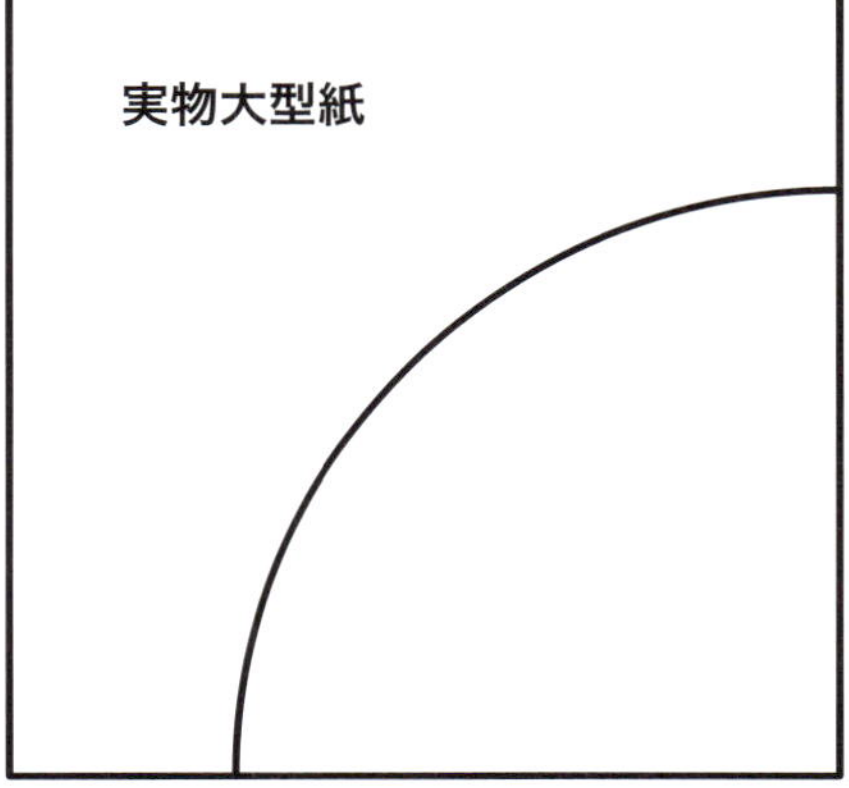

自分好みの内ポケットを探しましょう

それぞれの作品の作り方ページには、内ポケットの作り方は掲載していません。自分にとって使い勝手のいい内ポケットは、人それぞれ違うからです。ここでは、よく使う内ポケットの作り方を解説しています。小さめをいくつか付けたい、大きい仕切りのあるものをひとつなど、自分なりに工夫してカスタマイズしてください。

いちばんシンプル

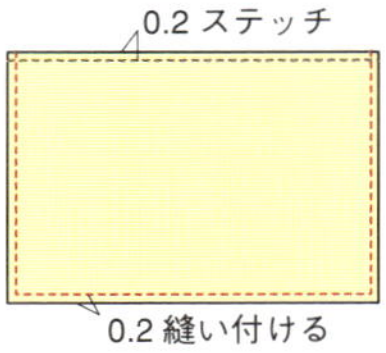

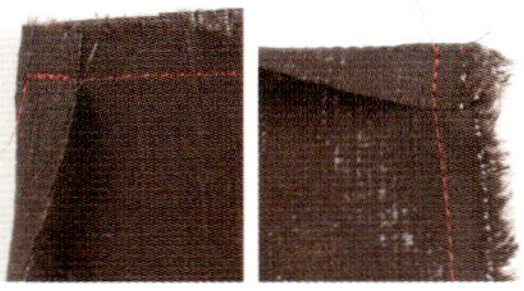

1　縦長の長方形の布を中表に合わせて返し口を残して縫います。返し口のあるほうが口になります。このとき、角をきれいに出しやすくするために上部の2辺の縫い代を折って一緒に縫っておきます。

2　返し口から表に返します。1で縫った角がきれいに出ました。縫い代を折りたたんで返すのと同じことですが、先に一緒に縫っておいたほうがきれいで効率的です。

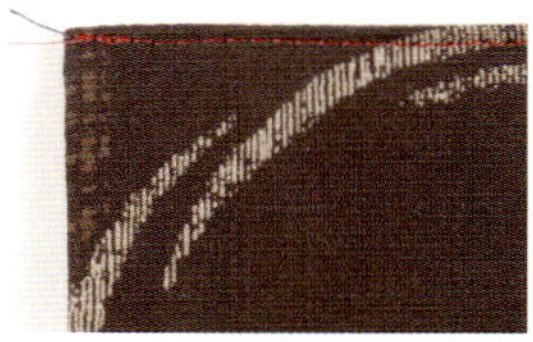

3　返し口の縫い代を折り込んで口に0.2cmくらいの幅でステッチをかけます。中袋に付けるときは、口以外の3辺を縫い付けます。

タック入りで厚みのあるものもOK

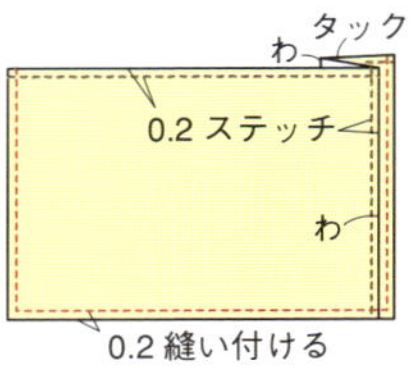

1　右のシンプルな内ポケットを作ります。タック分だけ、幅を長くしておきます。

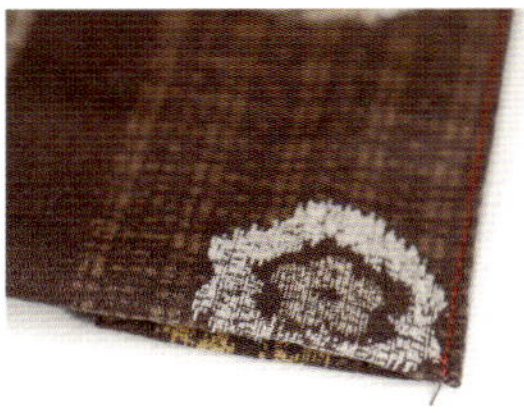

2　タックの幅だけ折り、わにステッチをかけます。

3　中袋の付けたい位置に重ねて、タック部分を折り返してまち針で留めます。

安全安心ファスナー付き

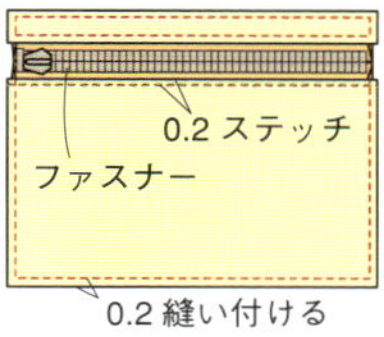

1　シンプルな内ポケットを作り、口側にファスナーを重ねて縫います。ファスナー端は折りたたんで一緒に縫っておきます。ミシンで縫うときは押さえ金をファスナー押さえに変えてください。

2　中袋に重ね、3辺を縫います。

3　上の布の縫い代を折り込んで、ファスナーのもう片方のテープに重ねてぐるりと縫い付けます。

4　ファスナーの上側はしっかりと縫い付けられ、下側はポケットになっています。

口に折り返しでアクセント

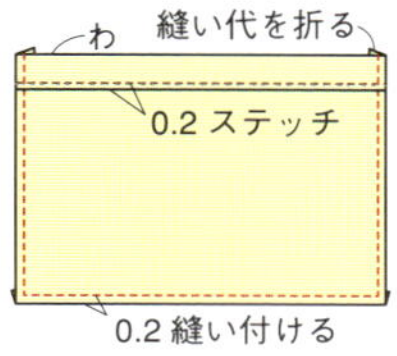

1　折り返し部分になる端の縫い代を折り、さらに折り返したい幅（2cmくらいが目安）で折ります。もう片方の端を折り返し位置に合わせて外表に重ねます。折り返し部分の下に、もう片方の端が入り込む状態です。

2　折り返し部分の端にステッチをかけて押さえます。

3　中袋に付けるときは、3辺の縫い代を折って縫い付けます。

4　口以外の3辺を、タック部分もそのまま押さえて一緒に縫います。仕切りを作りたい場合は、好みの位置で上から下まで縫います。

中袋に付けるときは

ミシンの場合は、ポケットの口の端に針が当たる位置から縫い始めます。縫い始めと縫い終わりは返し縫いをします。手縫いの場合は針目が目立たないようにまつります。

メッシュ地の内ポケット はさみ込みで本体から独立

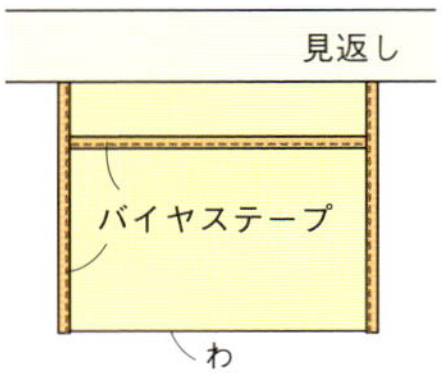

1 市販のバイヤステープを使って簡単に作ります。 写真は大きな巻きですが、もっと小さな巻きのバイヤステープもあります。

2 縦長の長方形にメッシュ地をカットし、口になる部分の端をバイヤステープではさんで縫い、始末します。

3 端をずらして重ね、両脇を縫います。

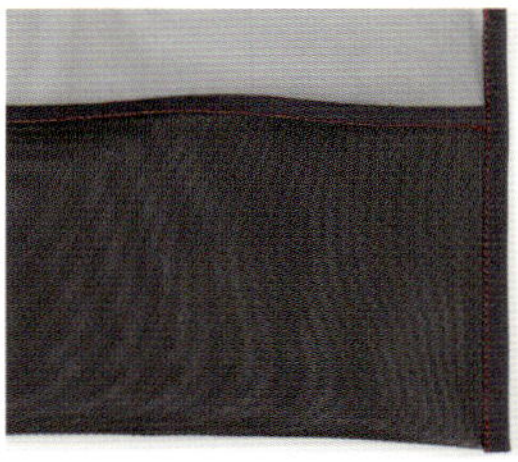

4 脇もバイヤステープではさんで縫い、始末します。

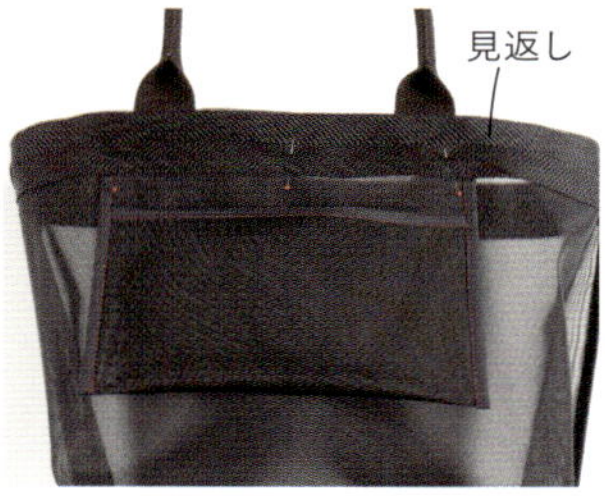

5 バッグの見返しにはさみ込み、見返しと一緒に縫い付けます。ここでは見返しにテープを使っています。

よく使うステッチのしかた

千鳥がけ

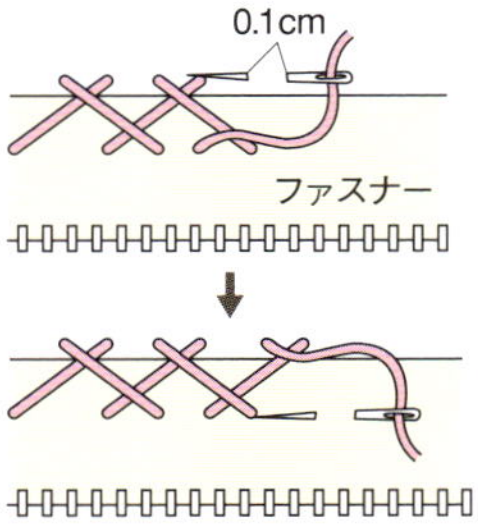

星止め

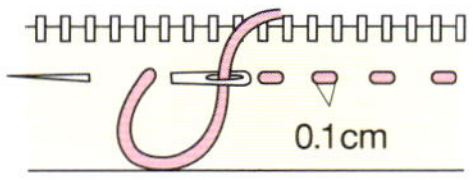

たてまつり

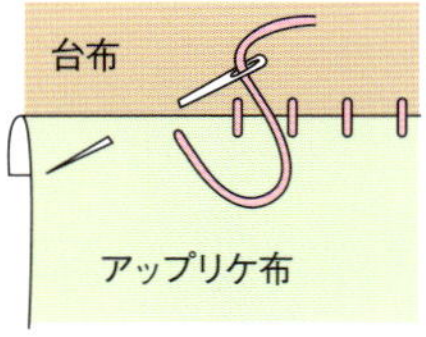

返し縫い

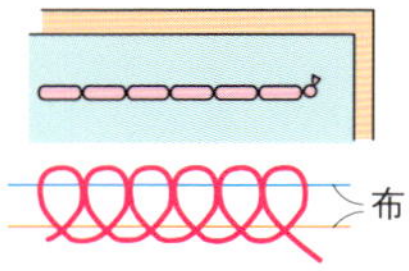

巻きかがり

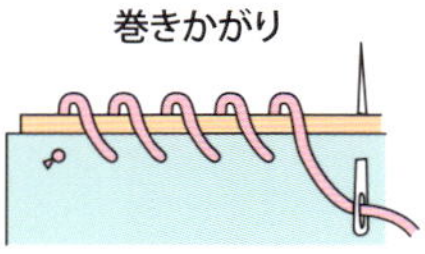

コの字とじ

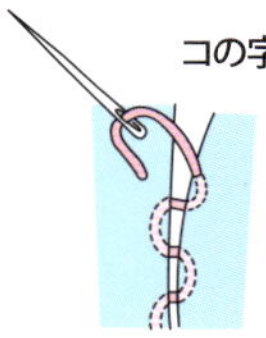

外表にして端と端を
突き合わせ
左右を交互にすくう

作品の作り方

- ●図中の数字の単位はcmです。
- ●構成図・型紙の寸法には、特に表示のない限り縫い代は含みません。通常の縫い代は、ピーシングは0.7cm、アップリケは0.5cm、バッグなどの仕立ては1cmくらいを目安にしてください。裁ち切りと表示のある場合は、縫い代を付けずに布を裁ちます。
- ●指示のない点線はキルティングラインを示しています。
- ●図中のアルファベット「S」はステッチの略です。
- ●作品の出来上がりは、図の寸法と多少の差が出ることがあります。
- ●58ページのバッグの作り方、110ページの基礎ノートも参考にしてください。

ちぢむシートのぺたんこバッグ P.14

持ち手2本4枚

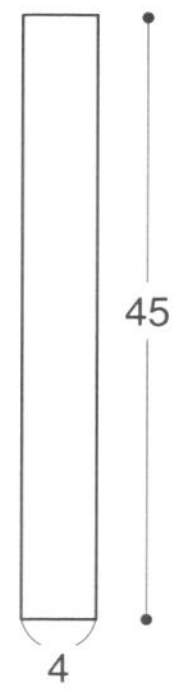

本体の作り方

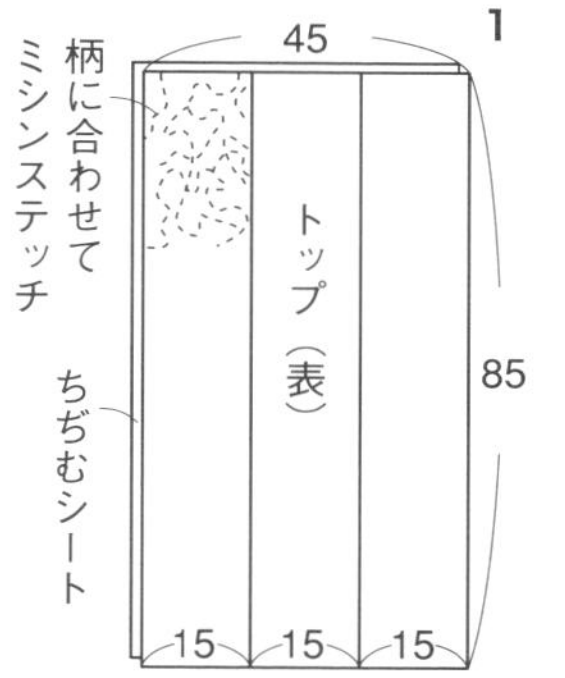

トップとちぢむシートを重ね
アイロンで縮ませる

出来上がり線の印を付けて
縫い代を残してカットする

本体1枚

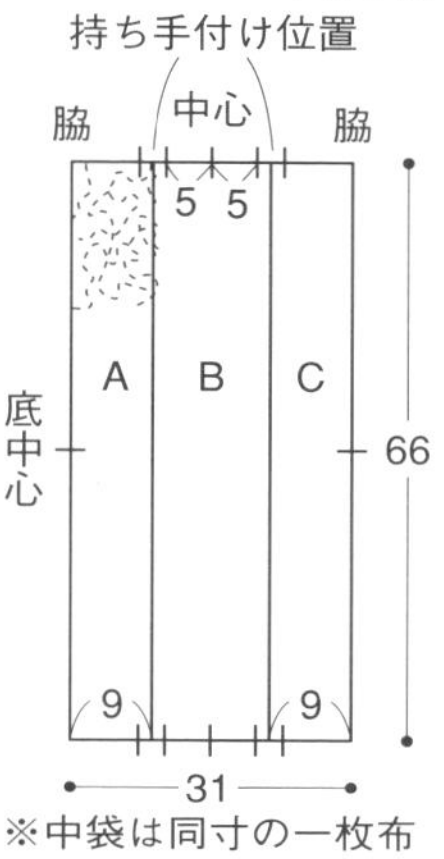

※中袋は同寸の一枚布

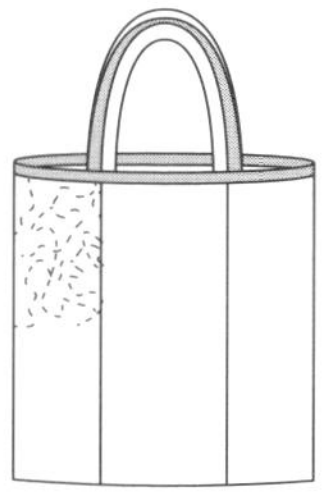

33×31cm

＊材料

本体A・B・C用布各20×90cm　持ち手用布1種20×50cm　持ち手用布（パイピング分含む）35×50cm　中袋用布35×70cm　15%収縮ちぢむシート85×45cm　極太毛糸適宜

＊作り方のポイント

●パイピングのしかたは58ページ参照。

●ちぢむシートの使い方は14ページ参照。

＊作り方

①ピーシングをして本体のトップをまとめる。

②トップの裏にちぢむシートを重ねてミシンステッチする。

③アイロンをかけてシートを縮ませ、出来上がり線の印を付けて、縫い代を残してカットする。

④本体を中表に合わせて脇を縫う。

⑤口にキルト綿を重ねてパイピングで始末する。

⑥持ち手を作り、本体に縫い付ける。

⑦中袋を本体同様に作り、本体に入れてまつる。

持ち手の作り方

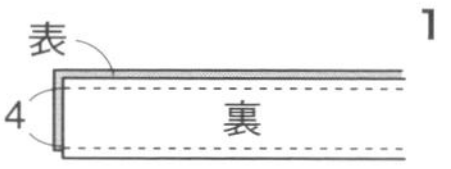

2枚を中表に合わせて縫う

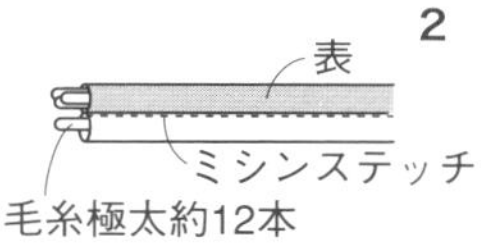

表に返して縫い目を
中心にして折り直し
ステッチで押さえ
毛糸を入れる

仕立て方

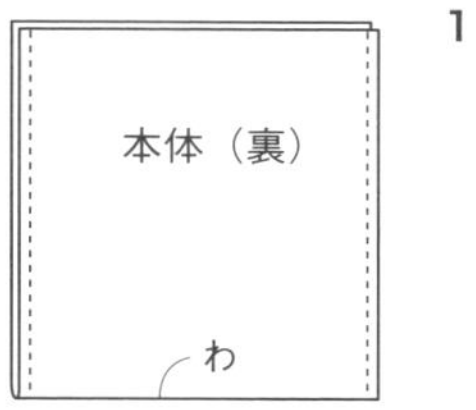

本体を中表に合わせて
脇を縫い、中袋も同様に縫う

口をパイピングで始末し、持ち手を
パイピングのきわに縫い付ける

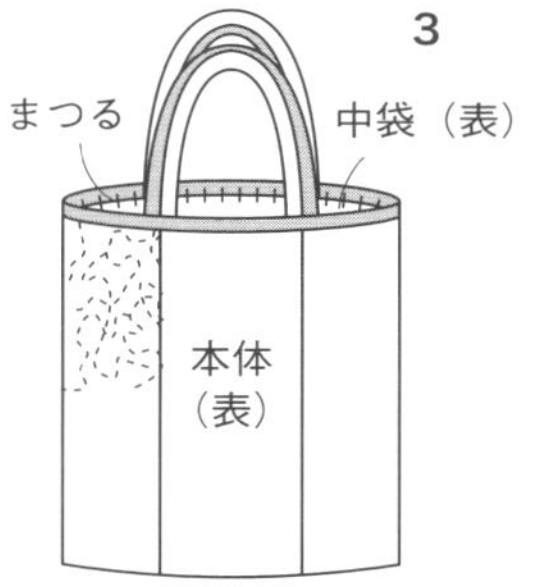

中袋を本体に入れて
パイピングにまつる

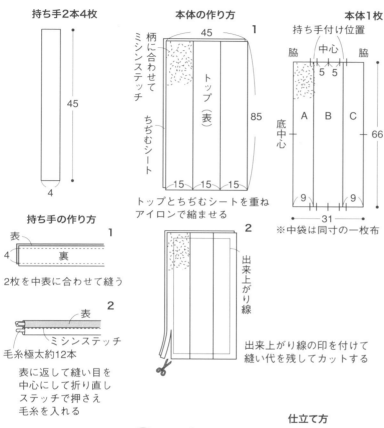

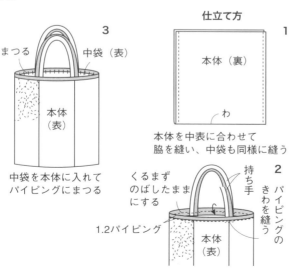

藍と酒袋のコンビトートバッグ　P.8

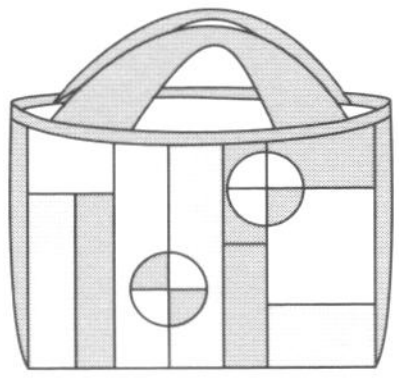
25×40cm

＊材料

ピーシング、アップリケ、パイピング用布各種　マチ用酒袋（持ち手表布分含む）30×90cm　持ち手裏布40×30cm　中袋用布50×65cm　接着キルト綿90×80cm　接着芯75×30cm　厚手接着芯85×15cm　バッグ用底板35×10cm　刺し子糸適宜

＊作り方のポイント

●パイピングは自由に接ぐ。

●本体の作り方とパイピングのしかたは58ページ参照。

＊作り方

①ピーシング、アップリケ、刺し子をして本体のトップをまとめる。マチのトップは一枚布。

②本体のトップに接着キルト綿、接着芯をはってアップリケの周囲に刺し子をし、さらに裁ち切りの接着キルト綿をはる。マチには厚手接着芯をはる。

③本体とマチを中表に合わせて縫う。

④口にキルト綿を重ねてパイピングで始末する。

⑤持ち手を作って本体に縫い付け、底板を入れる。

⑥中袋を作り、本体に入れてまつる。

本体各1枚

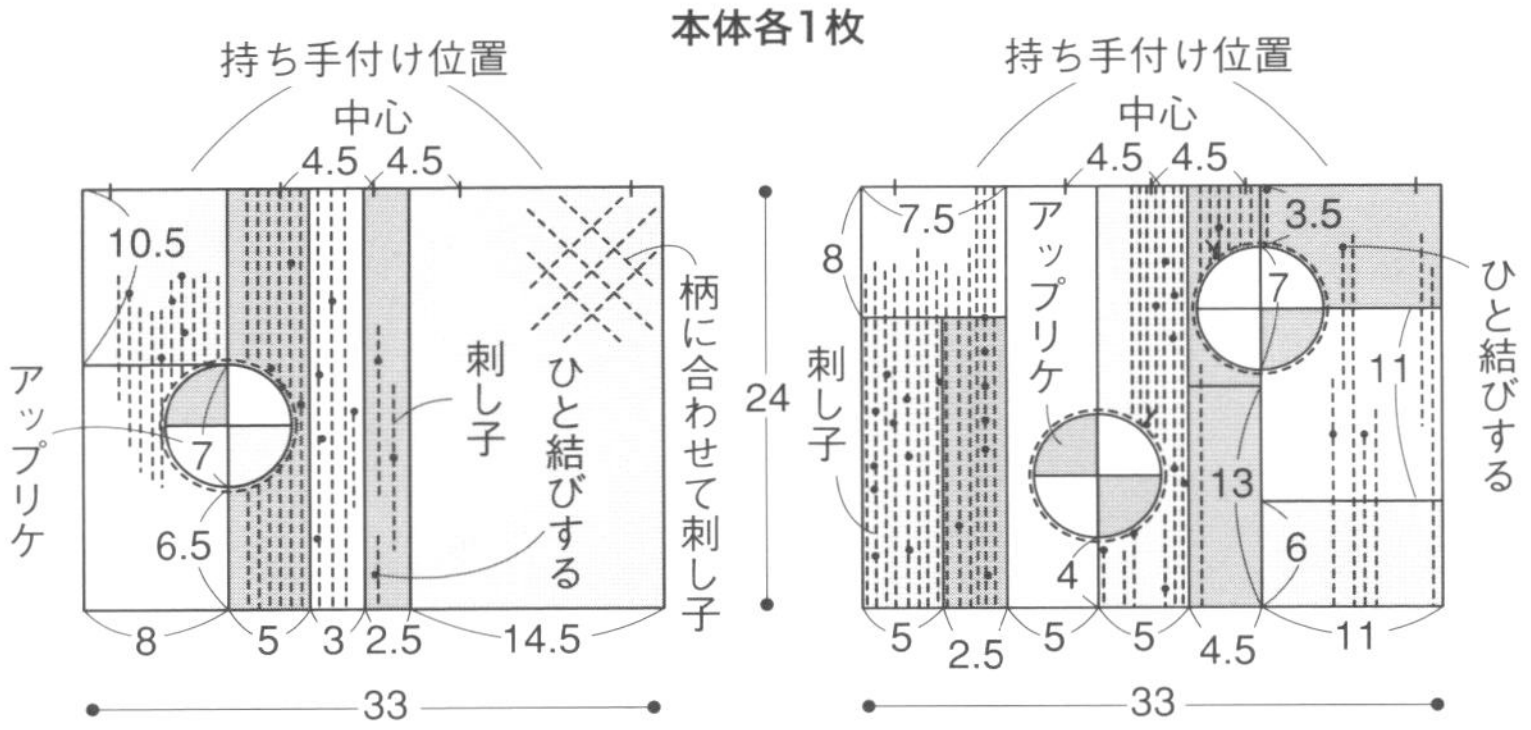

持ち手表布裏布各2枚

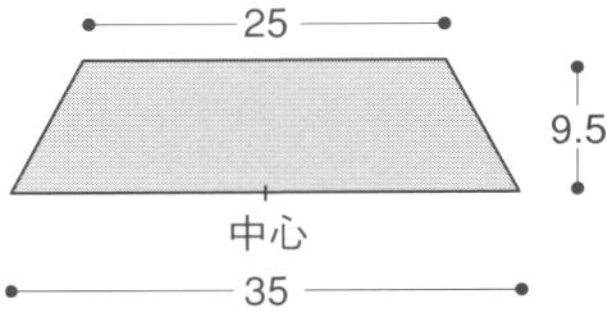

中袋1枚

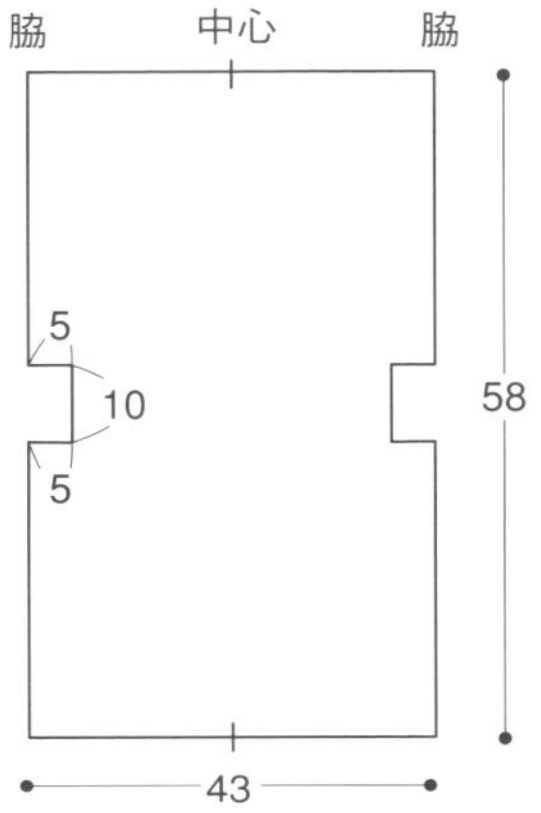

持ち手の作り方

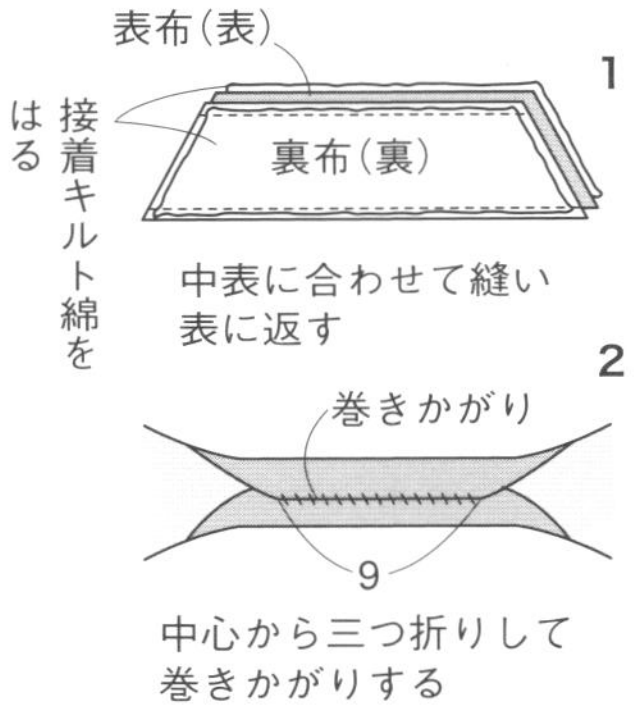

マチ1枚

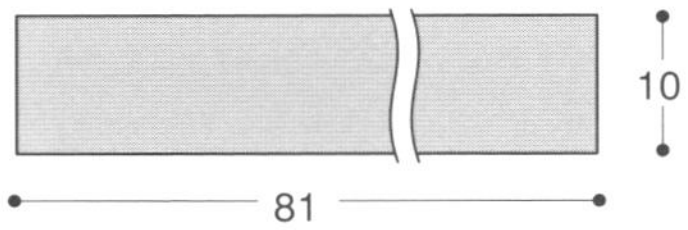

仕立て方

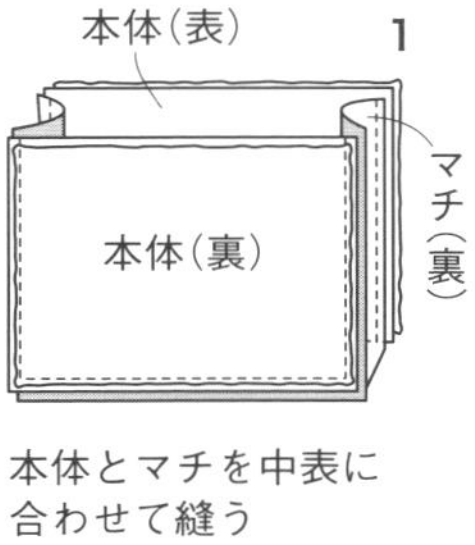

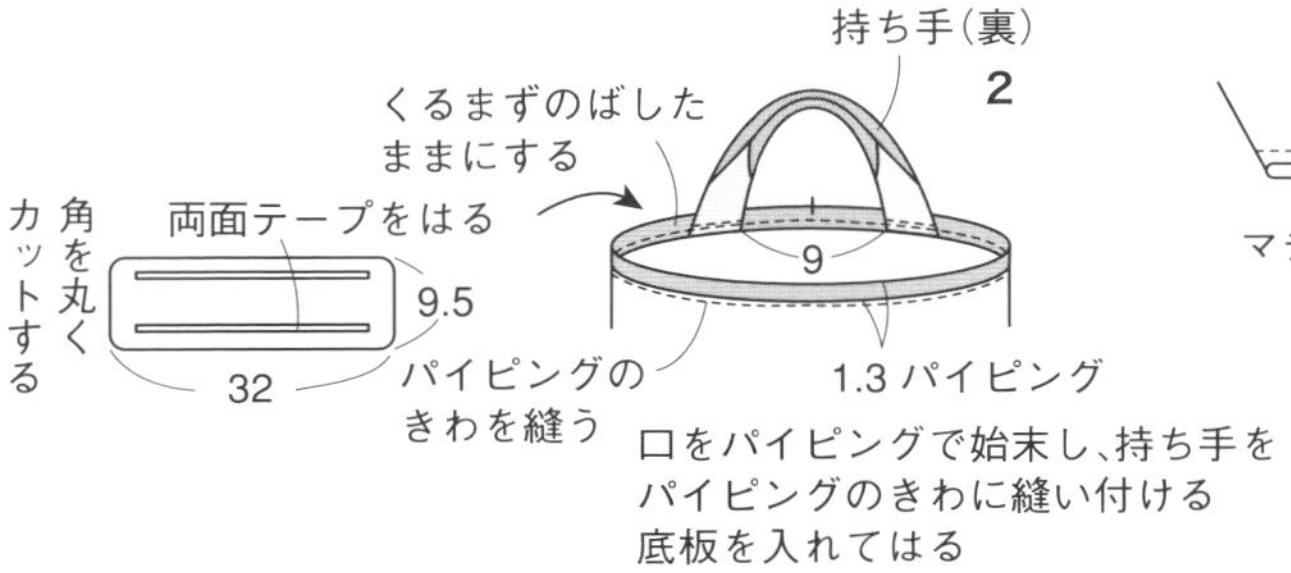

中袋の作り方

藍の刺し子のバッグ P.10

本体各1枚

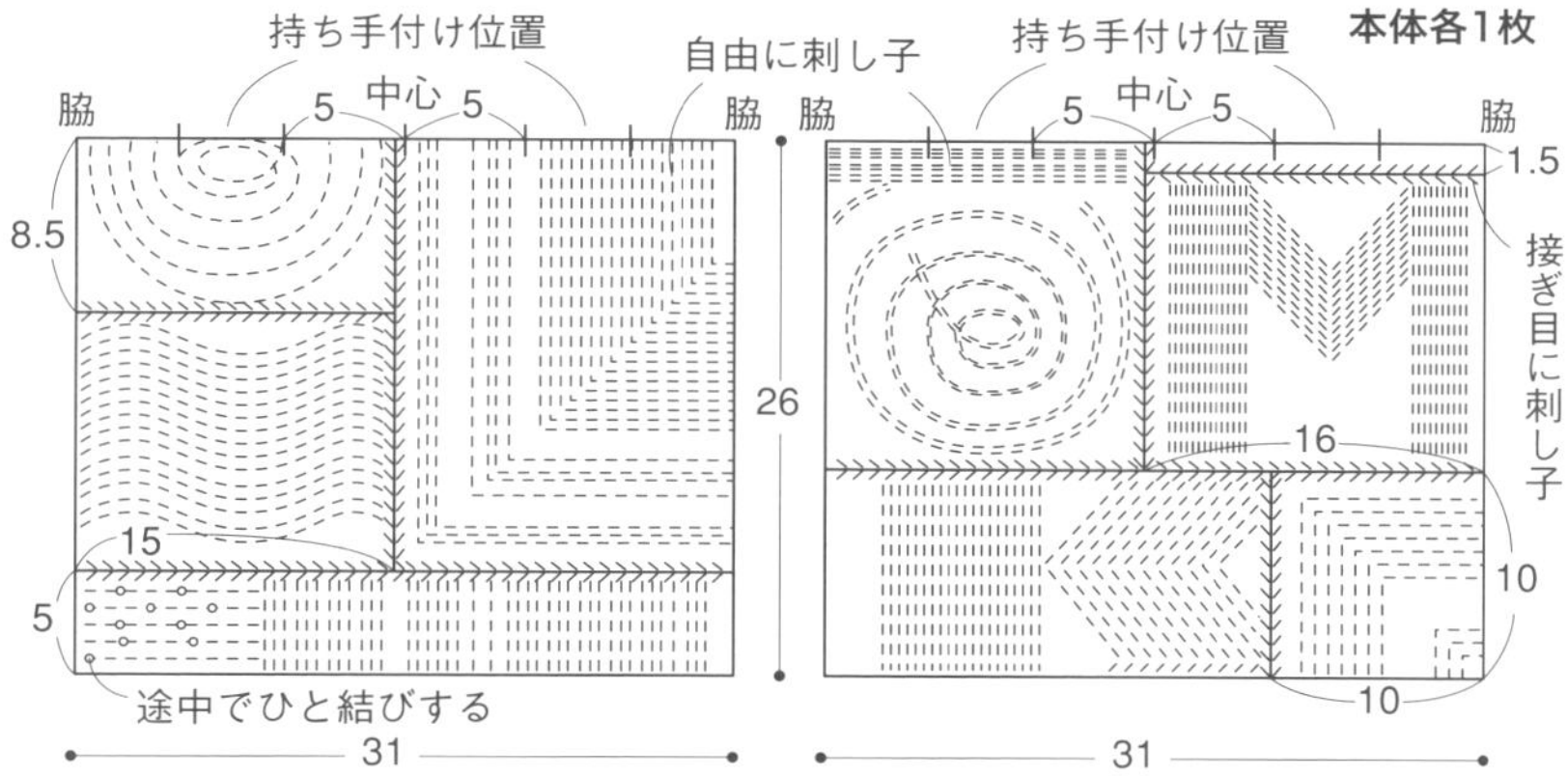

※本体と底の中袋は同寸の一枚布、裏に裁ち切りの接着芯をはる

持ち手各1枚

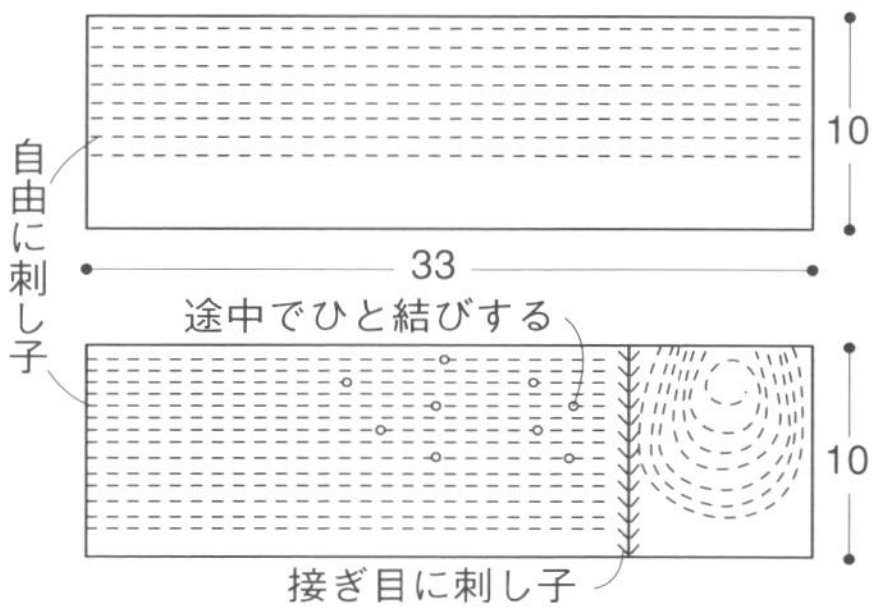

底1枚

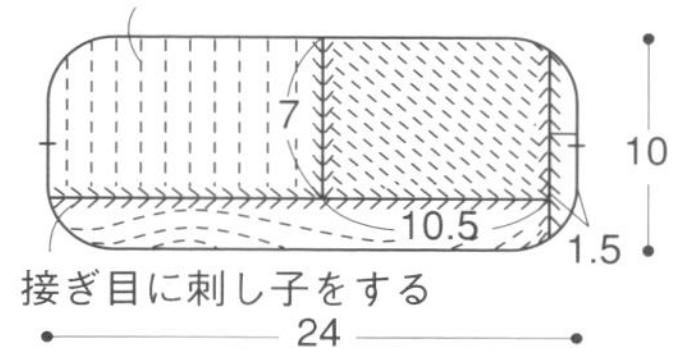

持ち手の作り方

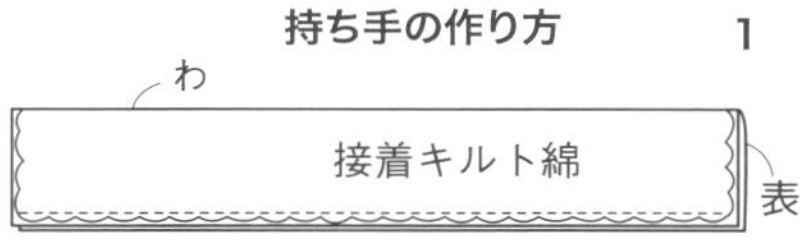

裏に接着キルト綿をはり
中表に合わせて縫い、表に返す

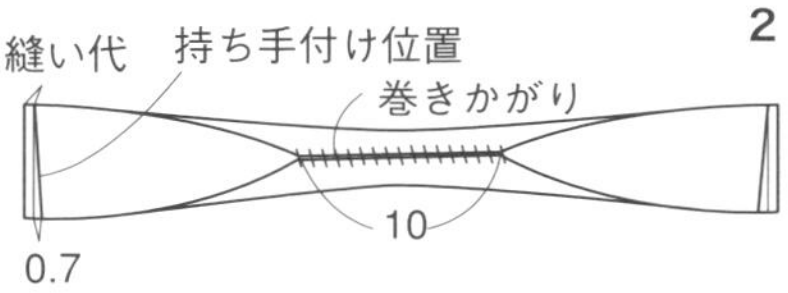

中心で突き合わせて巻きかがりし
付け位置の印を付けておく

仕立て方

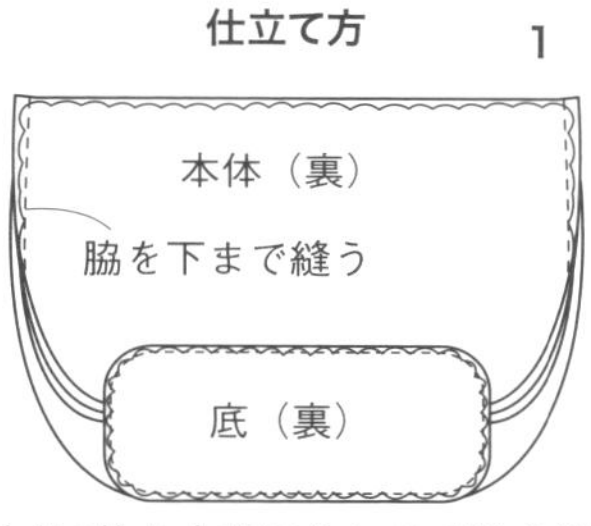

本体2枚を中表に合わせて脇を縫い
底を中表に合わせて縫う
中袋も同様に縫う

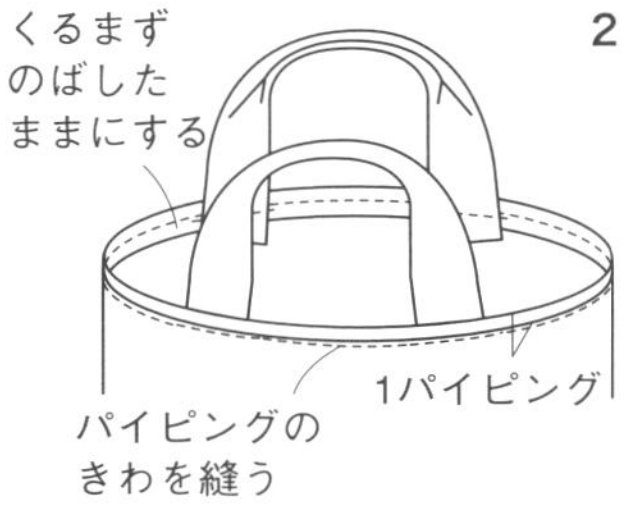

口をパイピングで始末し、持ち手を
パイピングのきわに縫い付ける

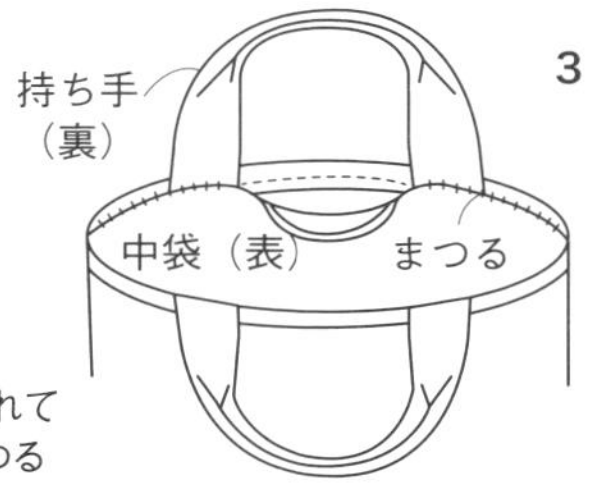

中袋を本体に入れて
パイピングにまつる

27×31cm

＊材料

本体用布（持ち手、底分含む）35 × 100cm　パイピング用布 30 × 30cm　中袋用布、カバン用接着芯各 85 × 30cm　接着キルト綿 80 × 45cm　刺し子糸適宜

＊作り方のポイント

●パイピングのしかたと持ち手の付け方は 58 ページ参照。

＊作り方

①ピーシング、刺し子をして本体のトップをまとめる。
②本体に接着キルト綿、中袋にカバン用接着芯をはる。
③本体 2 枚を中表に合わせて脇を縫い、底を中表に合わせて縫う。
④口にキルト綿を重ねてパイピングで始末する。
⑤持ち手を作り、本体に付ける。
⑥中袋を本体同様に作り、本体に入れてまつる。

●実物大型紙 69 ページ

内ポケット2枚

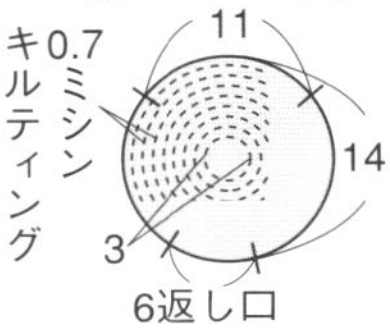

持ち手2枚

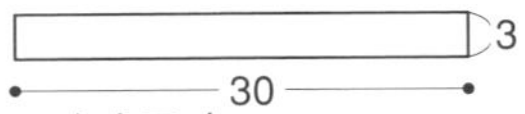

※裏布同寸

ループ1枚

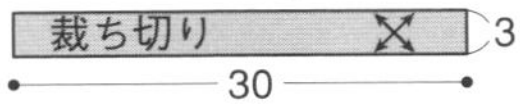

つつみボタン2枚

うずまき模様に刺し子

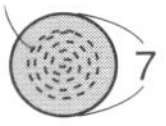

裁ち切り
※刺し子は1枚のみ

本体4枚

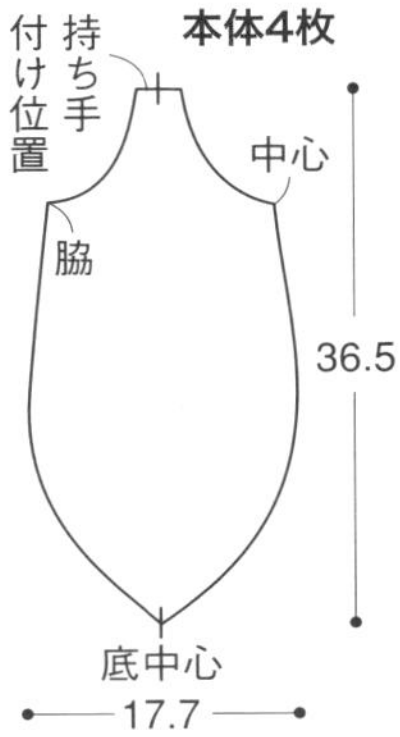

※2枚は左右対称に裁つ
※中袋同寸

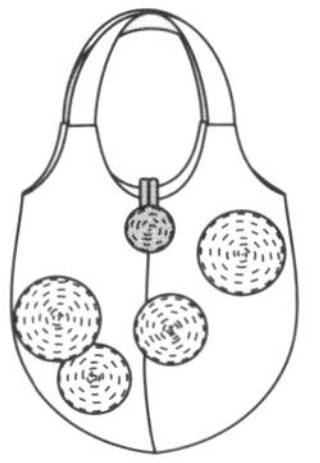

24×25cm

＊材料

アップリケ用布（ループ、つつみボタン分含む）35×25cm　本体用布（持ち手分含む）、接着キルト綿各90×50cm　持ち手用裏布（アップリケ分含む）35×25cm　中袋用布（内ポケット分含む）90×55cm　直径5cmつつみボタン1個　直径0.2cmひも5cm　刺し子糸、毛糸、厚紙各適宜

＊作り方のポイント

●本体用布は刺し子を施した布を使う。自分で刺し子をしてもよい。
●本体と中袋は底中心で1針縫い止め、糸端を中袋側でひと結びする。

＊作り方

①本体4枚に接着キルト綿をはり、2枚ずつを中表に合わせて縫う。
②①2枚にそれぞれアップリケし、本体前と本体後ろをまとめる。
③本体前と後ろを中表に合わせて縫う。
④中袋4枚を返し口を残して中表に合わせて縫う。
⑤内ポケットを作り、中袋に付ける。
⑥持ち手を作る。
⑦本体と中袋を中表に合わせて、持ち手をはさんで口を縫う。
⑧表に返して返し口をとじ、口をステッチで押さえる。
⑨つつみボタンとループを作り、本体に付ける。

●実物大型紙69ページ

持ち手の作り方

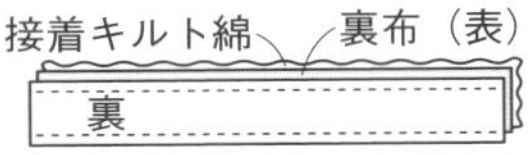

裏布と中表に合わせて縫う

表に返して
両端をミシンステッチする

ループの作り方

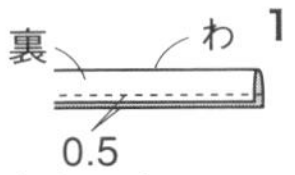

中表に合わせて
筒に縫う

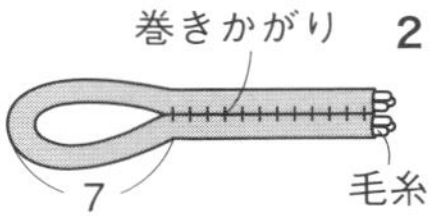

表に返して毛糸を通し
輪にとじる

ループの付け方

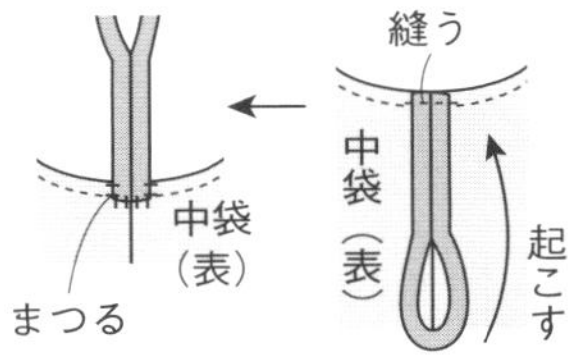

中袋の作り方

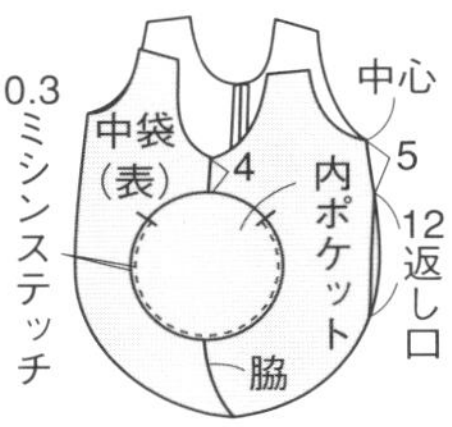

返し口を残して
中表に合わせて縫い
内ポケットを付ける

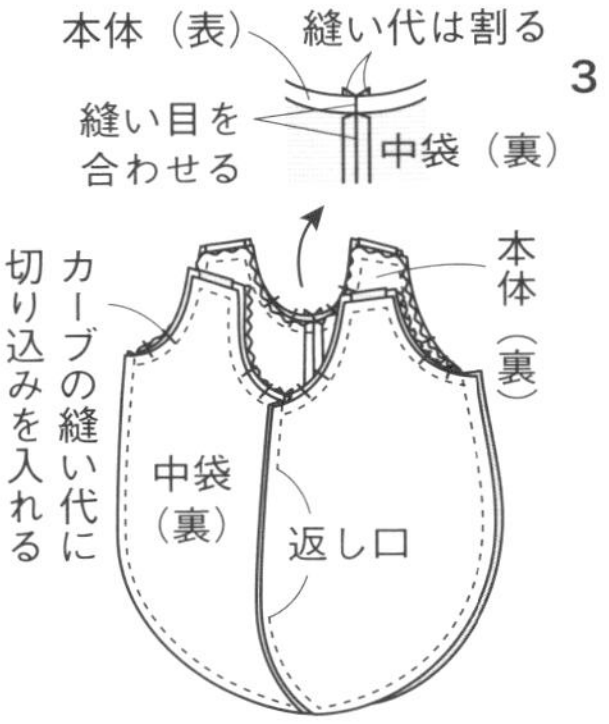

本体と中袋を中表に合わせて
口を縫い、表に返して返し口を
まつってとじる

仕立て方

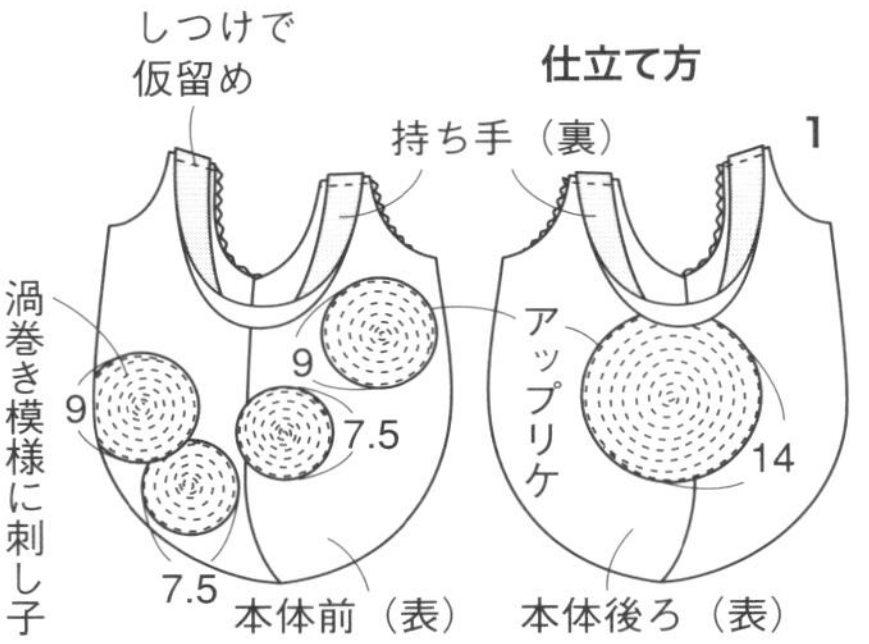

本体2枚ずつを中表に合わせて縫い
それぞれ好みの位置にアップリケをして
持ち手を仮留めする

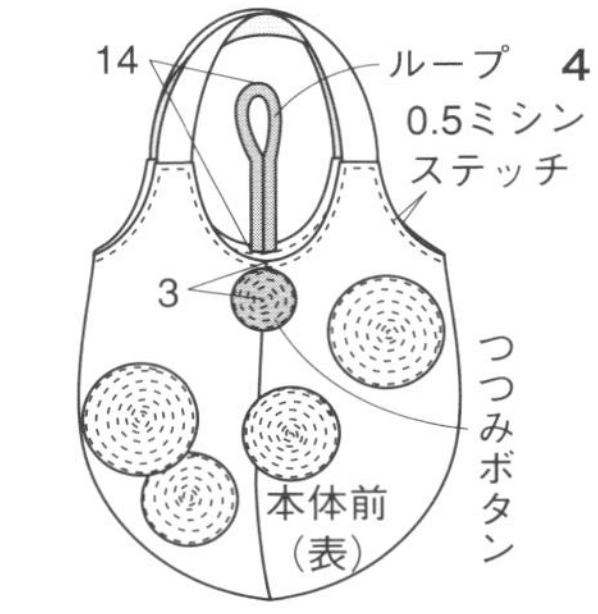

口をミシンステッチで押さえ
つつみボタンとループを付ける

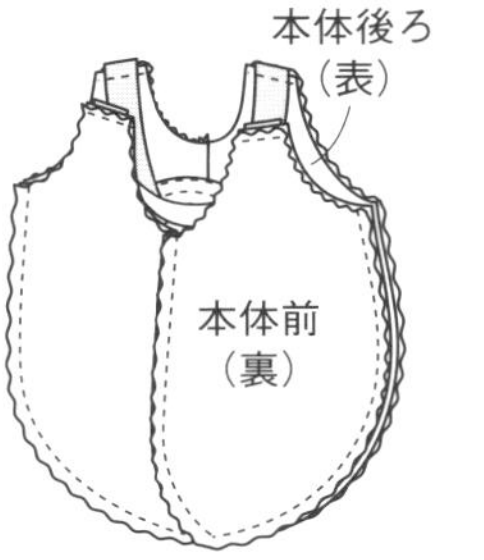

本体前と後ろを
中表に合わせて縫う

内ポケットの作り方

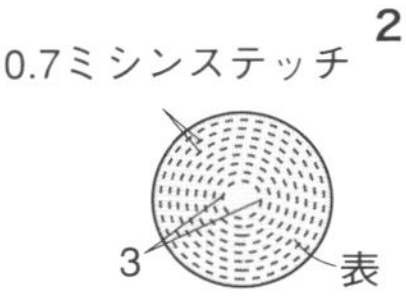

表に返して
ステッチする

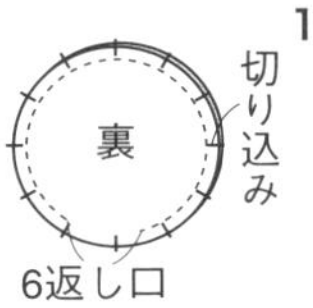

2枚を中表に合わせて
返し口を残して縫う

つつみボタンの作り方

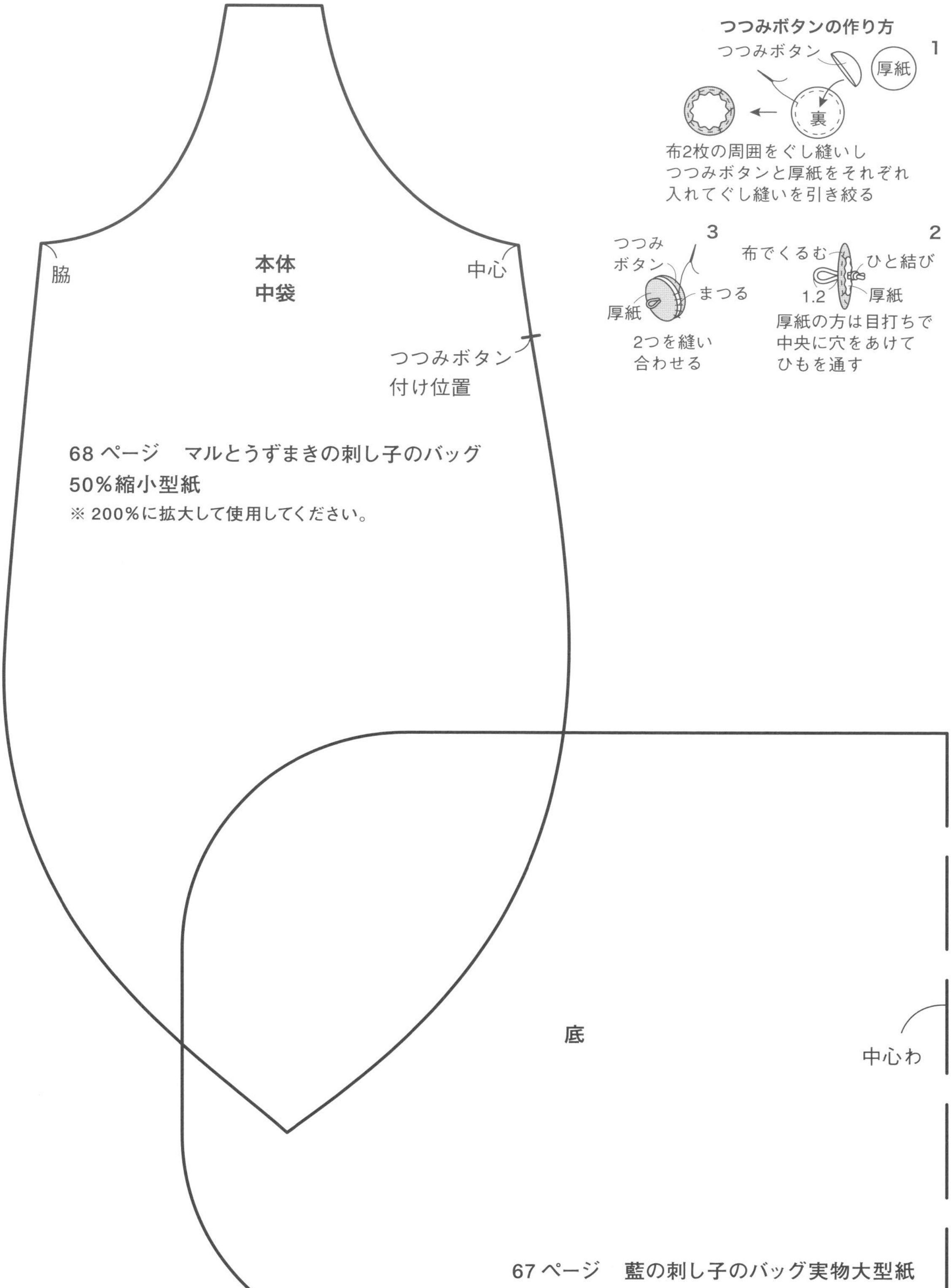
1
つつみボタン
厚紙
裏
布2枚の周囲をぐし縫いし
つつみボタンと厚紙をそれぞれ
入れてぐし縫いを引き絞る
2
布でくるむ
ひと結び
1.2
厚紙
厚紙の方は目打ちで
中央に穴をあけて
ひもを通す
3
つつみ
ボタン
まつる
厚紙
2つを縫い
合わせる
脇
本体
中袋
中心
つつみボタン
付け位置
68 ページ　マルとうずまきの刺し子のバッグ
50%縮小型紙
※ 200%に拡大して使用してください。
底
中心わ
67 ページ　藍の刺し子のバッグ実物大型紙

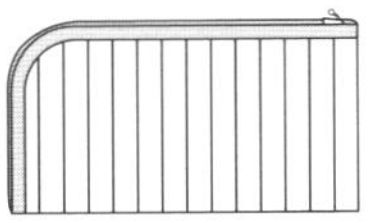

本体1枚

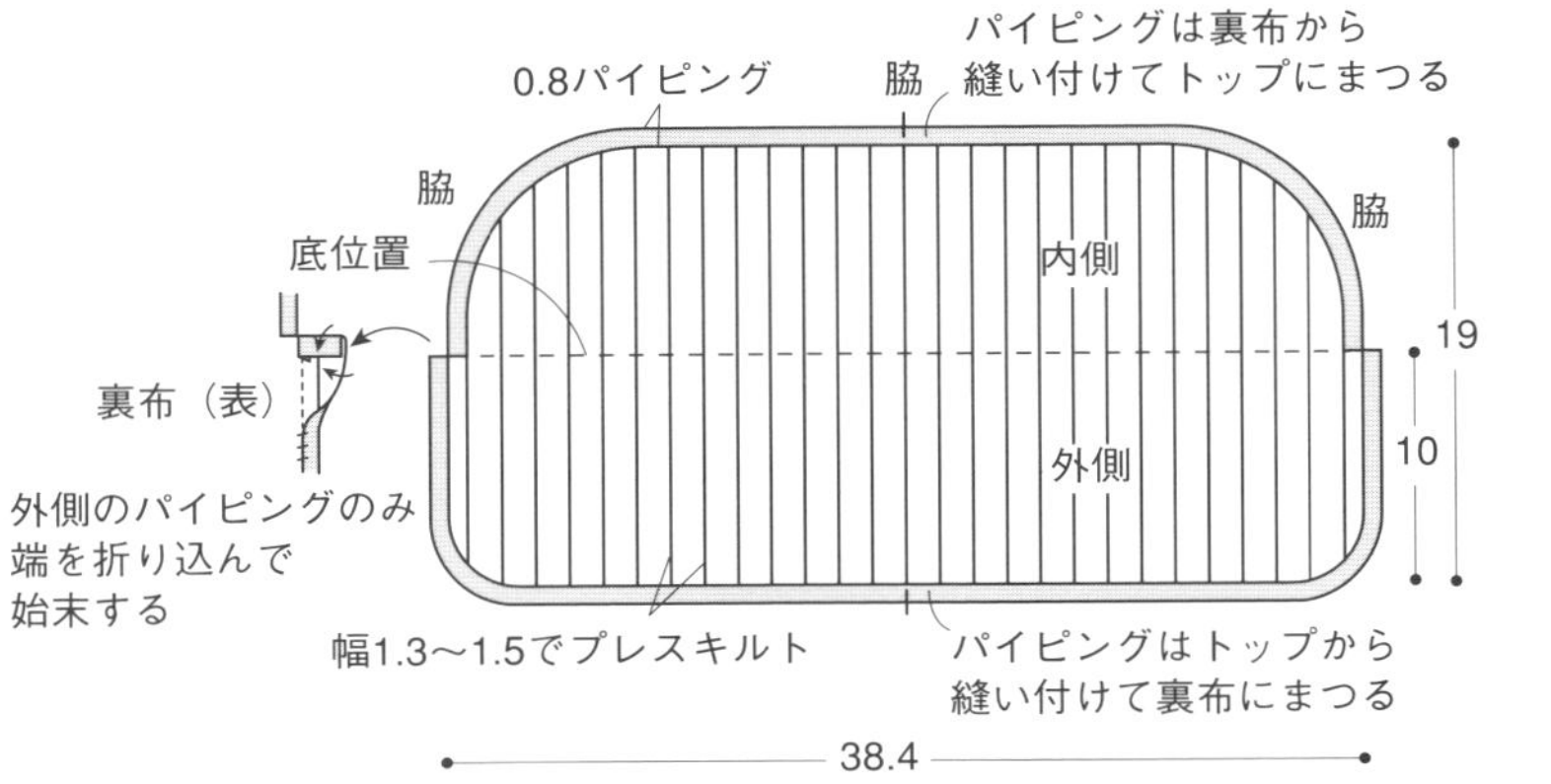

＊材料

本体プレスキルト用布各種　パイピング用布 45 × 45cm　両面接着キルト綿、裏布各 45 × 25cm　長さ 25・22cm ファスナー各 1 本

＊作り方のポイント

●本体のプレスキルトをするときは、大きめのキルト綿の上に布を縫い付け、最後に型紙に合わせてカットする。プレスキルトのしかたは 42 ページ参照。

●内側と外側でファスナーを付ける位置が違うので注意する。

＊作り方

①両面接着キルト綿にプレスキルトをし、裏布を重ねてアイロンで接着する。

②周囲を内側と外側のパーツに分けてパイピングで始末する。

③中表に合わせてそれぞれにファスナーを付ける。

④底位置を縫う。

⑤底から外側のパーツを折り上げる。

●実物大型紙 109 ページ

仕立て方

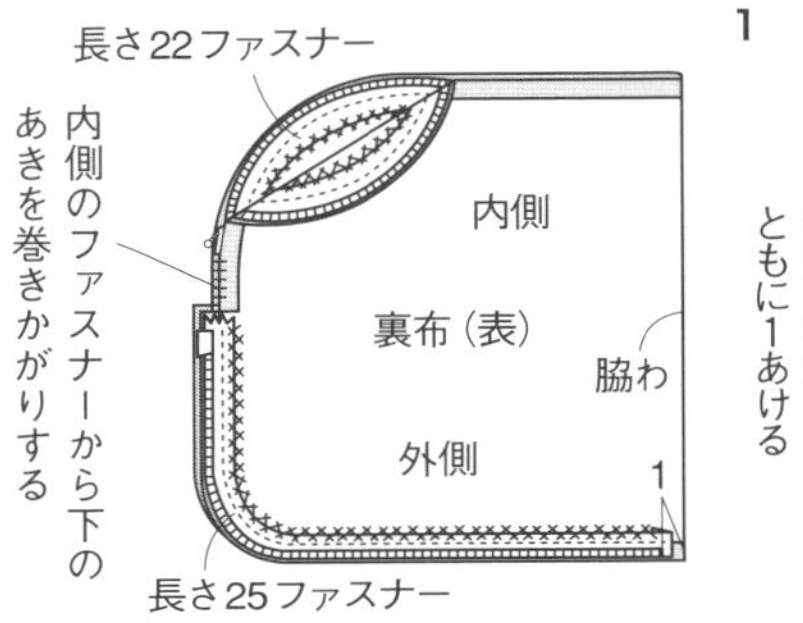

中表に合わせて内側はトップに
外側は裏布にそれぞれファスナーを付ける

ファスナーの付け方

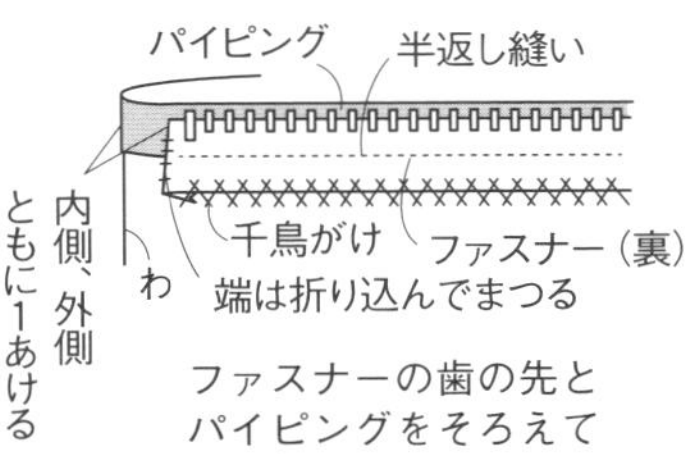

ファスナーの歯の先と
パイピングをそろえて
縫い付ける

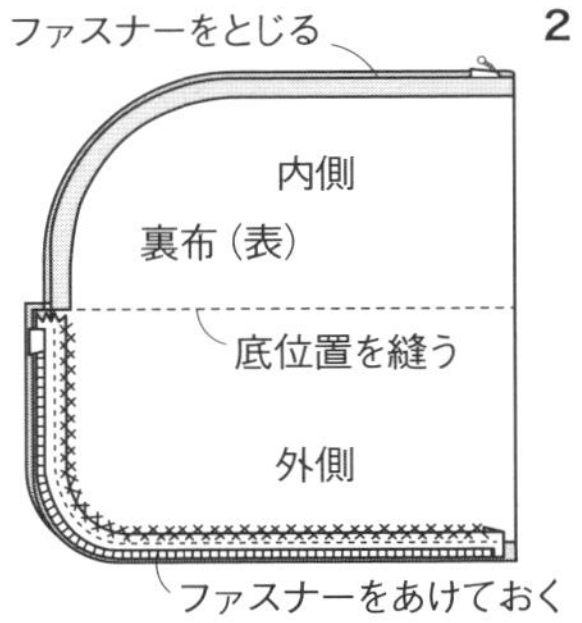

底位置を縫う

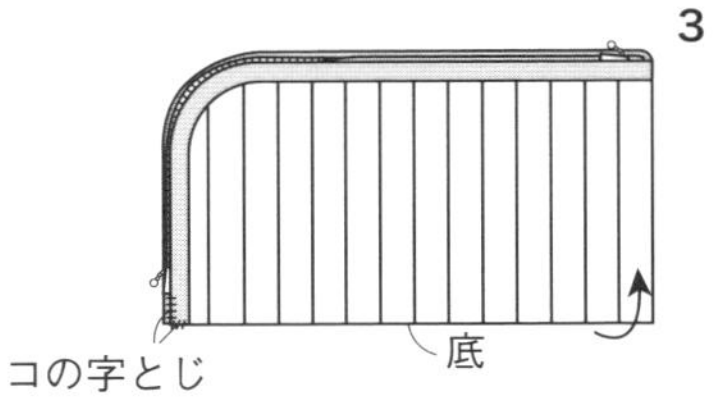

外側を底から折り上げて内側にかぶせ
外側のファスナー下のあきをとじる

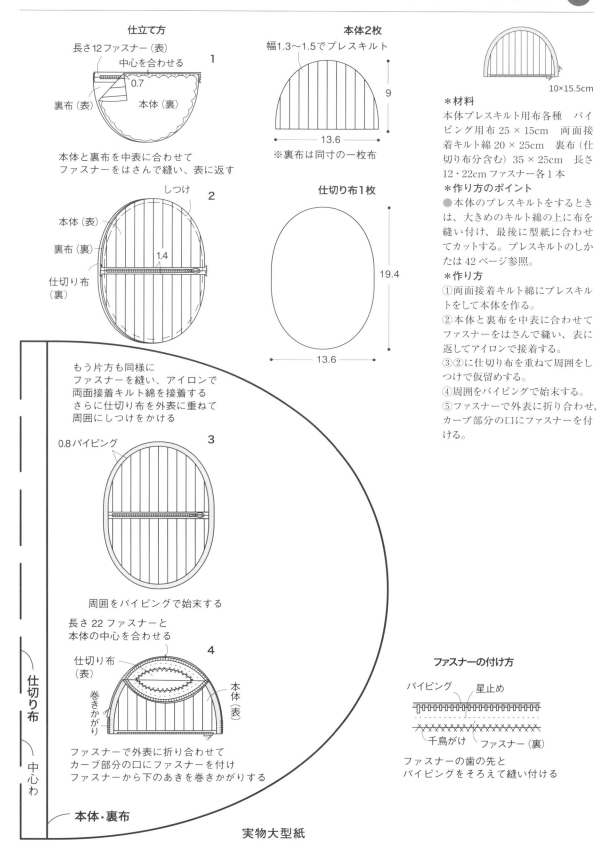

仕立て方

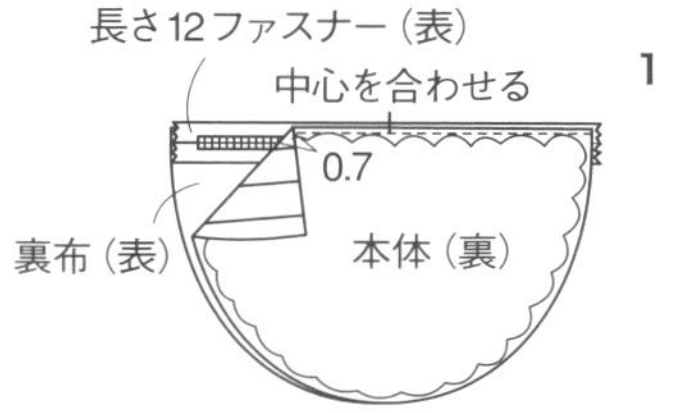

本体と裏布を中表に合わせて
ファスナーをはさんで縫い、表に返す

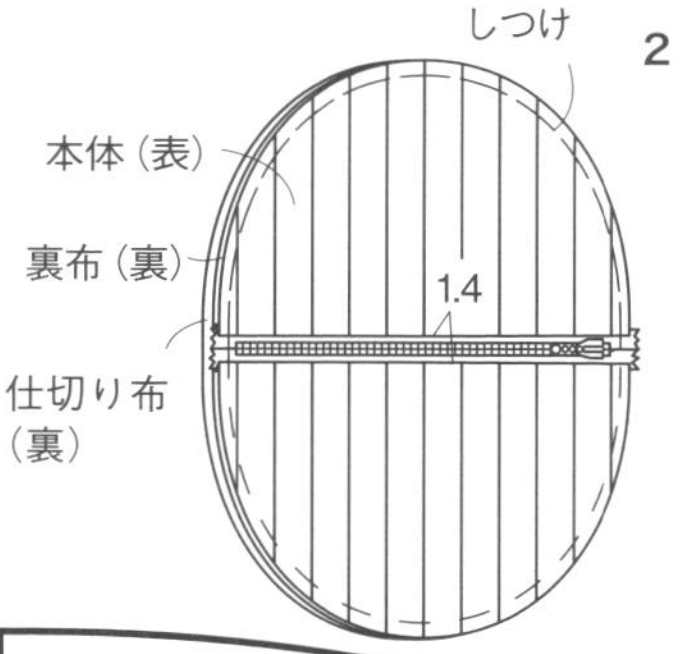

もう片方も同様に
ファスナーを縫い、アイロンで
両面接着キルト綿を接着する
さらに仕切り布を外表に重ねて
周囲にしつけをかける

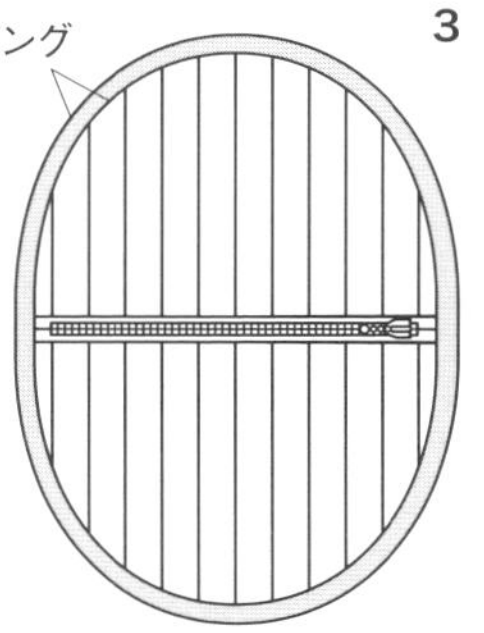

周囲をパイピングで始末する

長さ22ファスナーと
本体の中心を合わせる

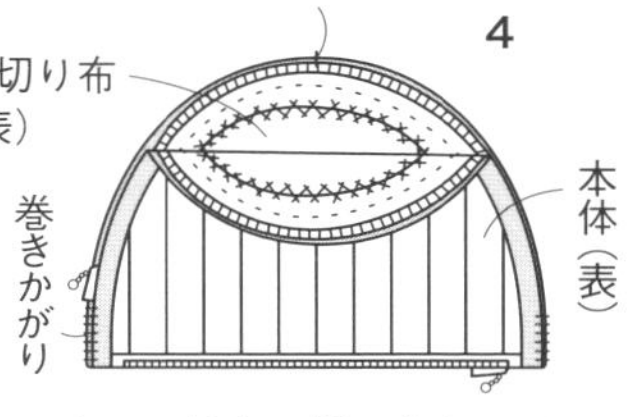

ファスナーで外表に折り合わせて
カーブ部分の口にファスナーを付け
ファスナーから下のあきを巻きかがりする

仕切り布
中心わ
本体・裏布

実物大型紙

本体2枚

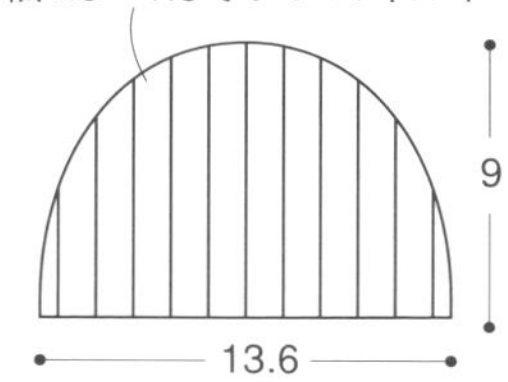

※裏布は同寸の一枚布

仕切り布1枚

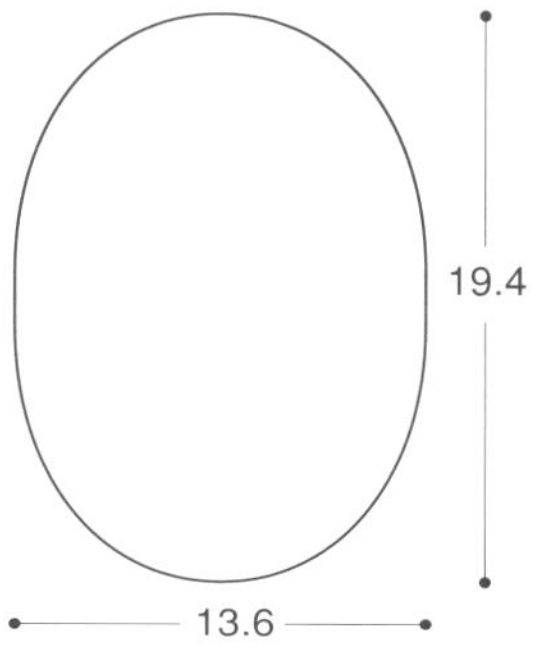

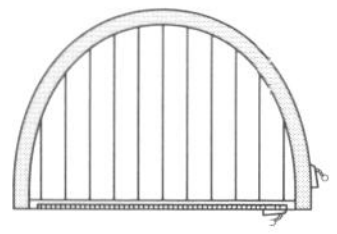

10×15.5cm

＊材料
本体プレスキルト用布各種　パイピング用布 25 × 15cm　両面接着キルト綿 20 × 25cm　裏布（仕切り布分含む）35 × 25cm　長さ12・22cmファスナー各１本

＊作り方のポイント
●本体のプレスキルトをするときは、大きめのキルト綿の上に布を縫い付け、最後に型紙に合わせてカットする。プレスキルトのしかたは42ページ参照。

＊作り方
①両面接着キルト綿にプレスキルトをして本体を作る。
②本体と裏布を中表に合わせてファスナーをはさんで縫い、表に返してアイロンで接着する。
③②に仕切り布を重ねて周囲をしつけで仮留めする。
④周囲をパイピングで始末する。
⑤ファスナーで外表に折り合わせ、カーブ部分の口にファスナーを付ける。

ファスナーの付け方

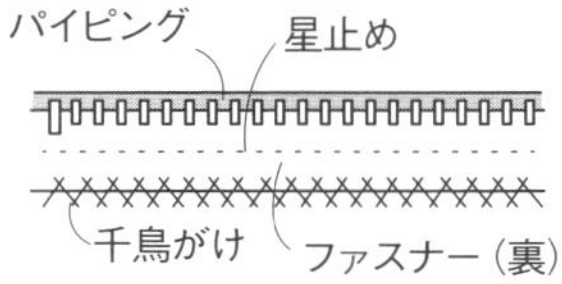

ファスナーの歯の先と
パイピングをそろえて縫い付ける

本体後ろ2枚

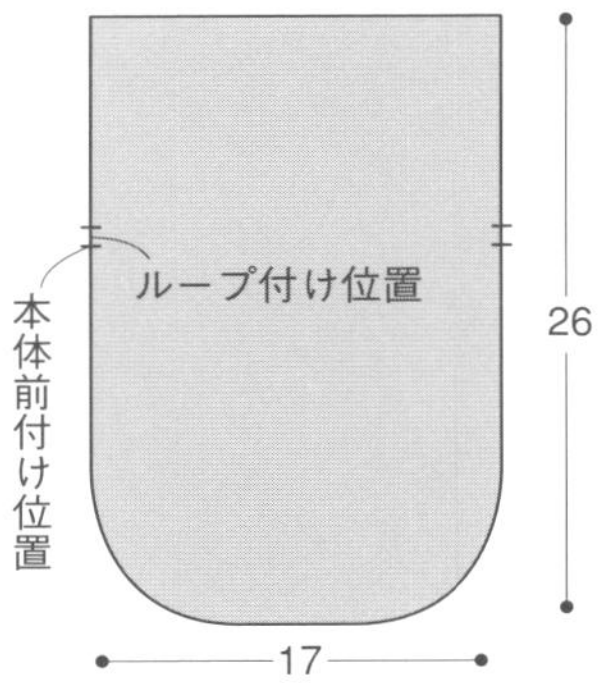

※中袋同寸

本体前1枚

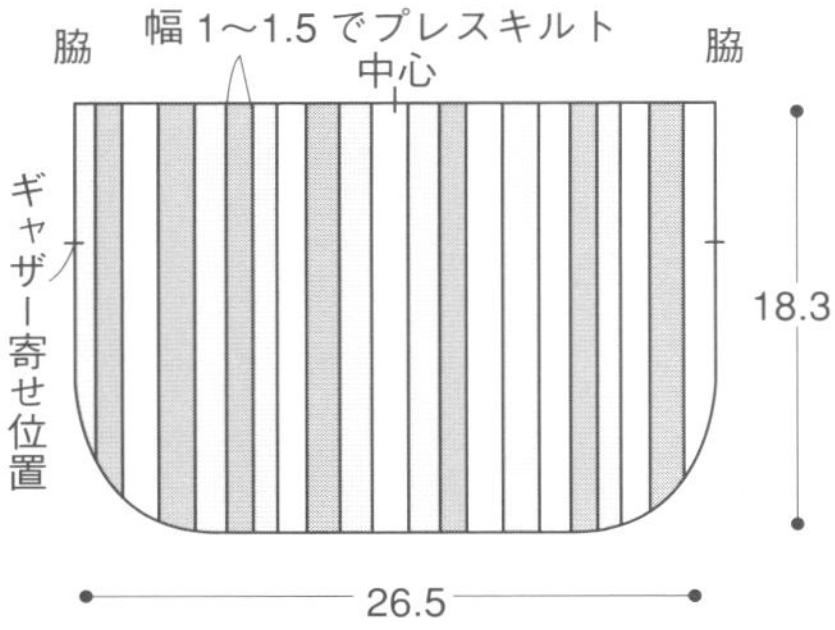

※裏布は同寸の一枚布

ふた飾り用ループ1枚

ループ2枚

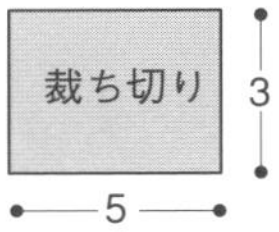

ループの作り方

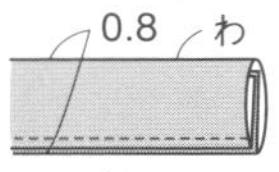

四つ折りして縫う

本体前の作り方

1

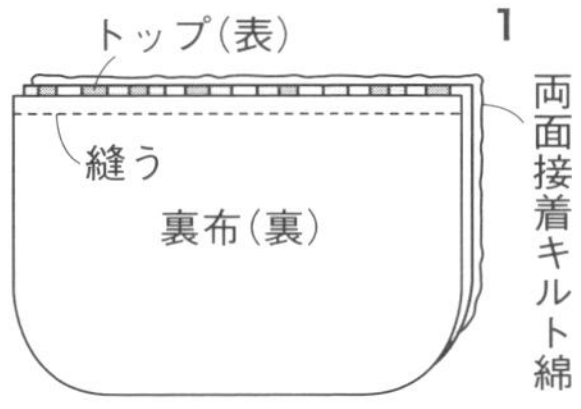

プレスキルトをしたトップと裏布を中表に合わせて口を縫う

2

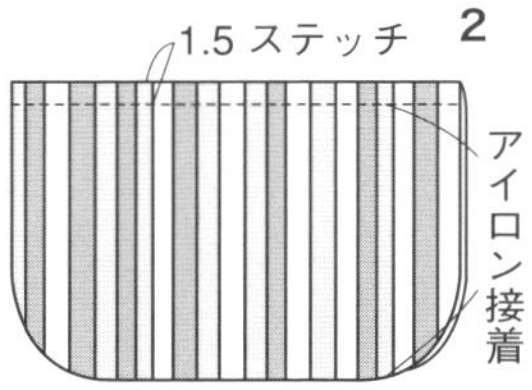

表に返してゴム通しを縫い縫い線より下をアイロンで接着する

3

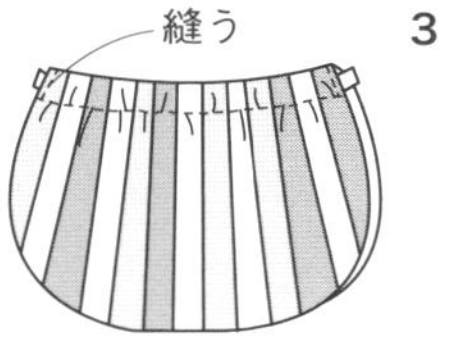

長さ 20cm ゴムテープを通して縮める

4

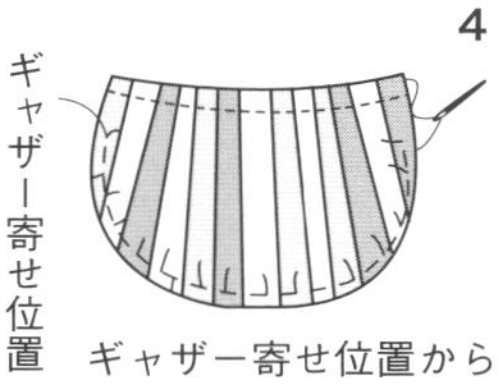

ギャザー寄せ位置からぐし縫いし、本体後ろの本体前付け位置に合わせて縮める

仕立て方

1

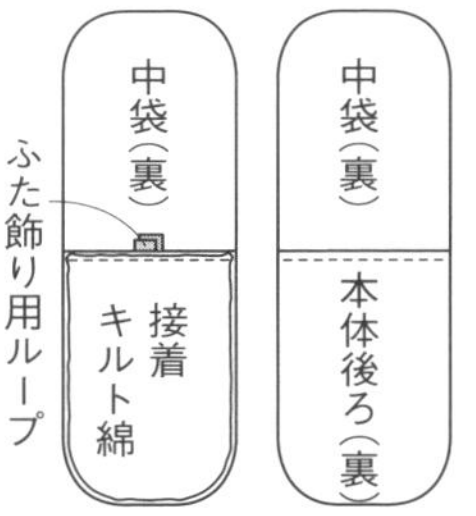

本体後ろと中袋を中表に合わせてそれぞれ口を縫う
本体後ろの一枚には接着キルト綿をはっておきふた飾り用ループをはさんで縫う

2

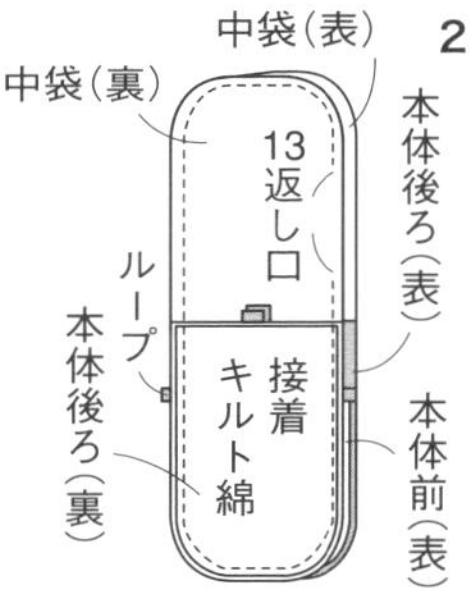

本体後ろに本体前と二つ折りしたループをしつけで仮留めしもう一枚の本体後ろを中表に合わせて縫う

3

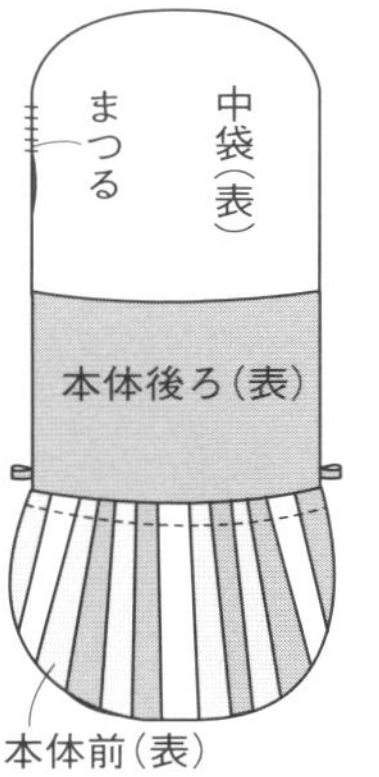

表に返して返し口をとじる

4

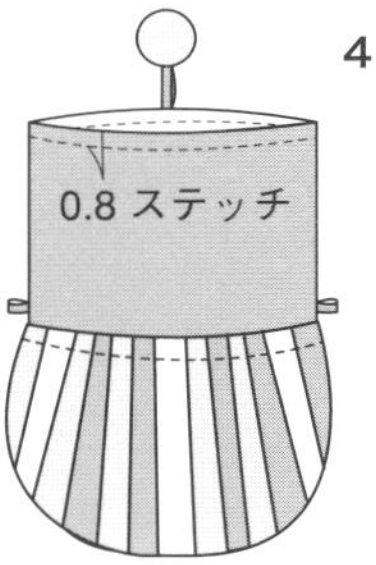

中袋を中に入れて口をステッチで押さえる

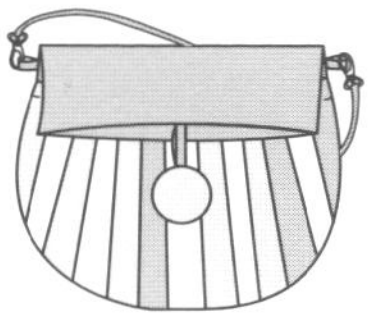

19×21cm

＊材料

本体前プレスキルト、つつみボタン用布各種　本体前裏布 30 × 25cm　本体後ろ用布（中袋、ループ分含む）85 × 30cm　両面接着キルト綿、接着キルト綿各 30 × 20cm　幅 0.5cm 長さ 123cm ナスかん付き肩ひも 1 本　直径 3.5cm つつみボタン 2 個　幅 1cm ゴムテープ 25cm

＊作り方のポイント

●プレスキルトのしかたは 42 ページ参照。

＊作り方

①両面接着キルト綿にプレスキルトして、本体前を作る。
②①に裏布を中表に合わせて口を縫い、表に返す。
③ゴム通しを縫い、縫い線より下をアイロンで接着する。
④ゴムテープを通して口を縮める。
⑤ギャザー寄せ位置からぐし縫いして引き絞り、ギャザーを寄せる。
⑥ループを作り、ふた飾り用はつつみボタンを付ける。
⑦本体後ろと中袋を中表に合わせて口を縫う。このとき本体後ろの一枚には接着キルト綿をはっておき、口にふた飾り用ループをはさんで縫う。
⑧本体後ろに本体前とループを仮留めし、2 枚を中表に合わせて縫う。
⑨表に返して返し口をとじ、口をステッチで押さえる。
⑩肩ひもを付ける。

●実物大型紙 73 ページ

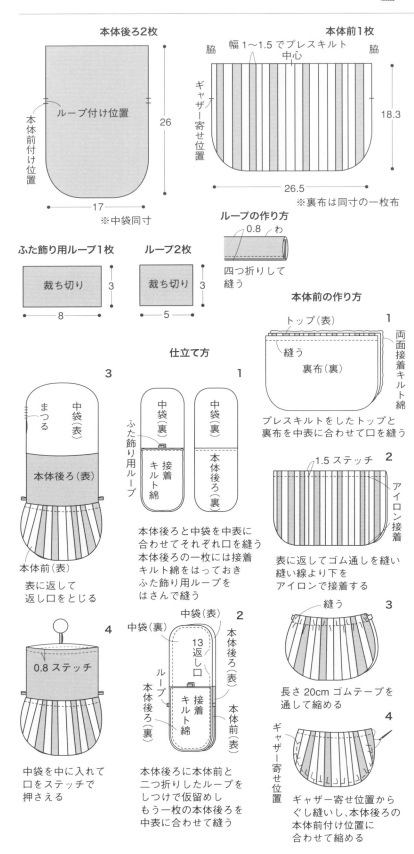

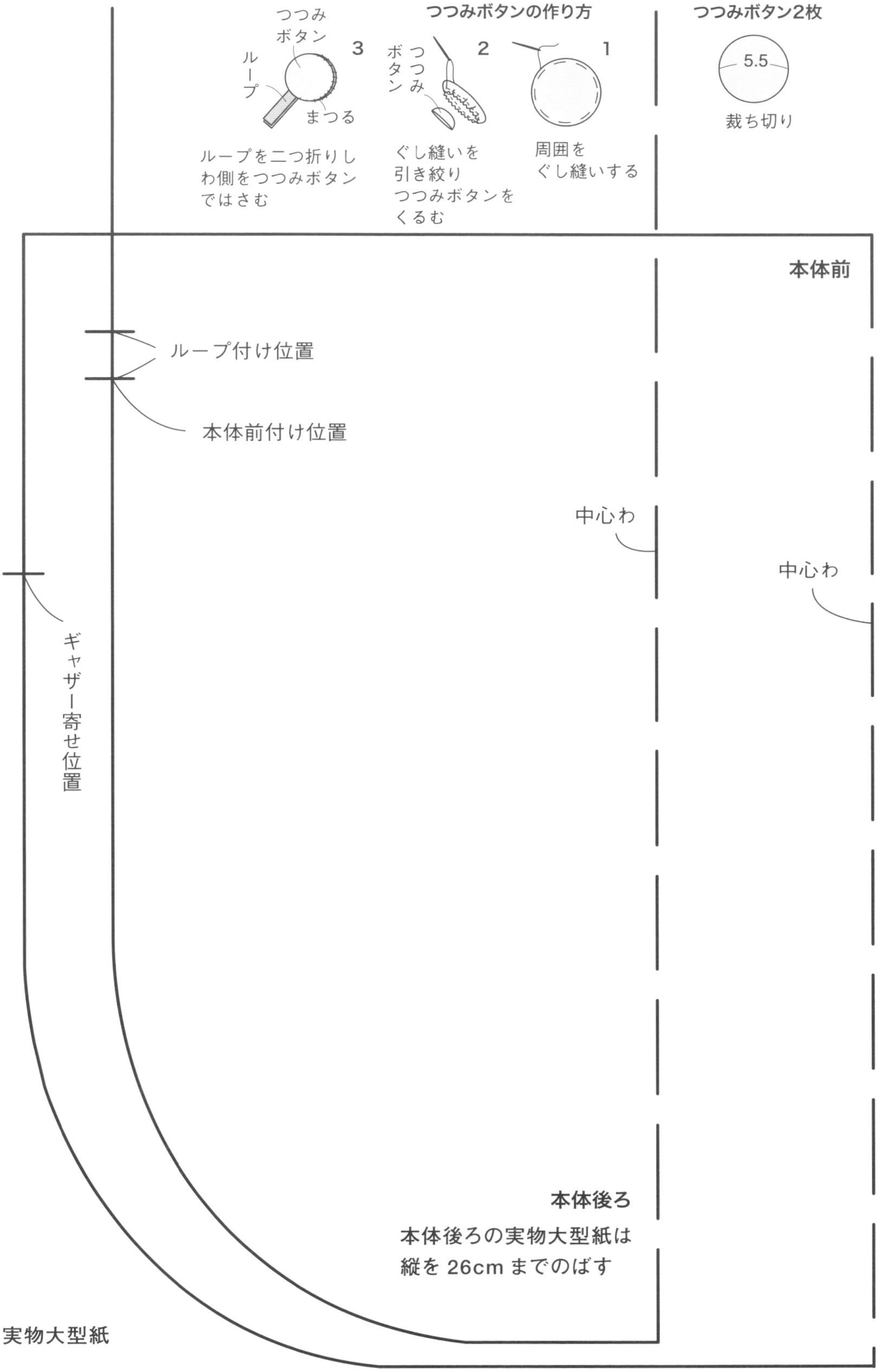

つつみボタンの作り方
3
つつみボタン
ループ
まつる
ループを二つ折りしわ側をつつみボタンではさむ
2
つつみボタン
ぐし縫いを引き絞りつつみボタンをくるむ
1
周囲をぐし縫いする
つつみボタン2枚
5.5
裁ち切り
本体前
ループ付け位置
本体前付け位置
中心わ
中心わ
ギャザー寄せ位置
本体後ろ
本体後ろの実物大型紙は縦を 26cm までのばす

実物大型紙

口布の作り方

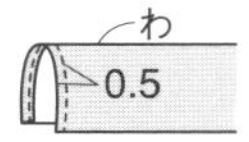

両端の縫い代を
折ってステッチし
半分に折る

口布2枚

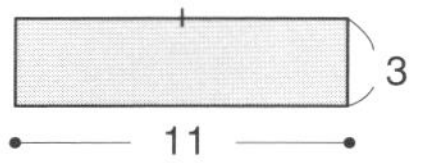

本体4枚

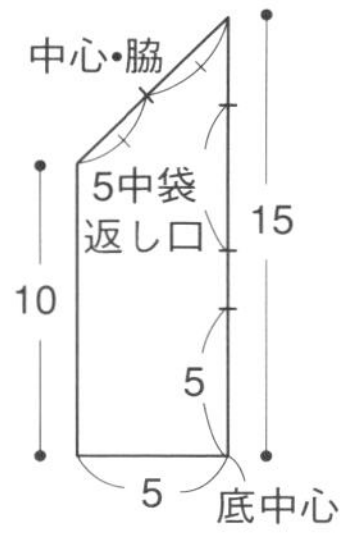

※中袋同寸

仕立て方

1

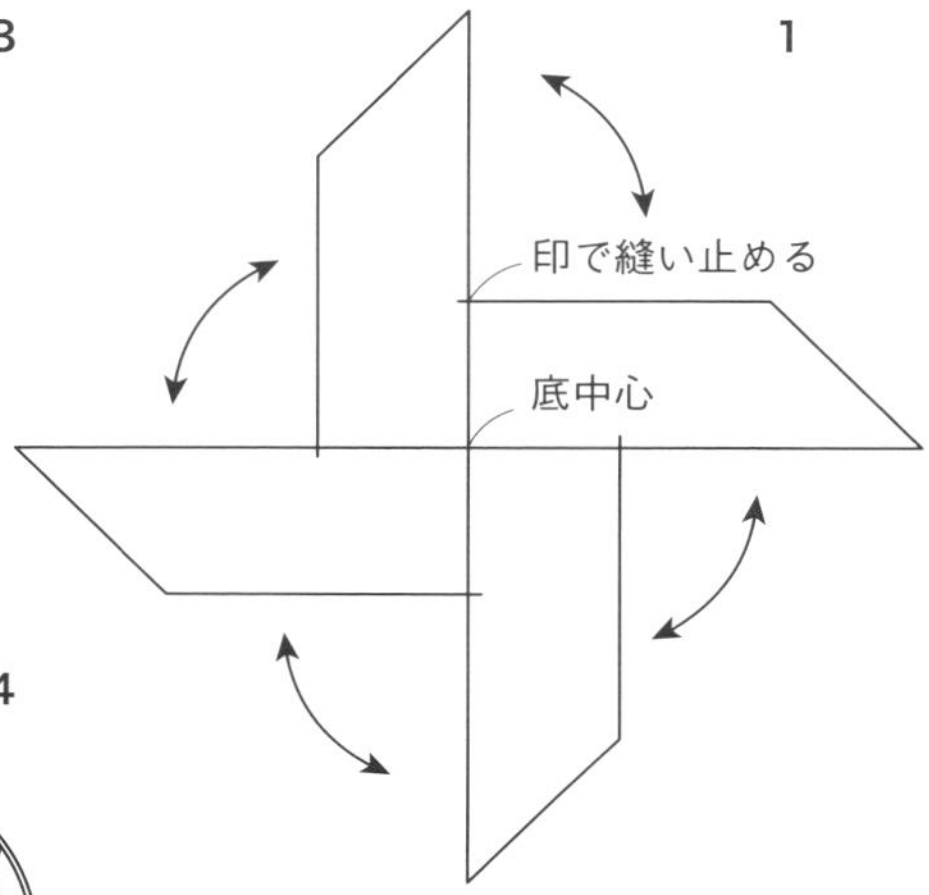

本体4枚を底と合印を合わせて
風車状に縫う

2

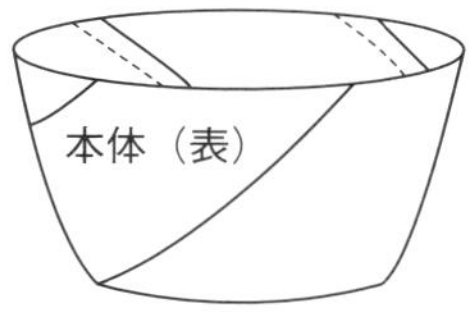

矢印同士の辺を縫い合わせて
袋状にする
中袋は返し口を残して同様に縫う

3

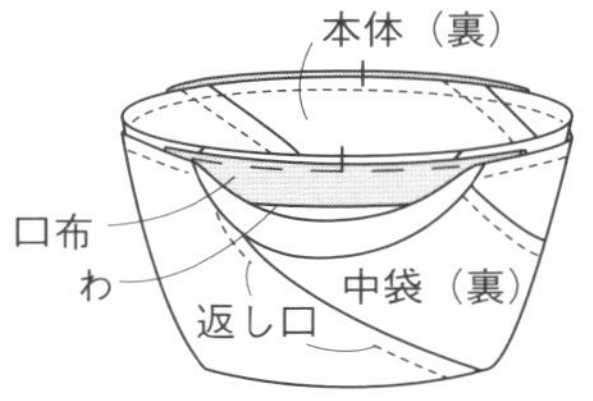

本体の口に口布を
しつけで仮留めし
中袋を中表に合わせて
口を縫う

4

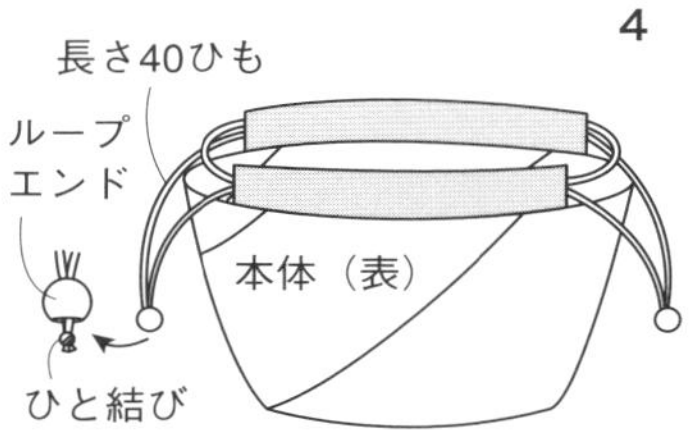

返し口から表に返して返し口を
まつってとじ、口布の両側から
ひもを通す

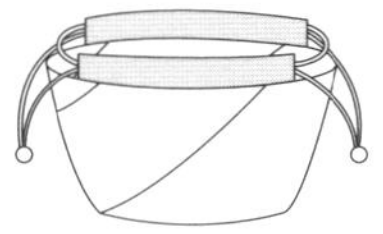

9×13cm

＊材料

本体用布 4 種各 10 × 20cm　口布 15 × 10cm　中袋用布 2 種各 15 × 20cm　直径 0.3cm ひも 80cm　幅 0.9cm ループエンド 2 個

＊作り方のポイント

●底から風車状に縫い、袋状に立ち上げる。

＊作り方

①本体 4 枚を縫い、袋状にする。
②中袋を本体同様に縫う。
③口布を作り、本体の口に仮留めする。
④本体と中袋を中表に合わせて口を縫う。
⑤表に返して返し口をとじ、口布にひもを通す。

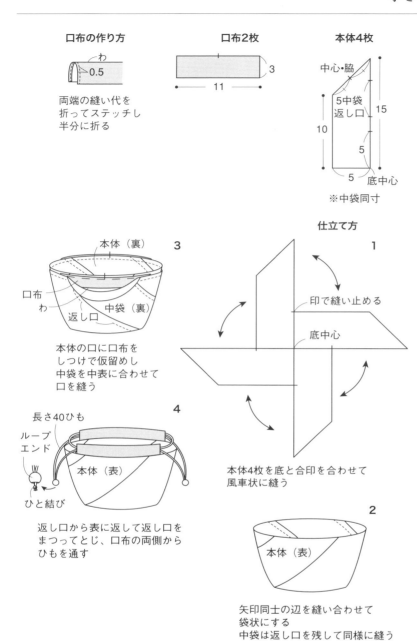

ダーツの縫い方

印を中表に
合わせて縫う

仕立て方

1

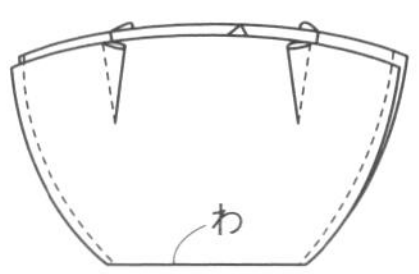

本体を中表に合わせて
脇を縫う
中袋も同様に縫う

2

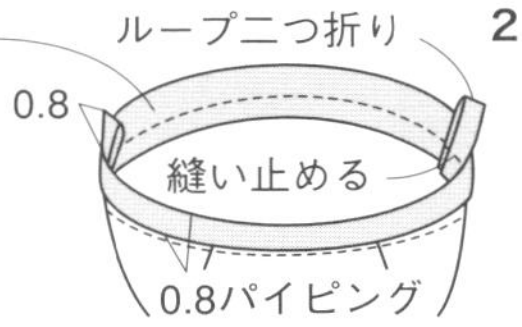
くるまず
のばした
ままにする

口をパイピングで始末し
両脇にループを付ける

3

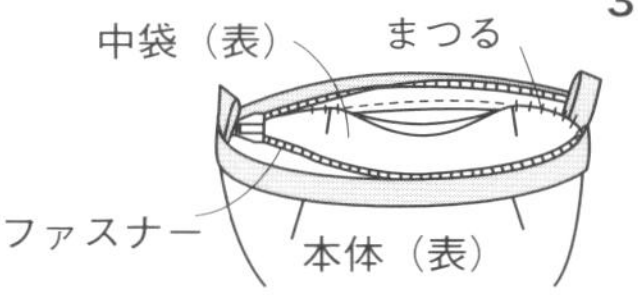

口にファスナーを付け
中袋を本体に入れて
ファスナーにまつる

本体1枚

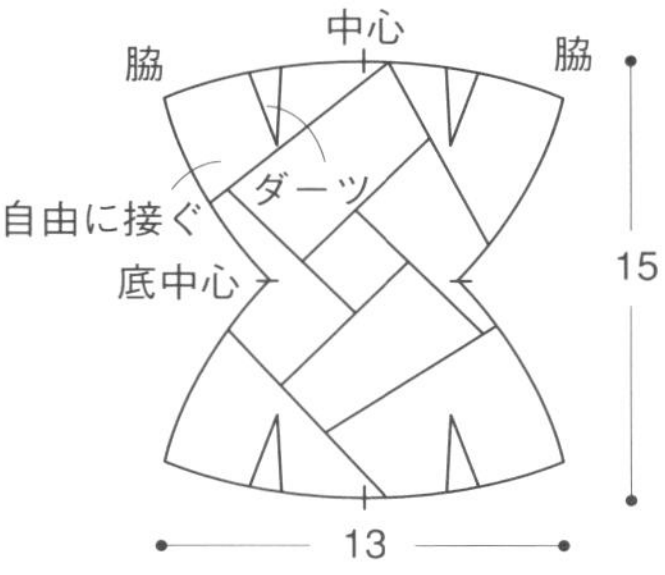

※中袋は同寸の一枚布

ループの作り方

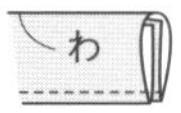

四つ折りして
端を縫う

ループ2枚

裁ち切り

ファスナーの付け方

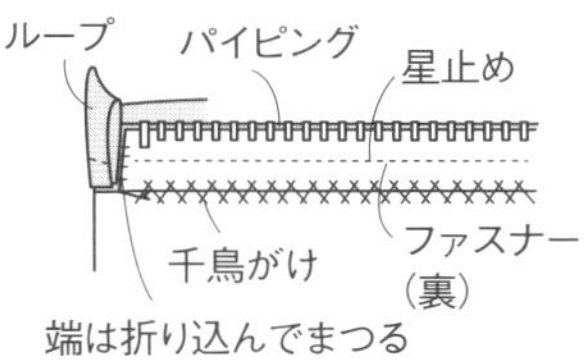

ファスナーの歯がパイピングから
出るように縫い付ける

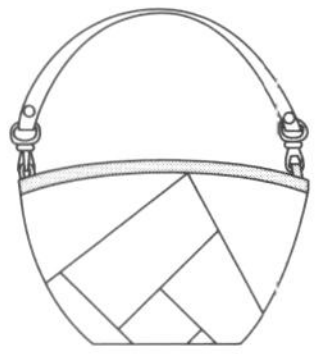

7.5×11cm

＊材料

本体、ループ用布各種　パイピング用布（ループ分含む）25×25cm　中袋用布、接着芯20×20cm　幅0.6cm長さ24cmナスかん付き持ち手1本　長さ10cmファスナー1本

＊作り方のポイント

●本体は自由に接ぐ。
●本体用布は刺し子を施した布を使う。自分で刺し子をしてもよい。
●パイピングのしかたは58ページ参照。キルト綿ははさまない。

＊作り方

①ピーシングをして本体をまとめる。
②本体に接着芯をはる。
③本体のダーツを縫い、中表に合わせて脇を縫う。
④口をパイピングで始末する。
⑤ループを作り、本体に縫い付ける。
⑥口にファスナーを付ける。
⑦中袋を本体同様に作り、本体に入れてまつる。

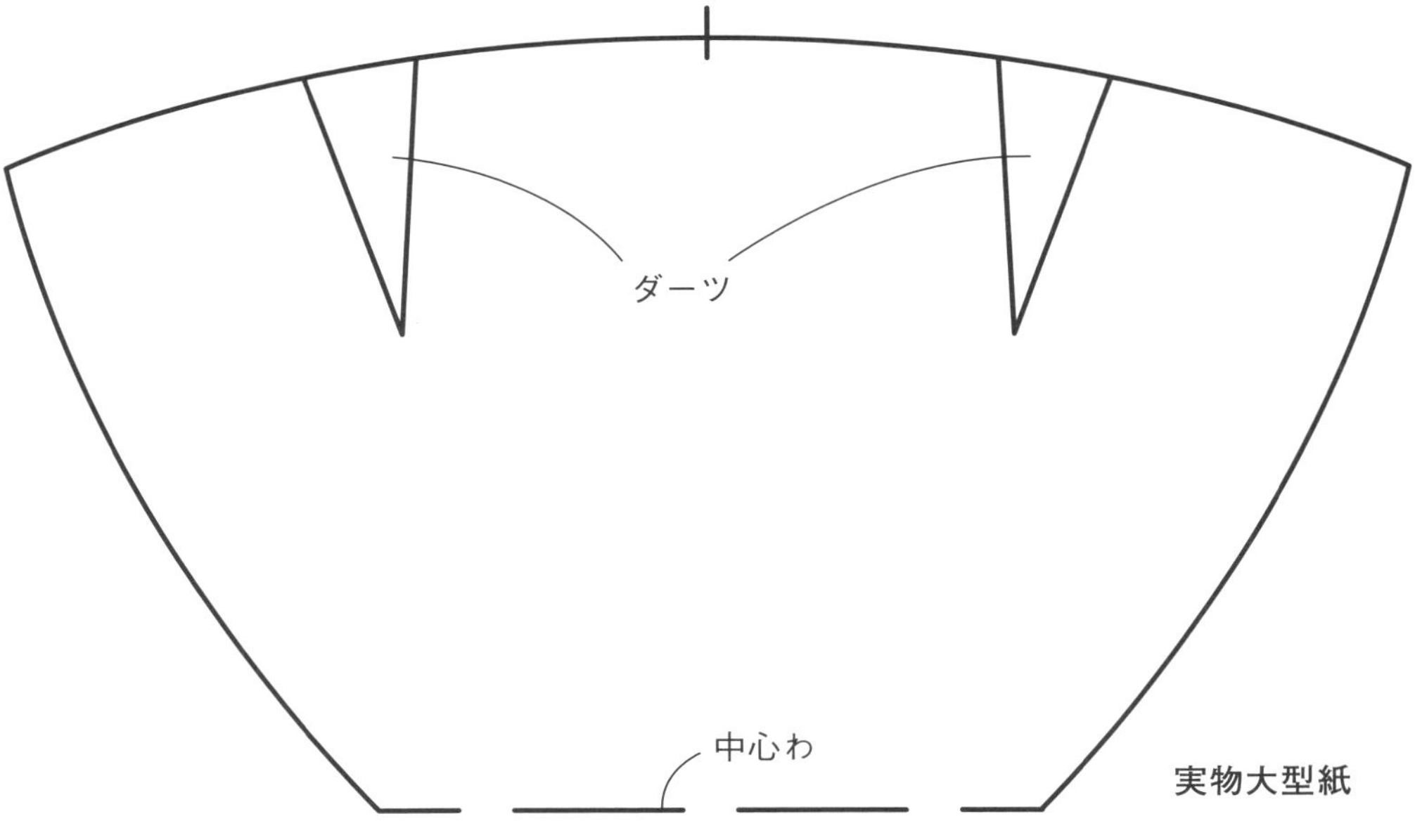

実物大型紙

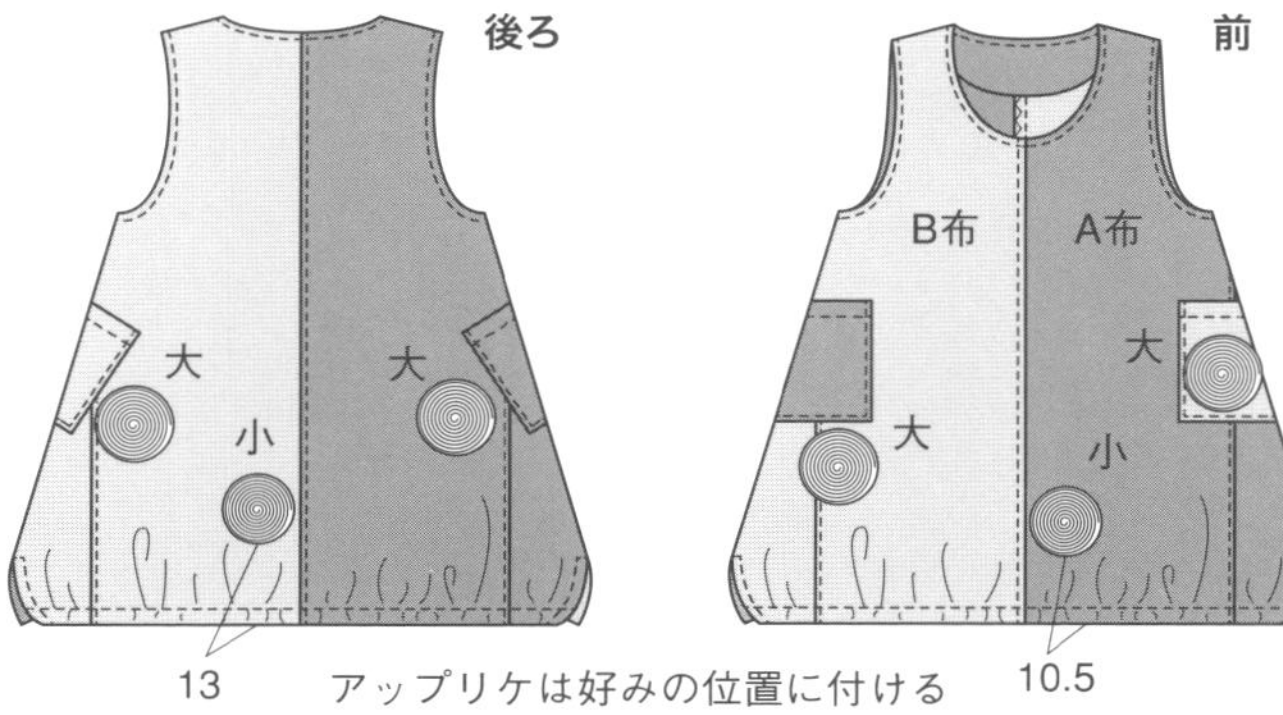

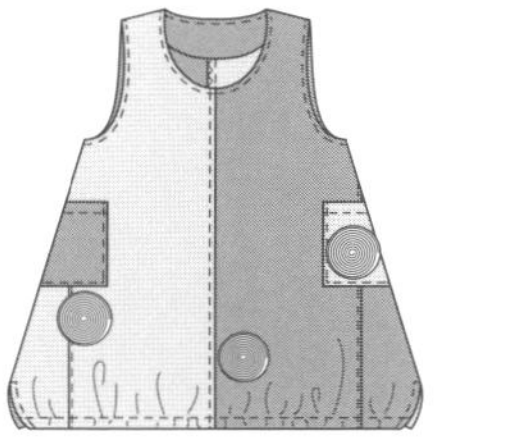
着丈93.5cm

＊材料
身頃用布 A（見返し、ポケット分含む）36 × 440cm　B（ポケット分含む）36 × 340cm　アップリケ用布 30 × 50cm　接着芯 80 × 70cm　幅1cm ゴムテープ 130cm　刺し子糸適宜

＊作り方のポイント
●アップリケは図を参考にして、好みの位置に付ける。
●縫い代はロックミシンまたはジグザグミシンで始末する。

＊作り方
①前と後ろ身頃をそれぞれ作る。
②身頃の肩と脇を縫う。
③見返しを作り、付ける。
④ポケットを作り、付ける。
⑤裾を縫い、ゴムテープを通す。
⑥アップリケを作り、付ける。

前見返し、後ろ見返し各1枚
前、後ろ、前脇、後ろ脇、前袖ぐり見返し、後ろ袖ぐり見返し、ポケット各2枚
※○の数字は縫い代指定以外はすべて１㎝つける

アップリケ
大4枚・小2枚

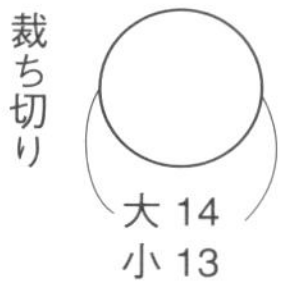

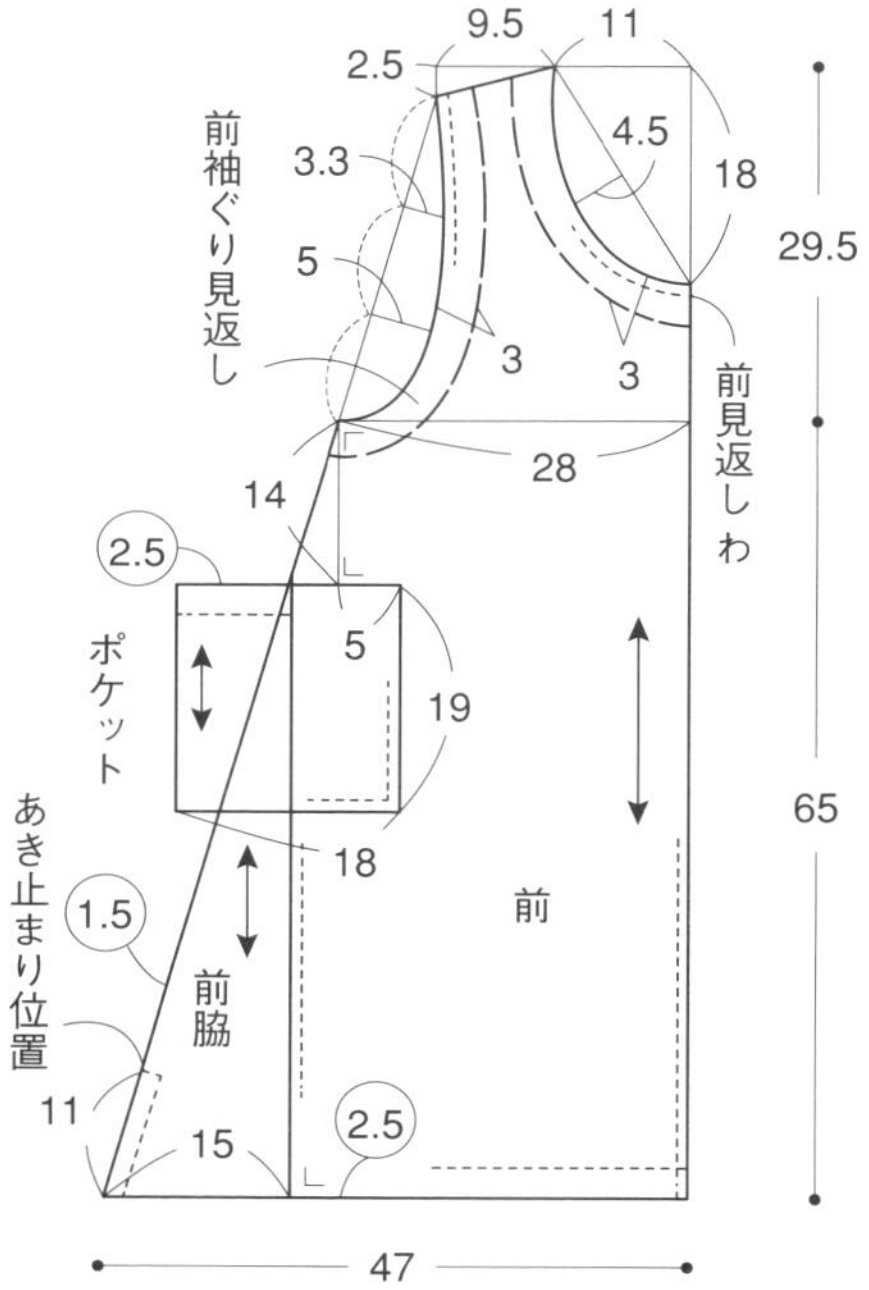

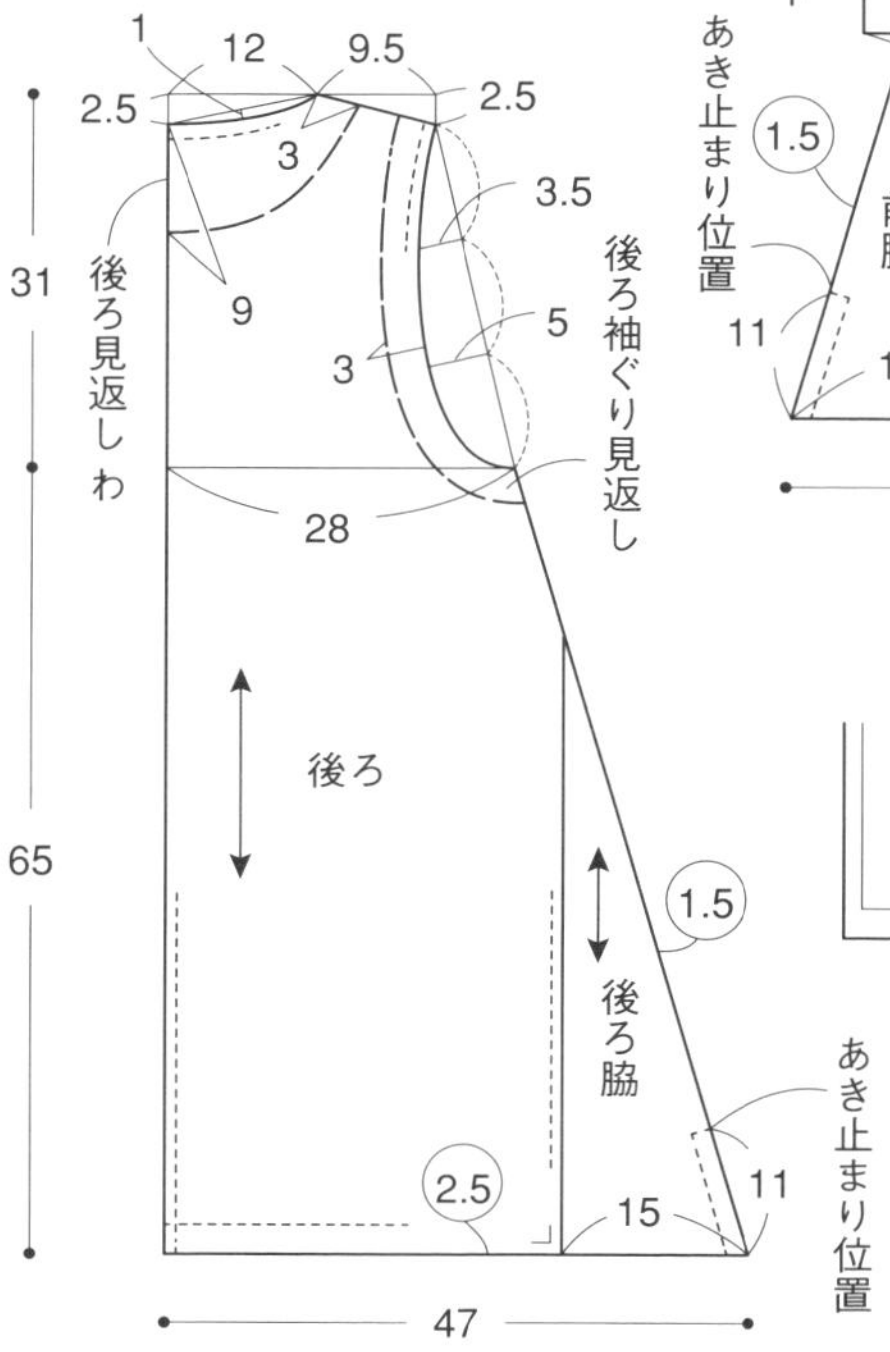

脇裾縫い代の付け方

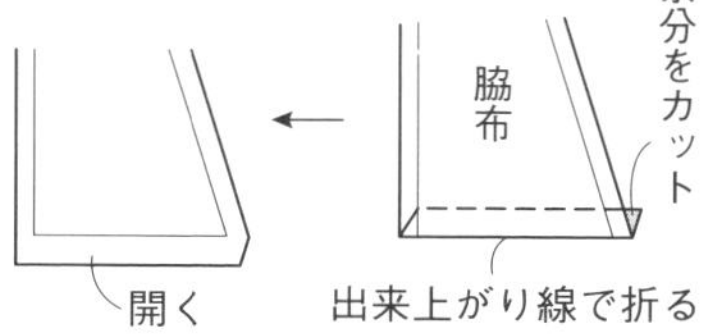

裾の始末のしかた

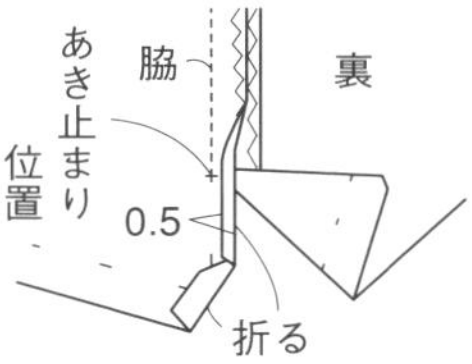

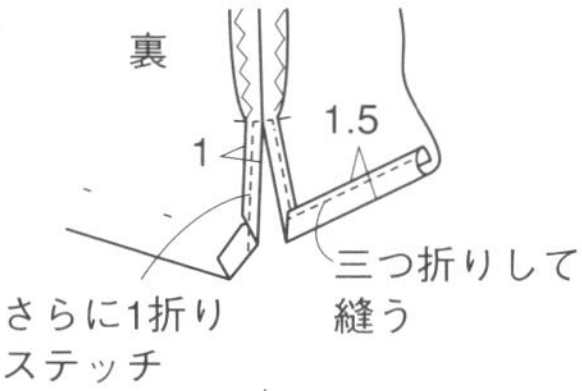

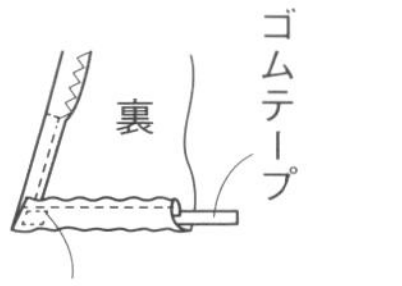

ゴムテープ60cmを通して縫い止める

アップリケの作り方

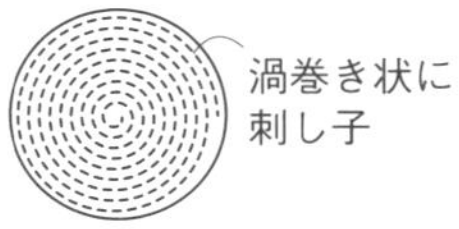

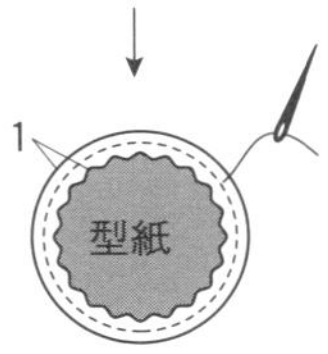

ぐし縫いして型紙を入れて糸を引き絞る

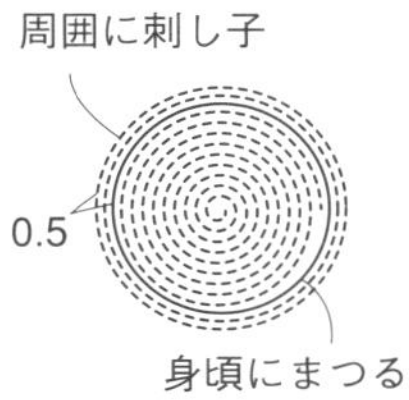

身頃にまつって周囲に刺し子をする

ポケットの付け方

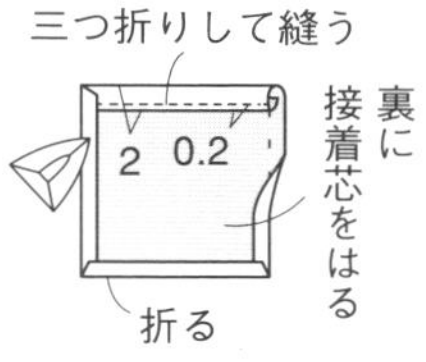

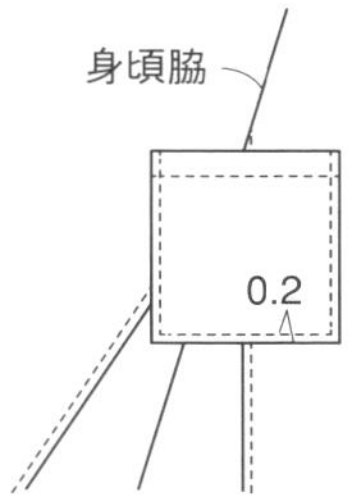

縫い代を折り
ミシンステッチで縫い付ける

仕立て方

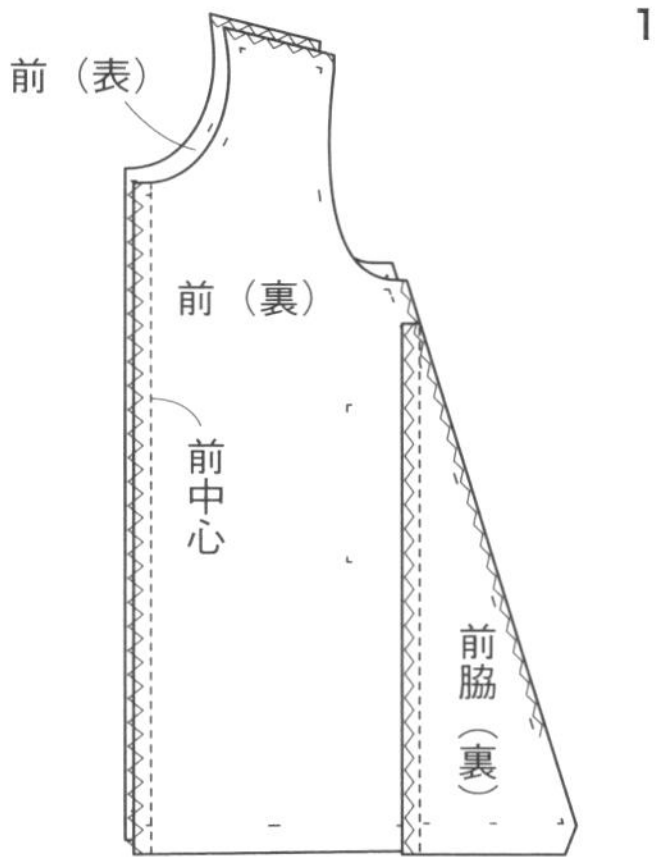

前と前脇を縫い合わせて前中心を縫う
後ろも同様に縫う

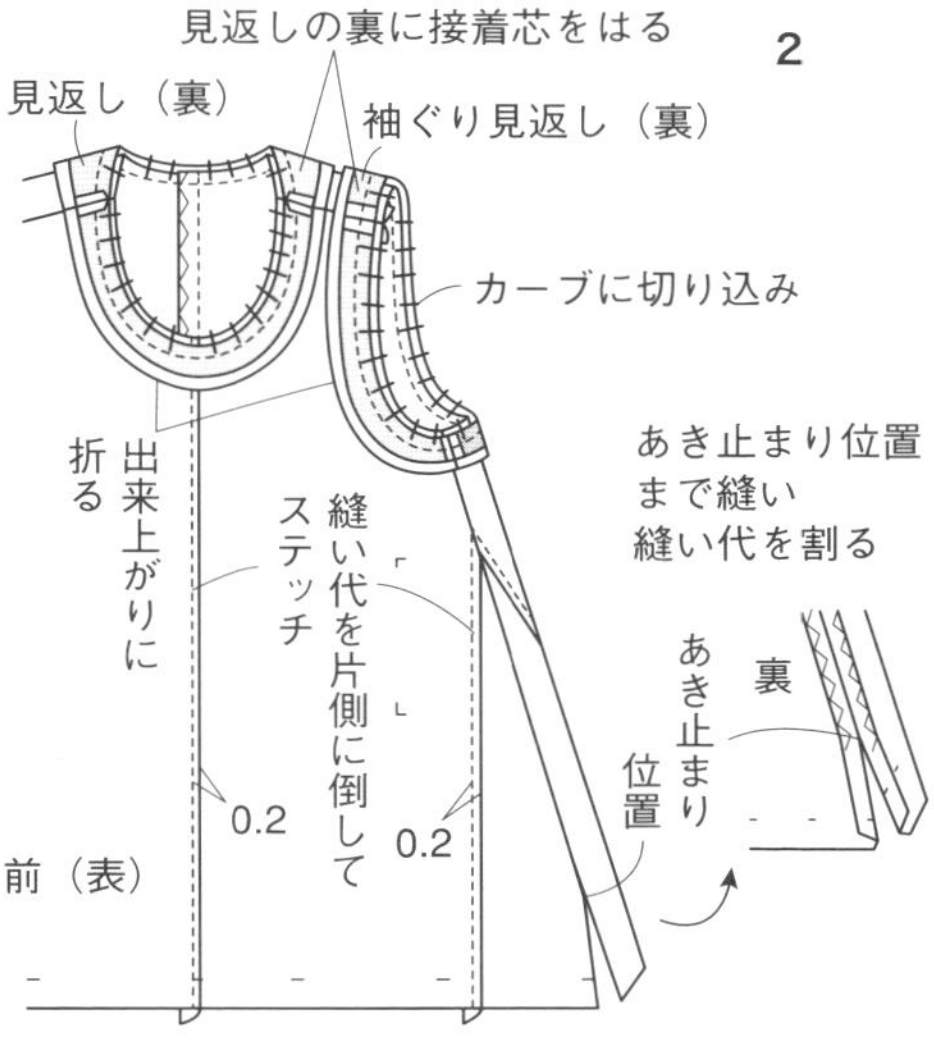

身頃の肩と脇を縫う
袖ぐり見返しの肩と脇、見返しの肩を
それぞれ縫い、身頃と中表に合わせて縫う

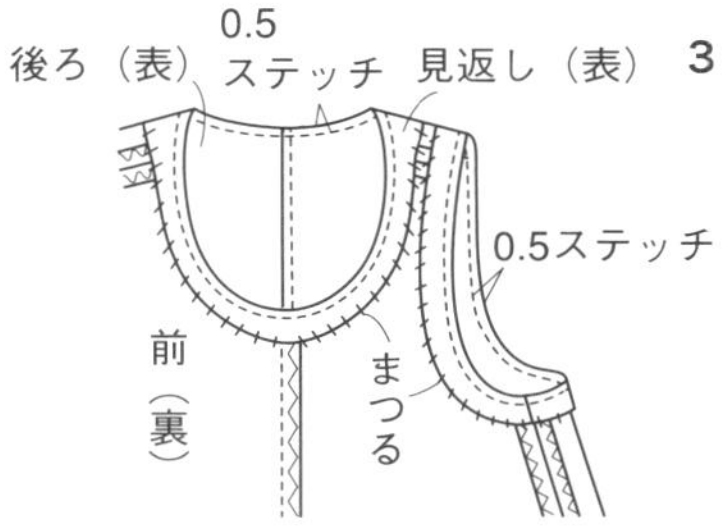

見返しを表に返して
ステッチで押さえ
周囲を身頃にまつる

本体各1枚

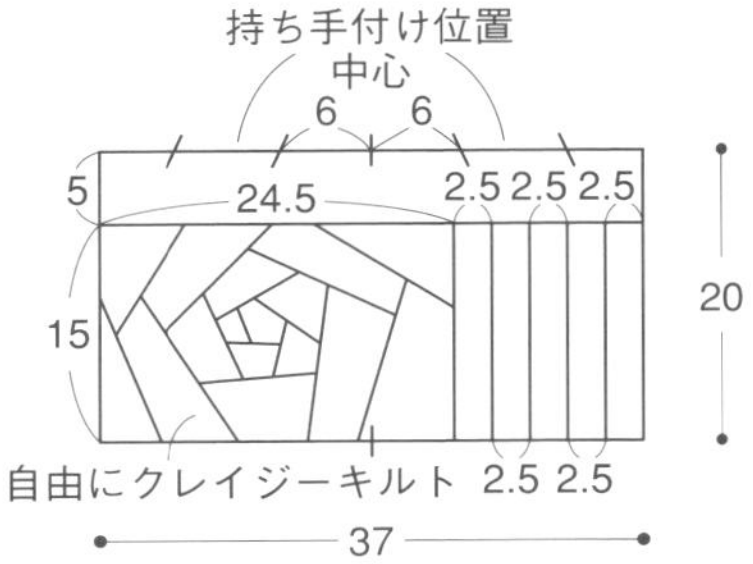

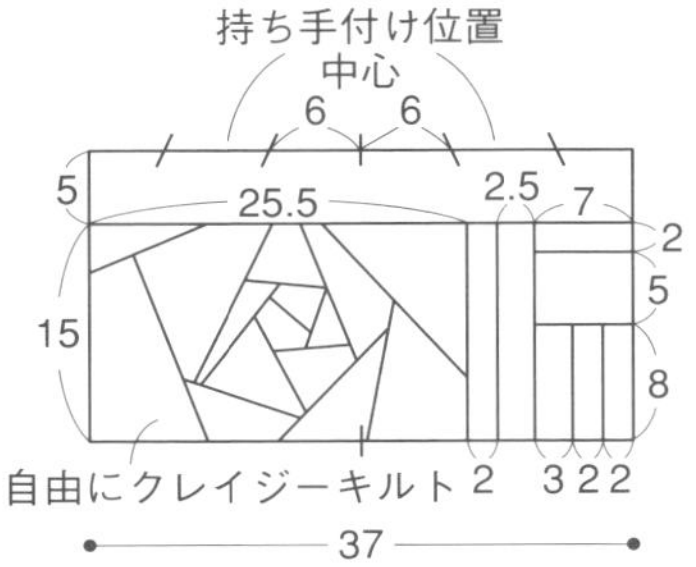

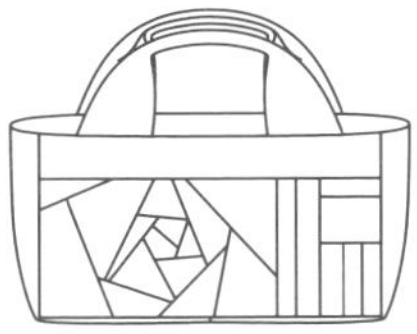

20×37cm

＊材料

ピーシング、クレイジーキルト用布各種　マチ用布 30 × 45cm　持ち手用布 30 × 40cm　見返し用布 100 × 10cm　中袋用布 100 × 30cm　接着キルト綿 80 × 50cm　バッグ用底板 40 × 10cm

＊作り方のポイント

●クレイジーキルトのしかたは 26 ページ参照。

●持ち手の付け方は 58 ページ参照。

＊作り方

①ピーシング、クレイジーキルトをして本体とマチのトップをまとめ、裏に接着キルト綿をはる。
②本体とマチを中表に合わせて縫う。
③中袋、持ち手を作る。
④本体に持ち手を仮留めし、中袋を中表に合わせて口を縫う。
⑤表に返して返し口をとじ、口をステッチで押さえる。
⑥底板を入れる。

持ち手2枚

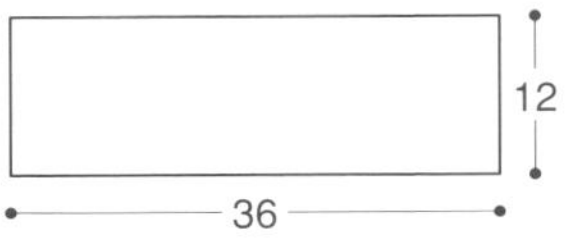

中袋2枚

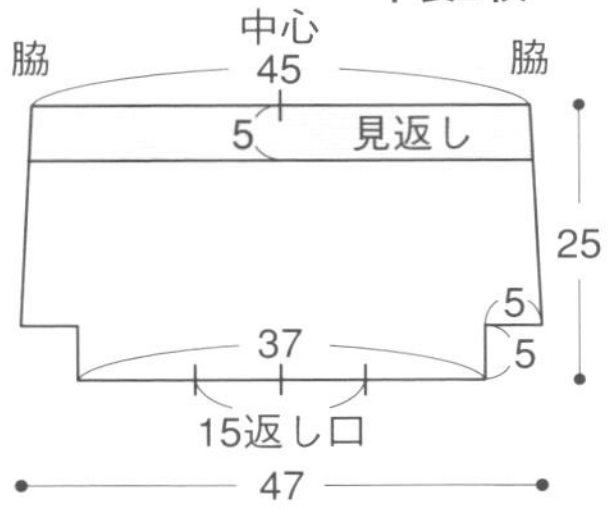

仕立て方

1

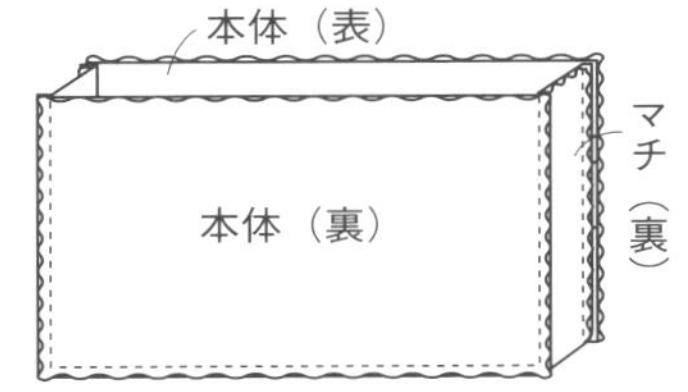

本体とマチを中表に合わせて縫い
縫い代は本体側に倒す

2

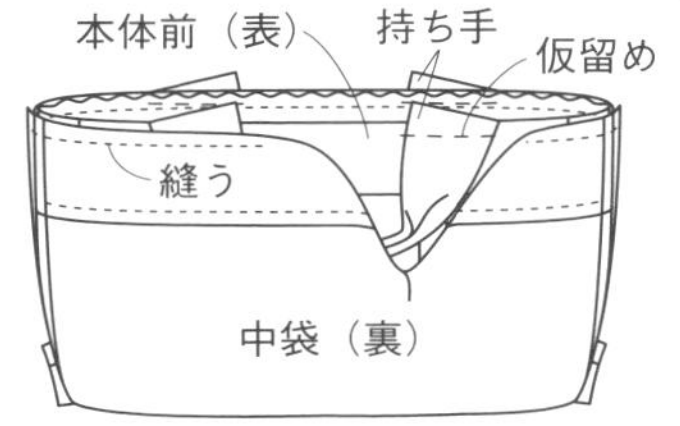

本体を表に返して、持ち手を印に
合わせて仮留めし、中袋と
中表に合わせて口を縫う

マチ1枚

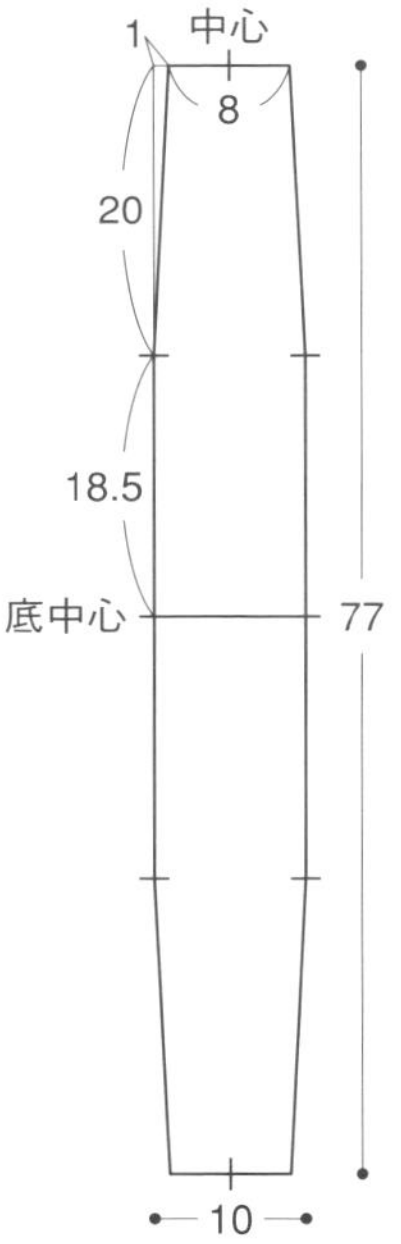

3

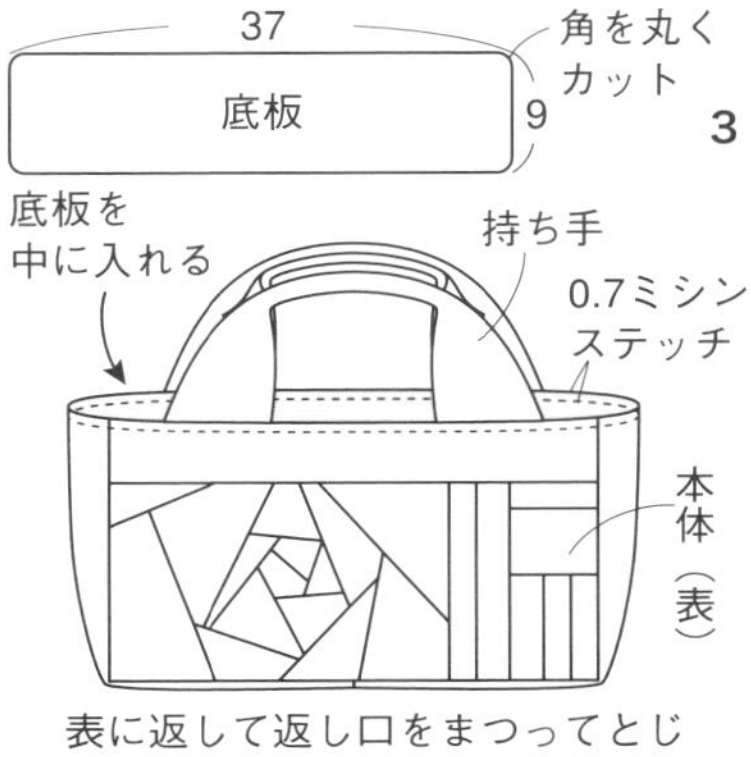

表に返して返し口をまつってとじ
口をミシンステッチで押さえる

中袋の作り方

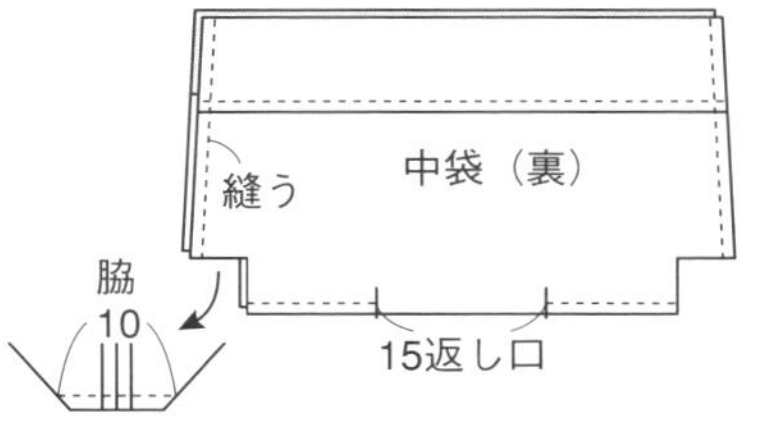

2枚を中表に合わせて脇を縫い
返し口を残して底を縫い、マチを縫う

持ち手の作り方

1

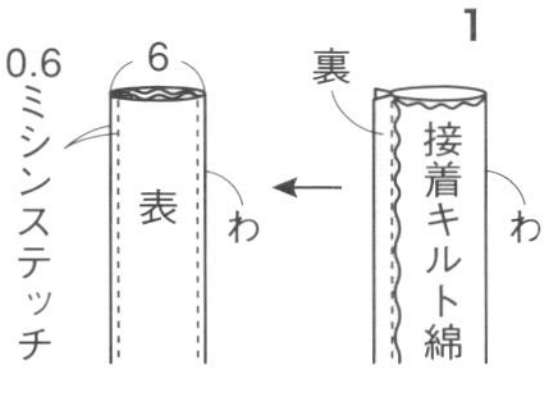

中表に合わせて縫い
表に返して両端を縫う

2

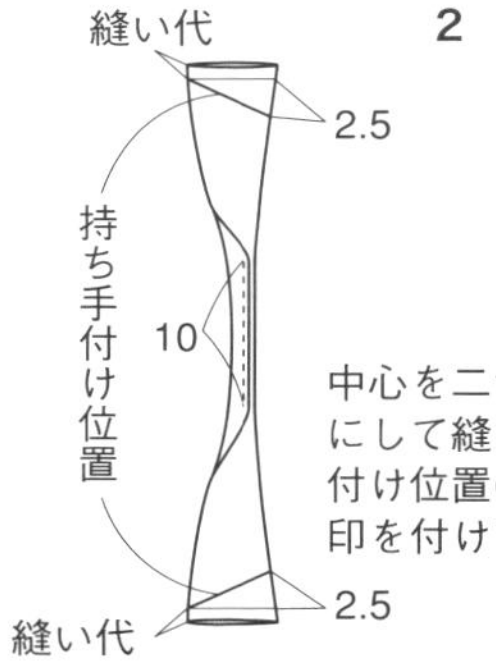

中心を二つ折り
にして縫い
付け位置の
印を付けておく

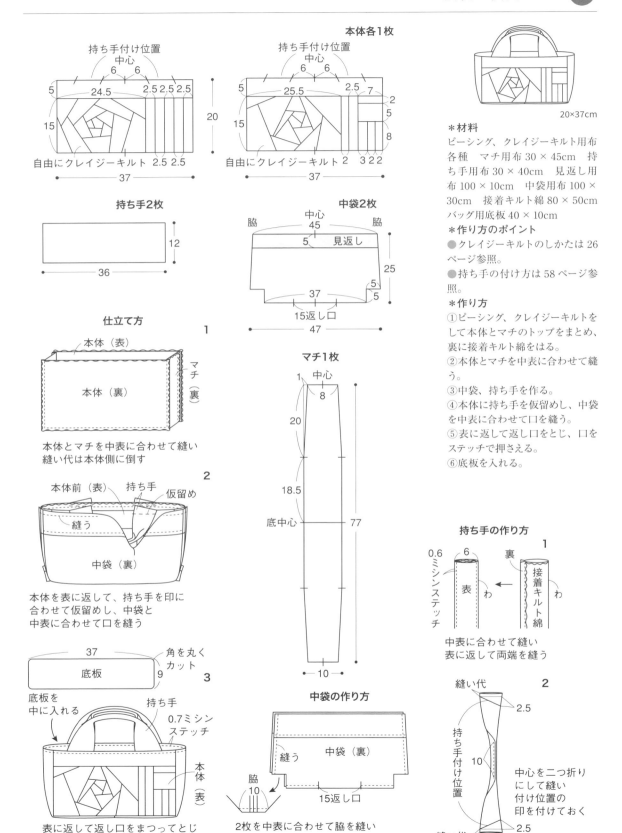

モチーフ1枚

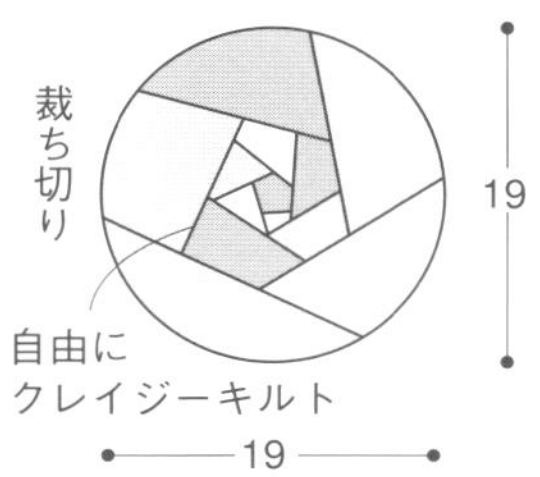

本体1枚

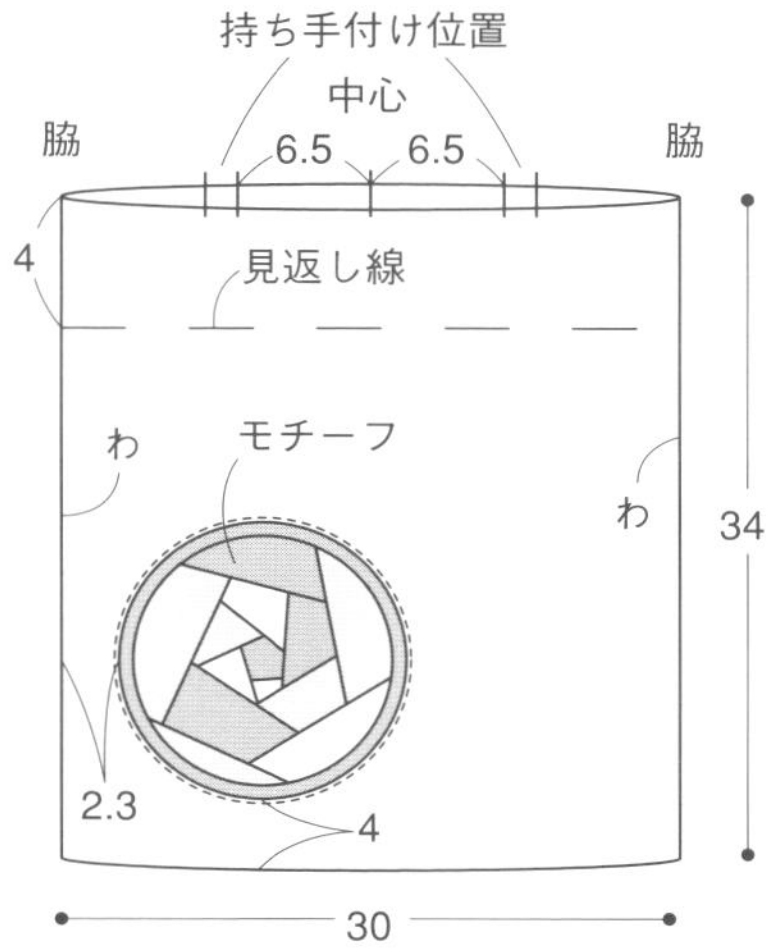

※袋のまま上下をカットする

30×29cm

底１枚

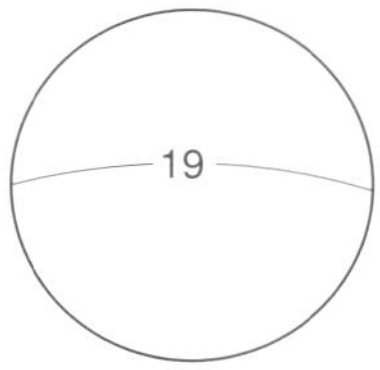

※中袋同寸

本体の作り方

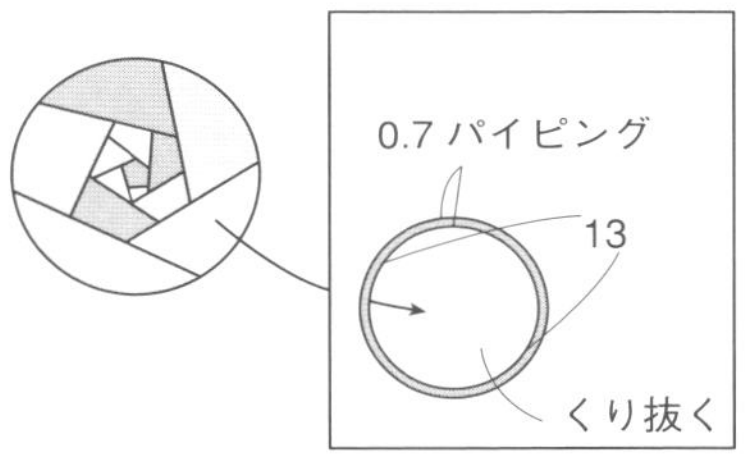

本体のモチーフ部分をくり抜いて
パイピングで始末し、裏からモチーフを
合わせてパイピングのきわを縫う

中袋2枚

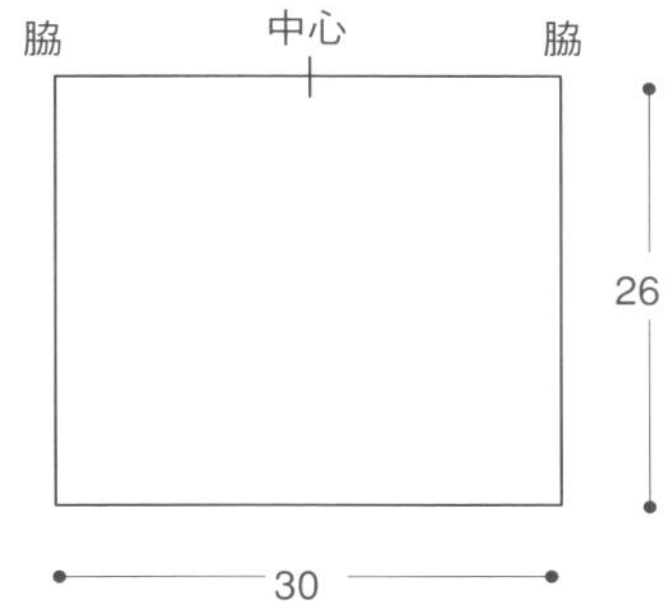

仕立て方

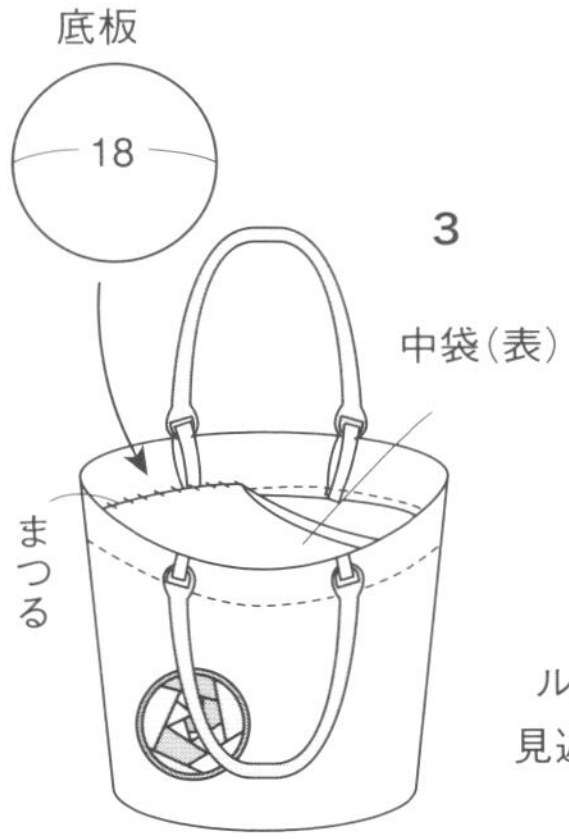

中袋を本体に入れて
見返しにまつり
底板を入れる

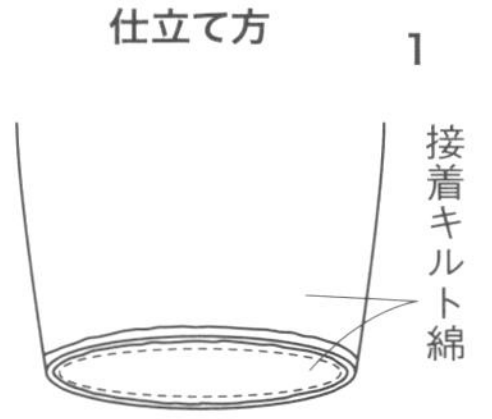

本体に底を中表に
合わせて縫う

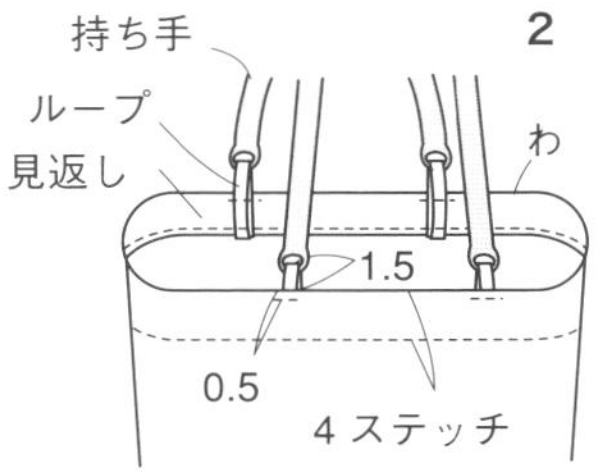

見返しを折ってステッチをし
持ち手を通したループを
縫い付ける

中袋の作り方

中表に合わせて
脇を縫い、底を縫う

ループ4枚

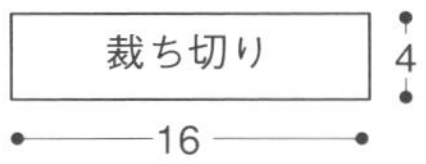

ループの作り方

四つ折りして縫う

＊材料

モチーフクレイジーキルト、パイピング用布各種　本体用袋状酒袋１枚　底用布（ループ分含む）30 × 30cm　中袋用布、接着芯各 35 × 80cm　接着キルト綿 90 × 35cm　幅 15.5cm 持ち手１組　バッグ用底板 20 × 20cm

＊作り方のポイント

●中袋の接着芯は好みではる。
●クレイジーキルトのしかたは 26 ページ参照。

＊作り方

①クレイジーキルトをしてモチーフを作る。
②本体に接着キルト綿をはり、モチーフを重ねる部分をくり抜いてパイピングで始末する。
③本体にモチーフを重ね、パイピングのきわを縫う。
④本体と底を中表に合わせて縫う。
⑤中袋は接着芯をはり、中表に合わせて脇を縫い、底を縫う。
⑥ループを作って持ち手に通す。
⑦本体の口の見返しを折り、ループを縫い付けて口の周りを縫う。
⑧中袋を本体に入れてまつり、底板を入れる。

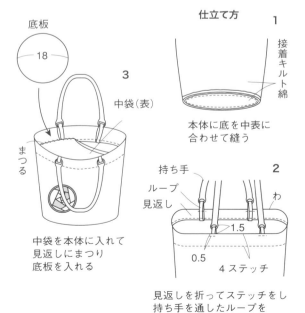

酒袋の大きめショルダーバッグ P.24

本体1枚

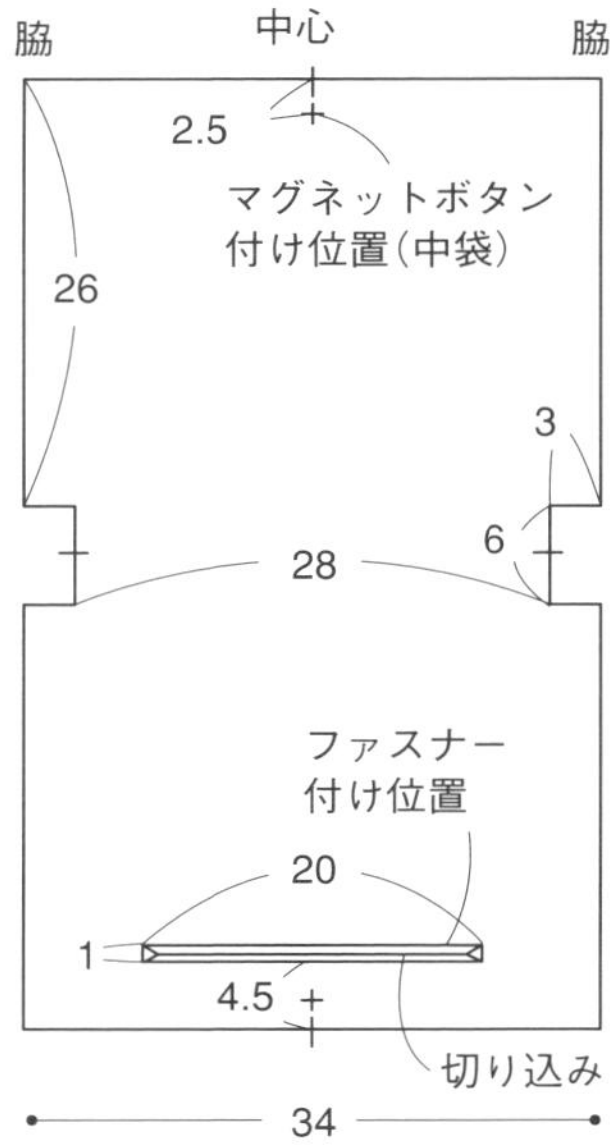

※中袋同寸

ふた1枚

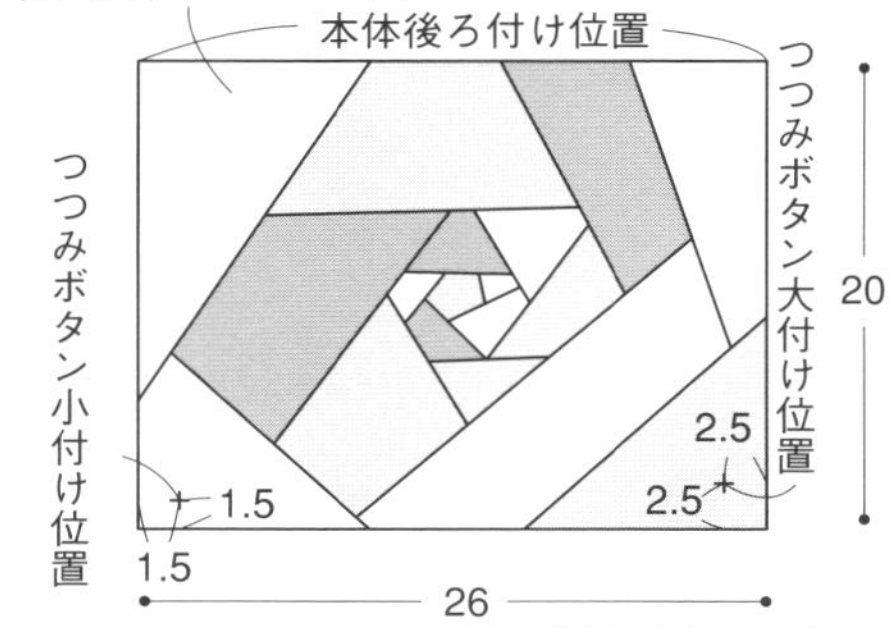

※裏布は同寸の一枚布

ふたの作り方

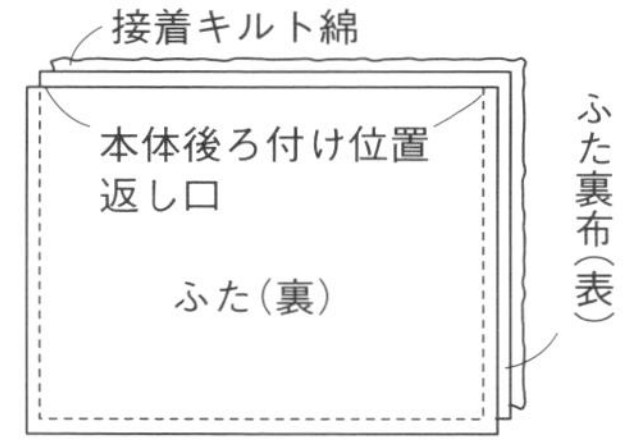

中表に合わせて周囲を縫い、表に返す

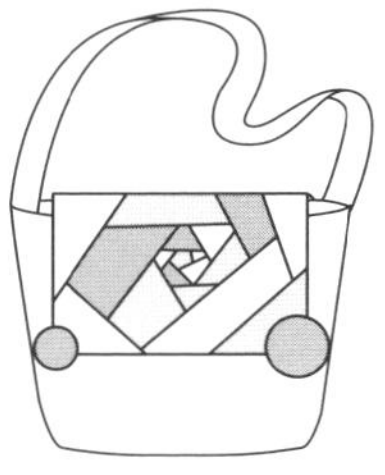

28×30cm

＊材料

クレイジーキルト用布各種　本体用布 40 × 65cm　肩ひも用布 20 × 70cm　中袋用布（ふた裏布、肩ひも裏布、つつみボタン内側分含む）60 × 90cm　つつみボタン外側用布 20 × 10cm　ポケット用布 45 × 35cm　接着キルト綿 40 × 85cm　長さ 20cm ファスナー 2 本　直径 5・7cm つつみボタン各 2 個　バッグ用底板 30 × 10cm　直径 2cm マグネットボタン 1 組

＊作り方のポイント

●クレイジーキルトのしかたは 26 ページ参照。

＊作り方

①クレイジーキルトをして、ふたのトップをまとめる。本体のトップは一枚布。
②ふた裏布に接着キルト綿をはり、トップと中表に合わせて周囲を縫い、表に返す。
③つつみボタンを作り、ふたの角をはさんで付ける。
④中袋用布に接着キルト綿をはる。
⑤本体と中袋にファスナーポケットを付ける。
⑥本体を中表に合わせて、両脇とマチを縫う。中袋は返し口を残して同様に作る。
⑦肩ひもを作る。
⑧本体に肩ひも、ふたを仮留めし、底板を入れる。
⑨本体に中袋を中表に合わせて口を縫う。
⑩表に返して返し口をとじ、口をステッチで押さえる。
⑪マグネットボタンを付ける。

ポケットの付け方

1

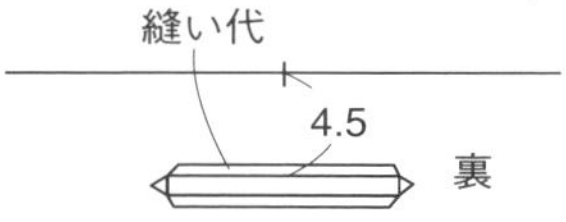

切り込みを入れ
縫い代を裏側に折り
布用ボンドや熱接着
テープで仮留めする

2

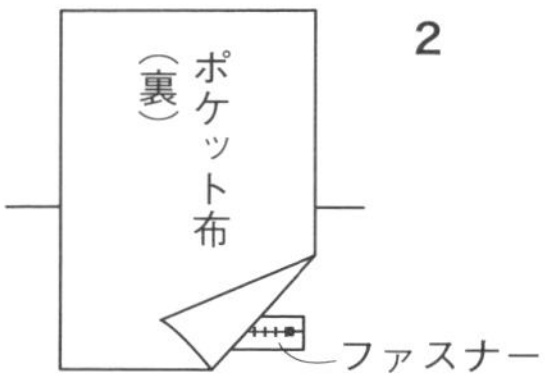

ファスナー付け位置に
ファスナーを布用ボンドで
仮留めし、ポケット布の端を
ファスナーの下側に重ねる

3

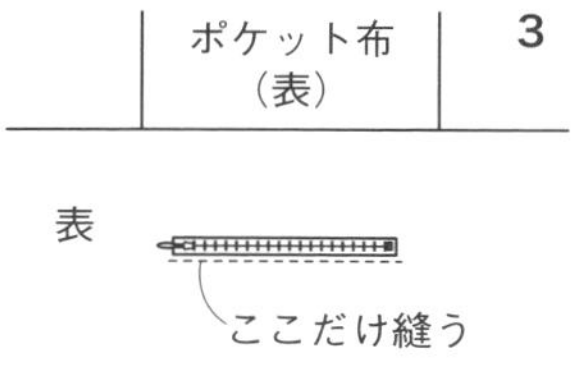

表から下側のみを縫う

ポケット2枚

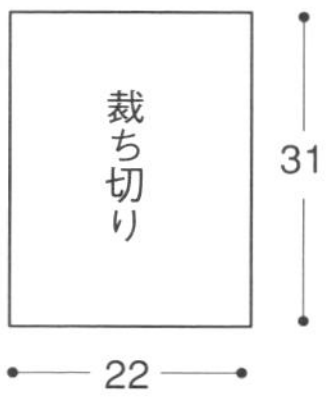

4

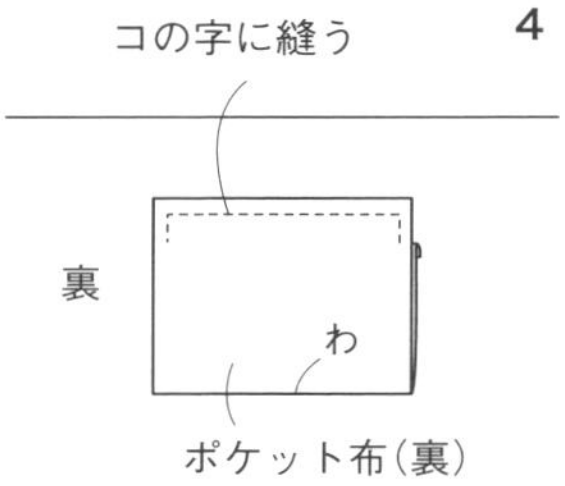

ポケット布のもう片方の端を
ファスナーの上側に合わせ
表側から縫う

5

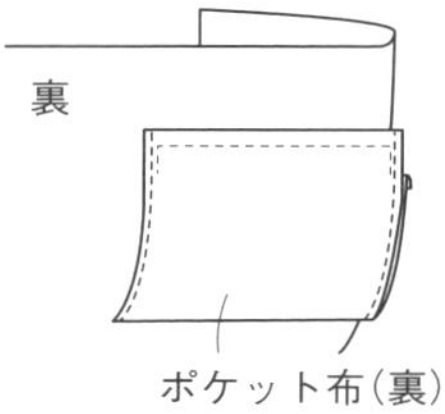

本体(中袋)をよけておき
ポケット布のみ両脇を縫う

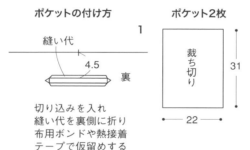

つつみボタンの付け方

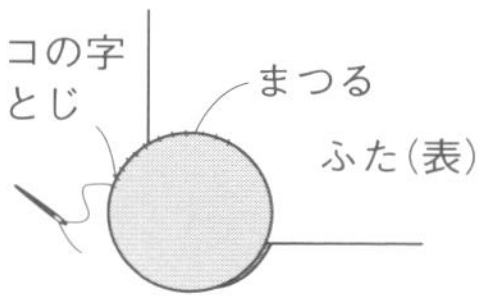

2枚で角をはさんでかがり付ける

つつみボタンの作り方

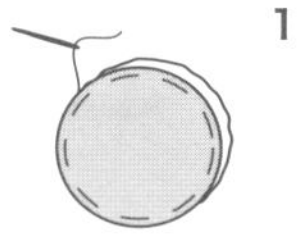

周囲をぐし縫いする
表側になる1枚には
接着キルト綿をはる

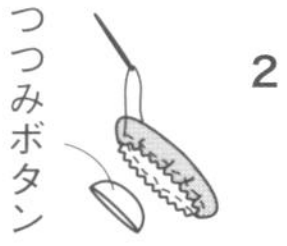

ぐし縫いを引き絞り
つつみボタンをくるむ

つつみボタン各2枚

裁ち切り

肩ひも1枚

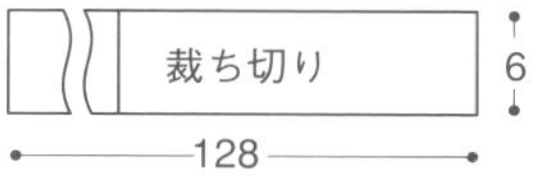

※裏布同寸

肩ひもの作り方

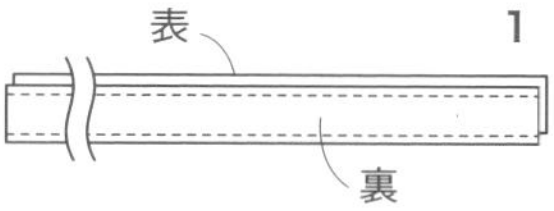

中表に合わせて縫う

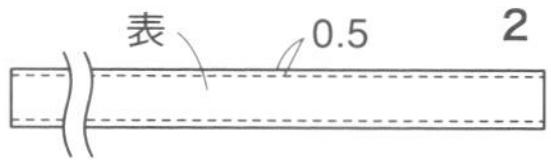

表に返してステッチで押さえる

仕立て方

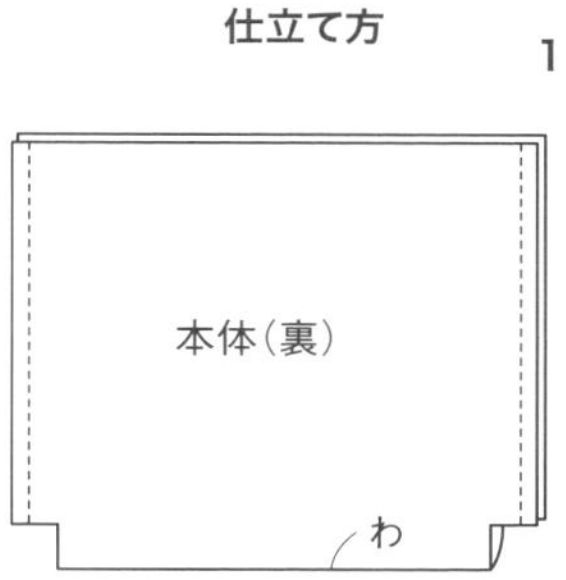

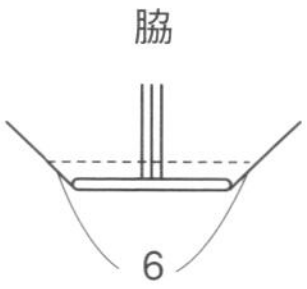

中表に二つ折りし
両脇とマチを縫う
中袋は脇に返し口を残して
同様に縫う

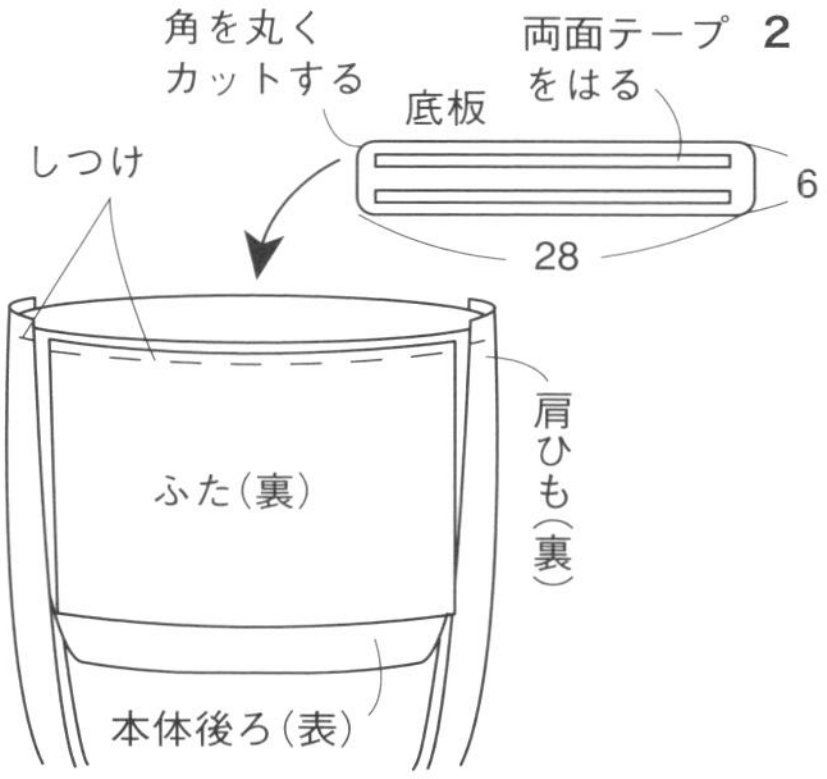

本体に肩ひも、ふたを仮留めし
底板を入れてはる

本体と中袋を中表に合わせ
口を縫う

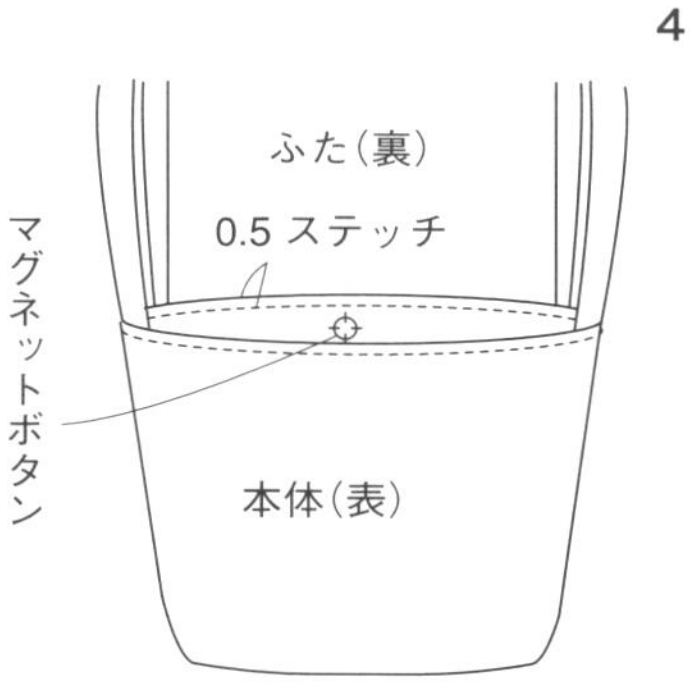

表に返して返し口をまつってとじ
口をステッチで押さえる
マグネットボタンを付ける

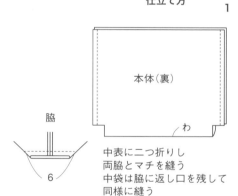

マチ1枚

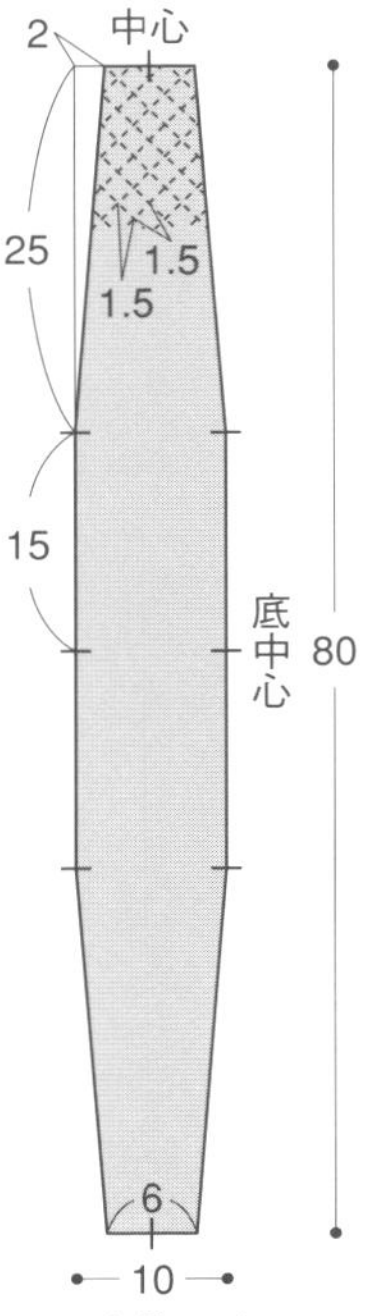

※中袋同寸

ループ4枚

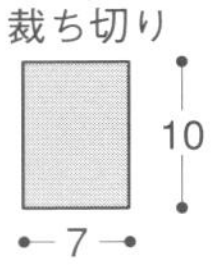

本体2枚

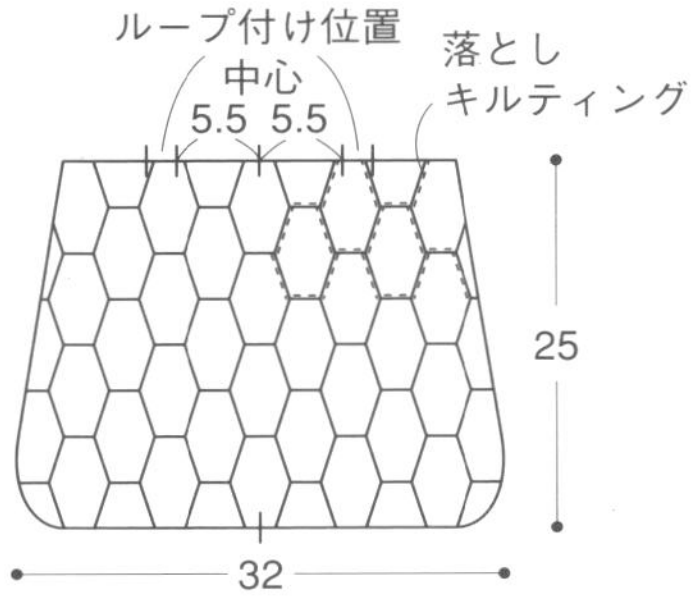

※中袋は同寸の一枚布

26×32cm

ループの作り方

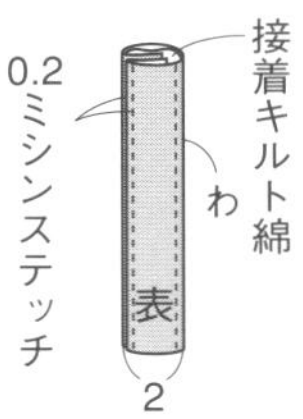

接着キルト綿をはり
四つ折りして
両端を縫う

ピーシングのしかた

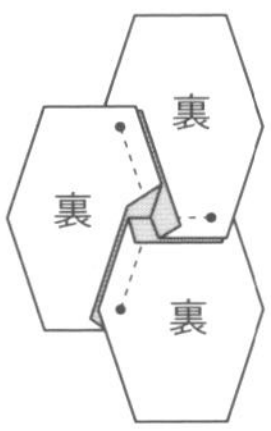

印から印まで縫い
縫い代は風車状に
片倒しする

仕立て方

1

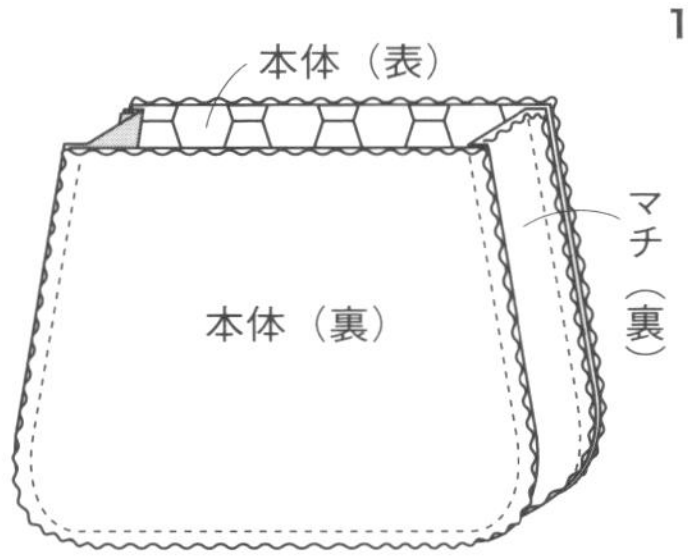

本体とマチを中表に合わせて縫い
縫い代は本体側に倒す
中袋も同様に縫う

2

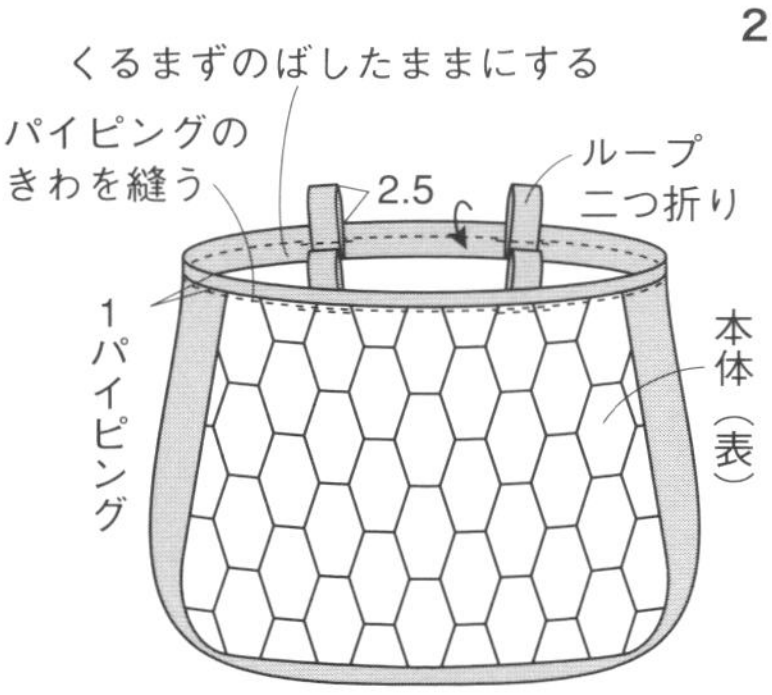

口をパイピングで始末し
ループをパイピングのきわに
縫い付ける

3

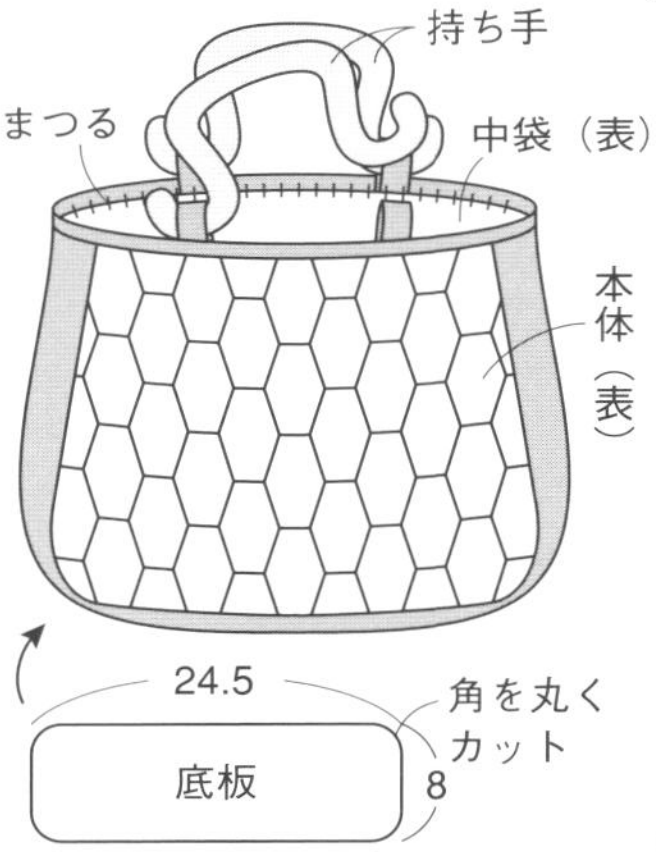

底板を中に入れる

中袋を本体に入れて
パイピングにまつり
ループに持ち手を通す

＊材料

ピーシング用布各種　マチ用布（パイピング、ループ分含む）、接着芯各 90 × 40cm　中袋用布 90 × 45cm　接着キルト綿 90 × 80cm　幅 20cm 木製持ち手 1 組　バッグ用底板 25 × 10cm

＊作り方のポイント

●本体の作り方とパイピングのしかたは 58 ページ参照。

＊作り方

①ピーシングをして本体のトップをまとめる。マチのトップは一枚布。
②トップに接着キルト綿、接着芯をはってキルティングし、さらに裁ち切りの接着キルト綿をはる。
③本体とマチを中表に合わせて縫う。
④口にキルト綿を重ねてパイピングで始末する。
⑤ループを作り、本体に縫い付ける。
⑥中袋を本体同様に作り、本体に入れてまつる。
⑦ループに持ち手を通し、底板を入れる。

●実物大型紙 83 ページ

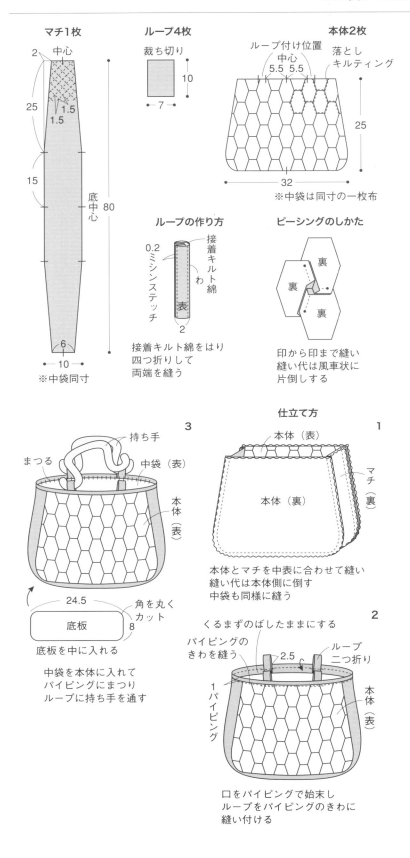

82 ページ　大島紬の縦長六角つなぎのバッグ 80％縮小型紙

※本体と中袋は 125％に拡大して使用してください。六角形は実物大です。

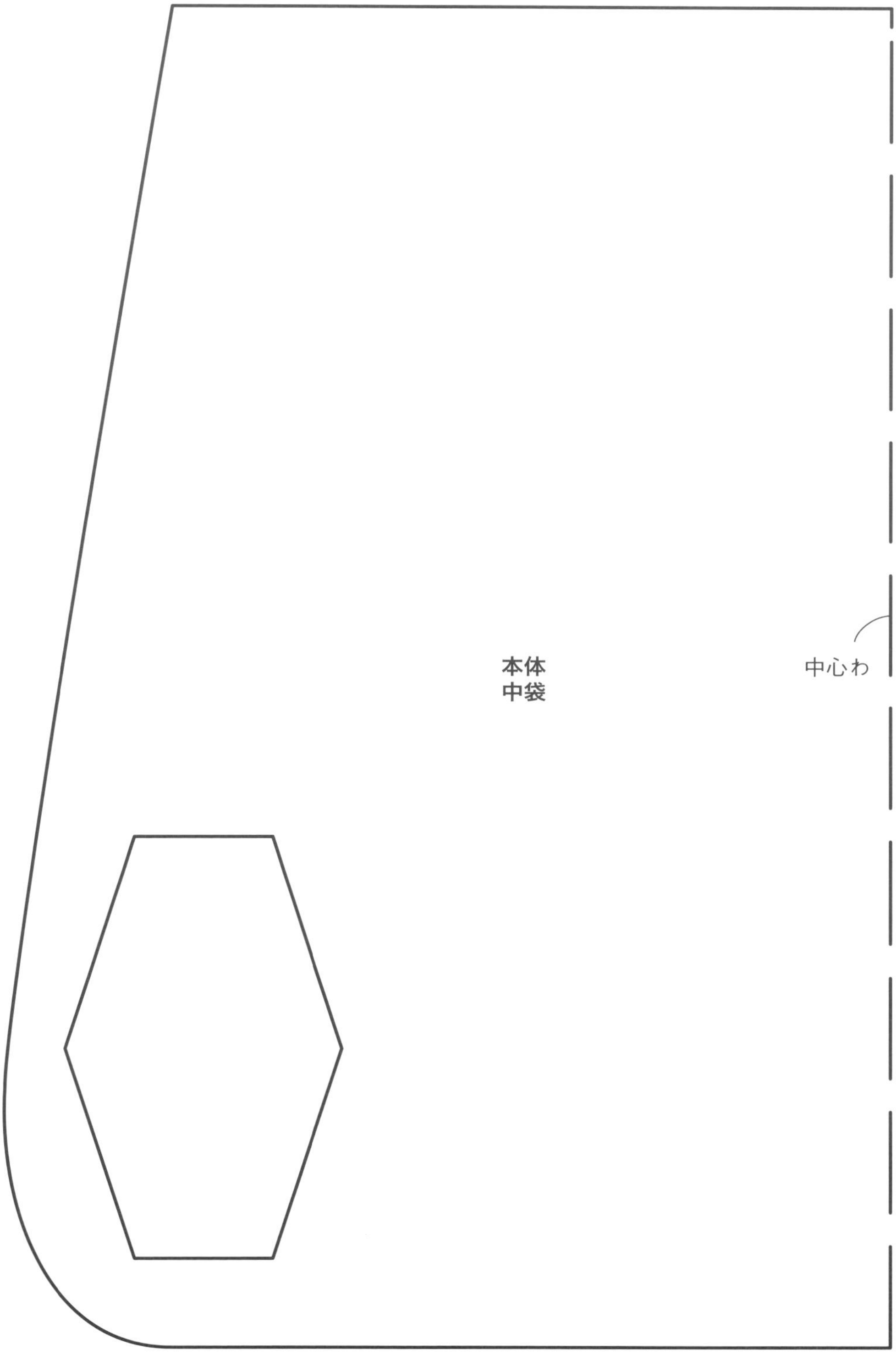

マチ1枚

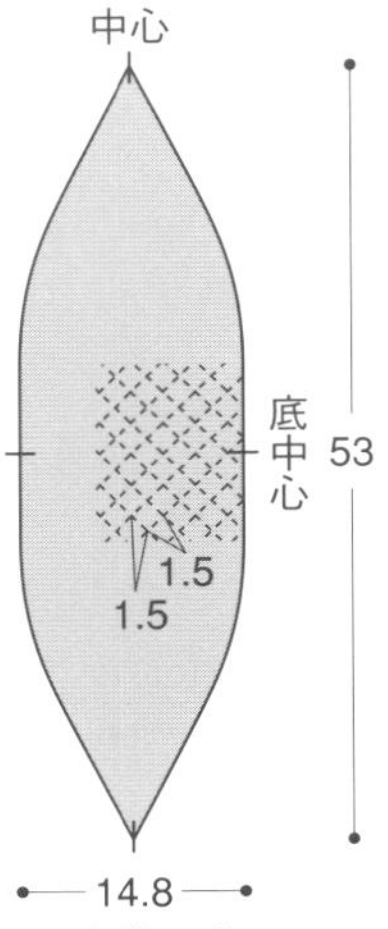

※中袋同寸

本体2枚

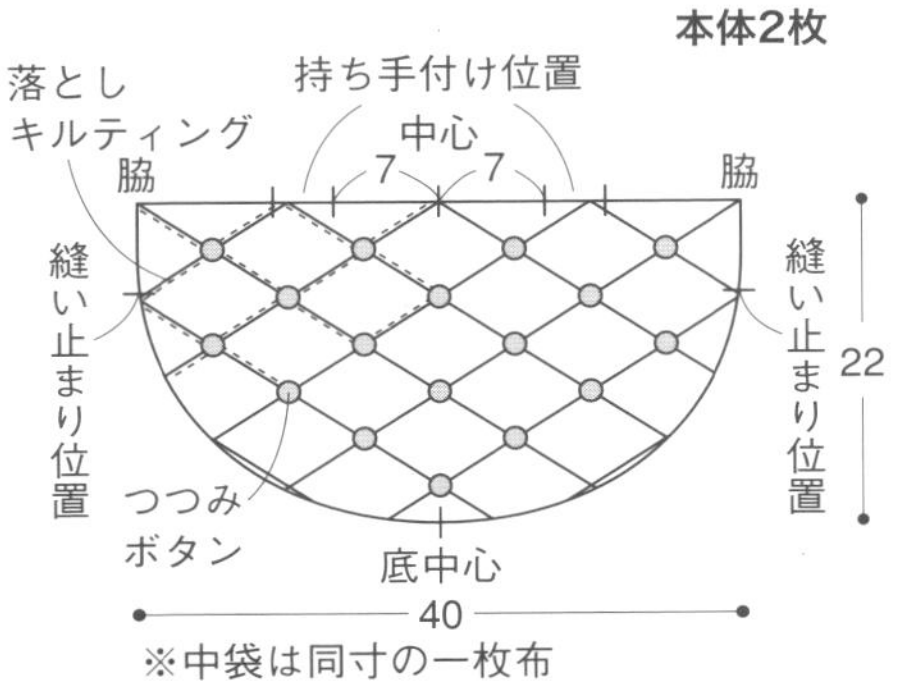

※中袋は同寸の一枚布

つつみボタンの作り方

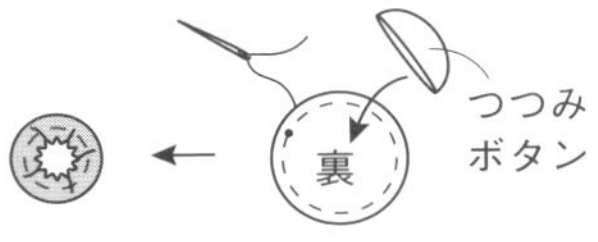

周囲をぐし縫いし
つつみボタンを入れて
ぐし縫いの糸を引き絞る

つつみボタン34枚

大島紬のひし形つなぎの半円バッグ P.32

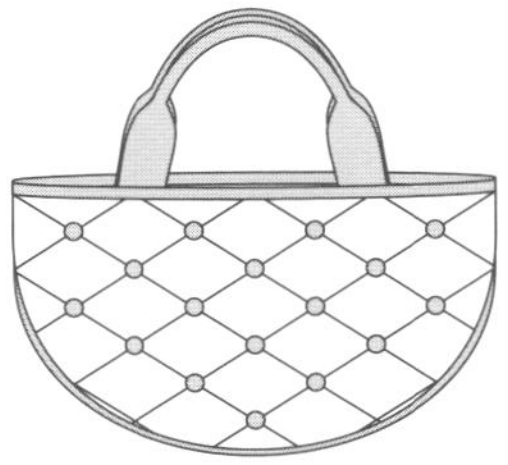

22×40cm

＊材料

ピーシング用布各種　マチ用布(パイピング、つつみボタン分含む) 90 × 35cm　中袋用布、接着芯各 90 × 45cm　接着キルト綿 90 × 85cm　幅 4cm 長さ 45cm 持ち手 1 組　直径 1.5cm つつみボタン 34 個

＊作り方のポイント

●本体の作り方とパイピングのしかたは 58 ページ参照。

＊作り方

①ピーシングをして本体のトップをまとめる。マチのトップは一枚布。
②トップに接着キルト綿、接着芯をはってキルティングし、さらに接着キルト綿をはる。
③本体につつみボタンを作って付ける。
④本体 2 枚を中表に合わせて縫い止まり位置まで脇を縫い、マチを中表に合わせて縫う。
⑤口にキルト綿を重ねてパイピングで始末する。
⑥持ち手を本体に縫い付ける。
⑦中袋を本体同様に作り、本体に入れてまつる。

●実物大型紙 101 ページ

仕立て方

1

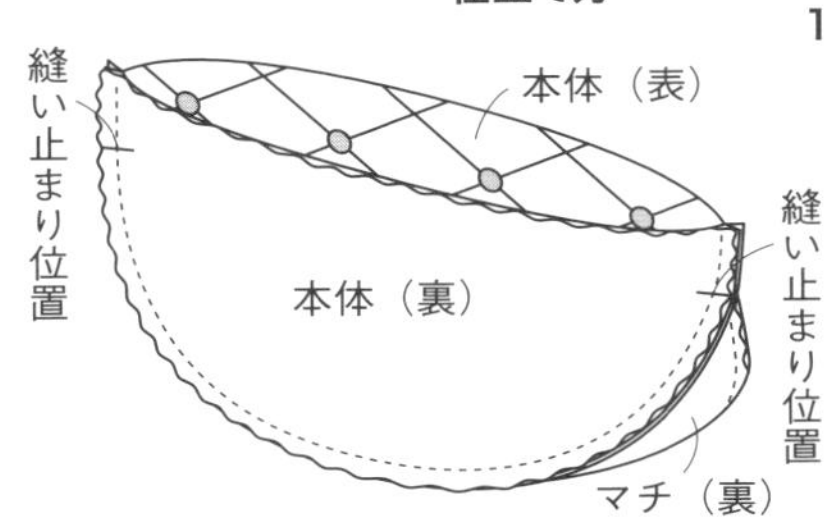

本体2枚を中表に合わせて
縫い止まり位置まで脇を縫い
マチと中表に合わせて縫う
中袋も同様に縫う

2

本体の口をパイピングで始末し
持ち手をパイピングのきわに縫い付ける

3

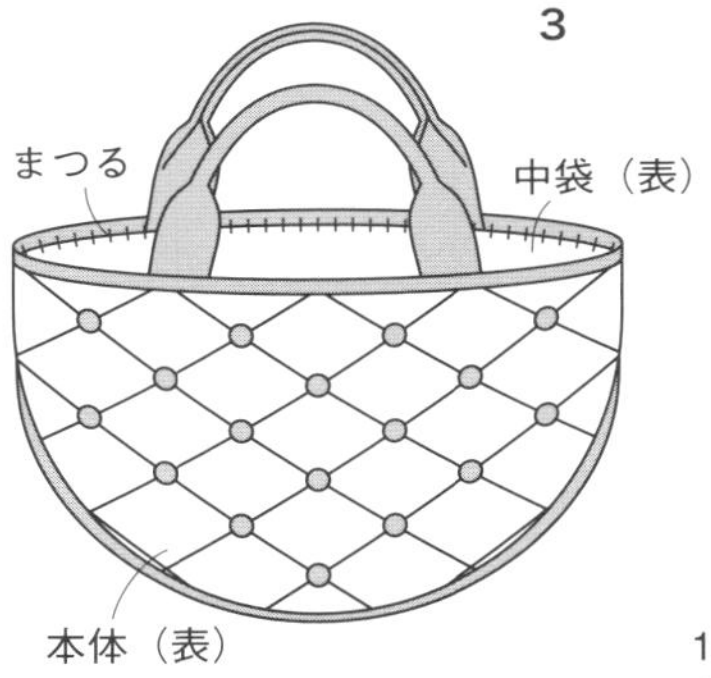

中袋を本体に入れて
パイピングにまつる

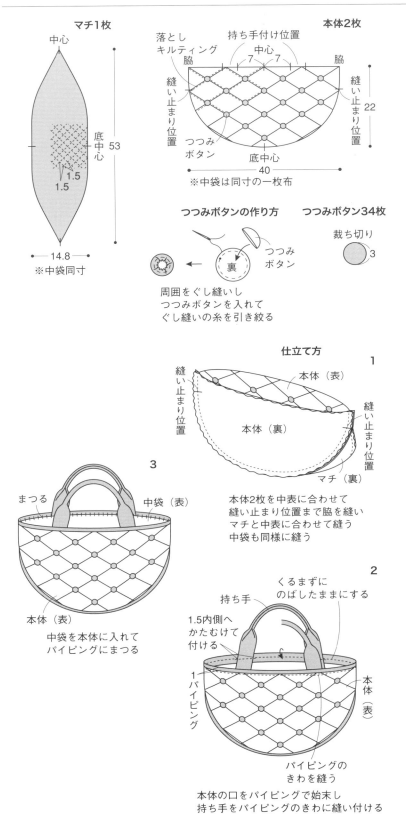

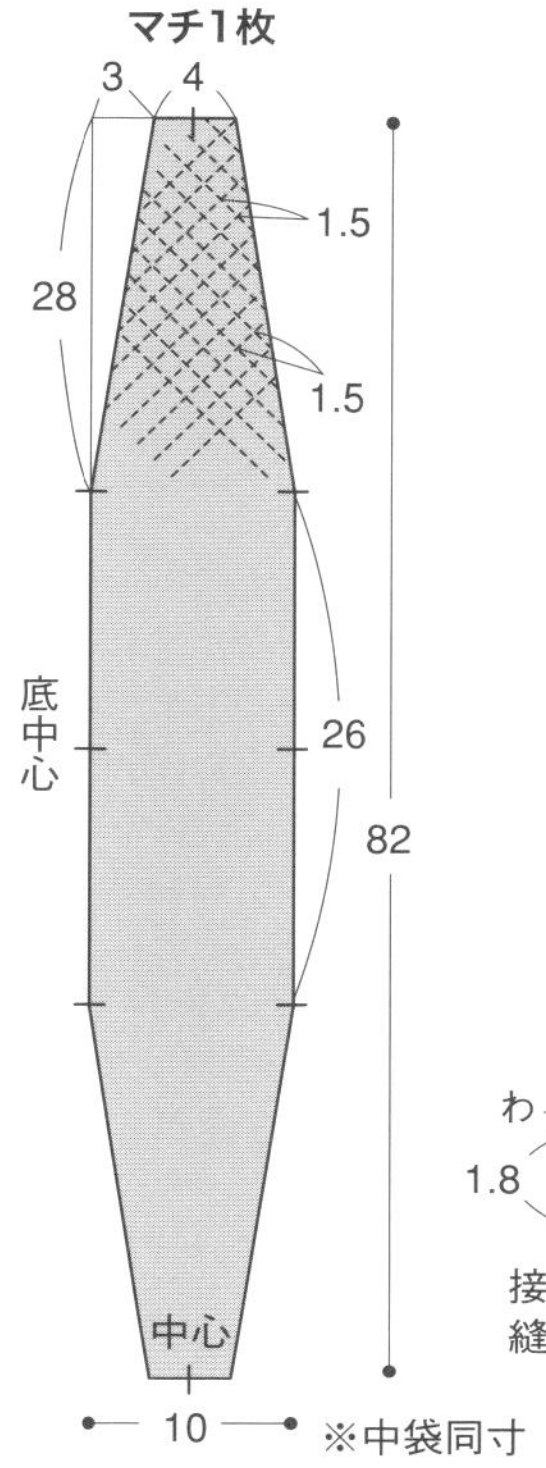

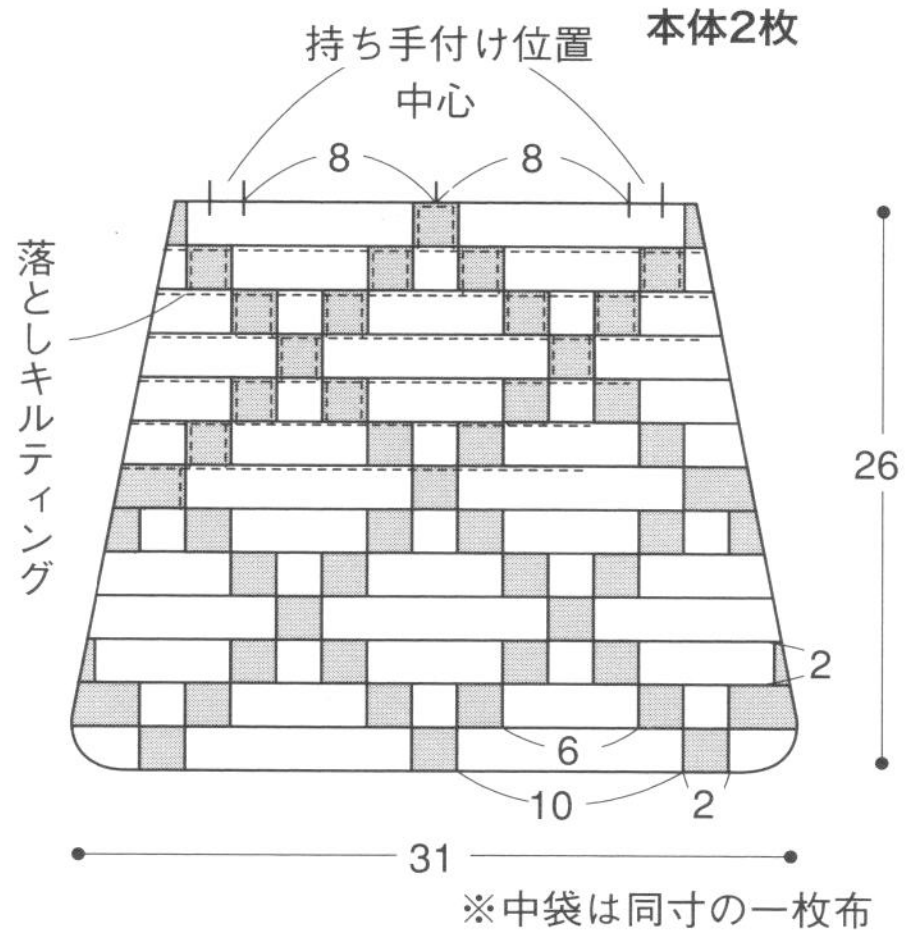

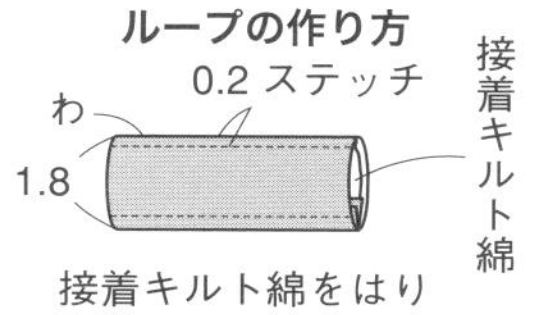

接着キルト綿をはり
縫い代を折って縫う

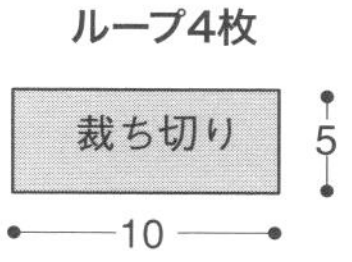

仕立て方

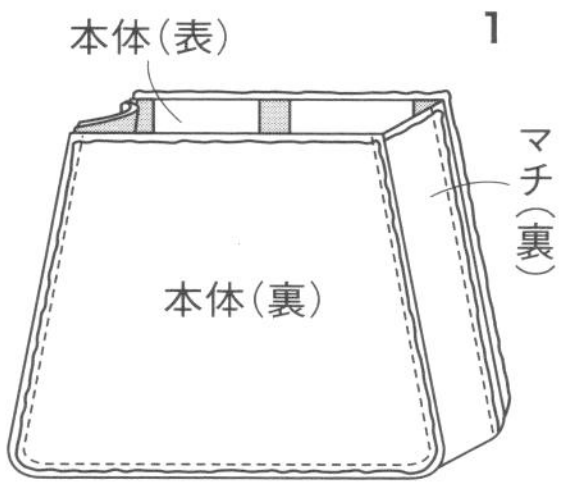

本体とマチを中表に
合わせて縫う
中袋も同様に縫う

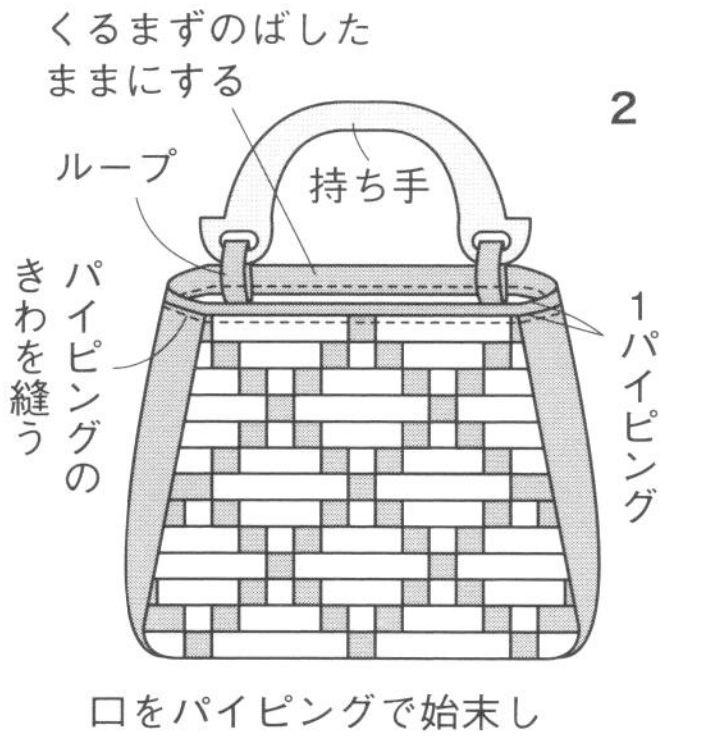

口をパイピングで始末し
持ち手を通したループを
パイピングのきわに縫い付ける

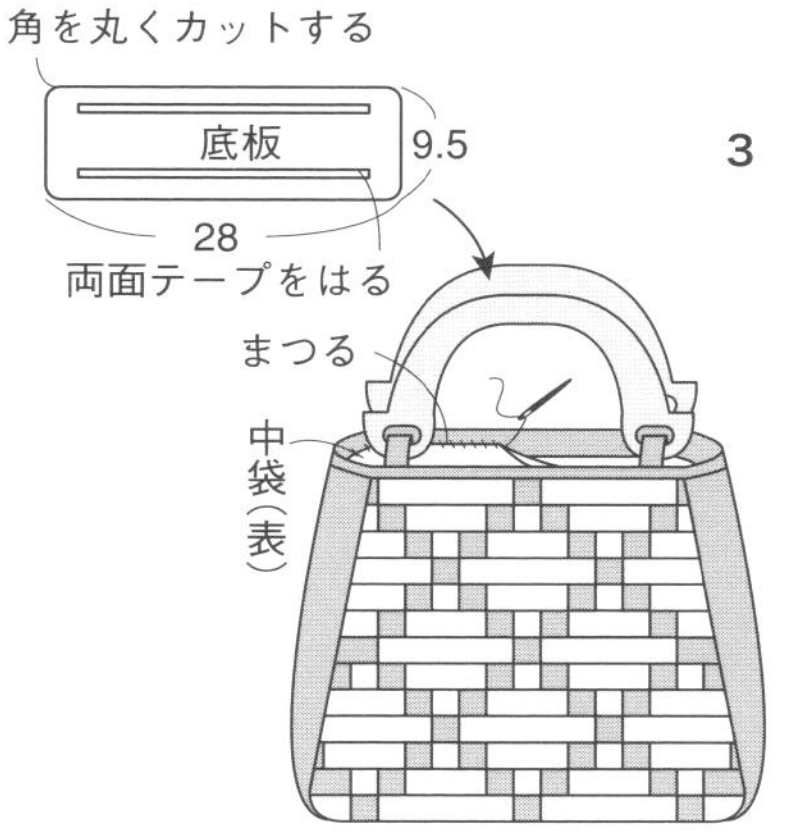

本体に底板を入れてはり
中袋を入れてパイピングにまつる

27×31cm

＊材料

ピーシング用布各種　マチ用布（ピーシング、パイピング、ループ分含む）85 × 60cm　接着キルト綿 85 × 80cm　中袋用布、接着芯各 85 × 45cm　バッグ用底板 30 × 10cm　幅 22cm 木製持ち手1組

＊作り方のポイント

●本体の作り方とパイピングのしかたは、58 ページ参照。

＊作り方

①ピーシングをして本体のトップをまとめる。マチのトップは一枚布。
②トップに接着キルト綿、接着芯をはってキルティングし、さらに裁ち切りの接着キルト綿をはる。
③本体とマチを中表に合わせて縫う。
④口にキルト綿を重ねてパイピングで始末する。
⑤ループを作り、持ち手を通して本体に縫い付ける。
⑥本体に底板を入れる。
⑦中袋を本体同様に作り、本体に入れてまつる。

●実物大型紙 109 ページ

大島紬のふた付きショルダーバッグ P.34

底1枚

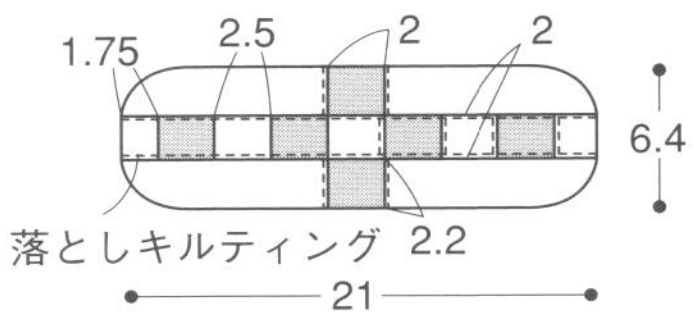

※底板同寸、裏布は同寸の一枚布

ふた1枚

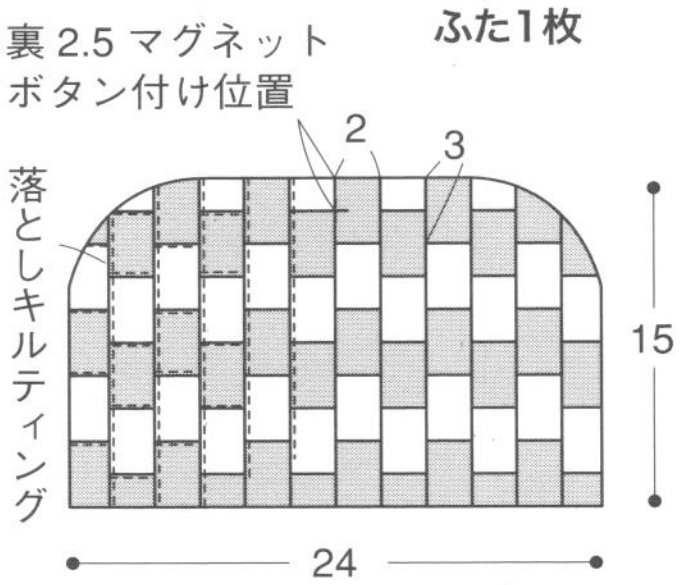

※裏布は同寸の一枚布

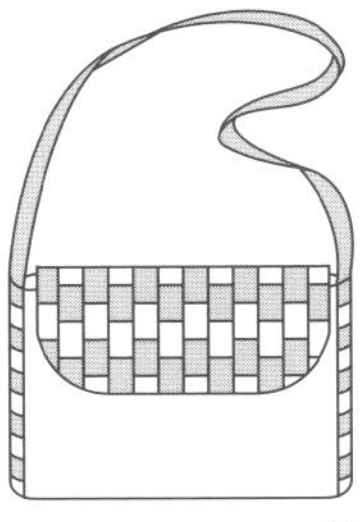

22×23cm

パイピングコード2本

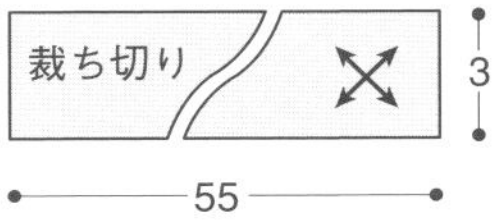

本体1枚

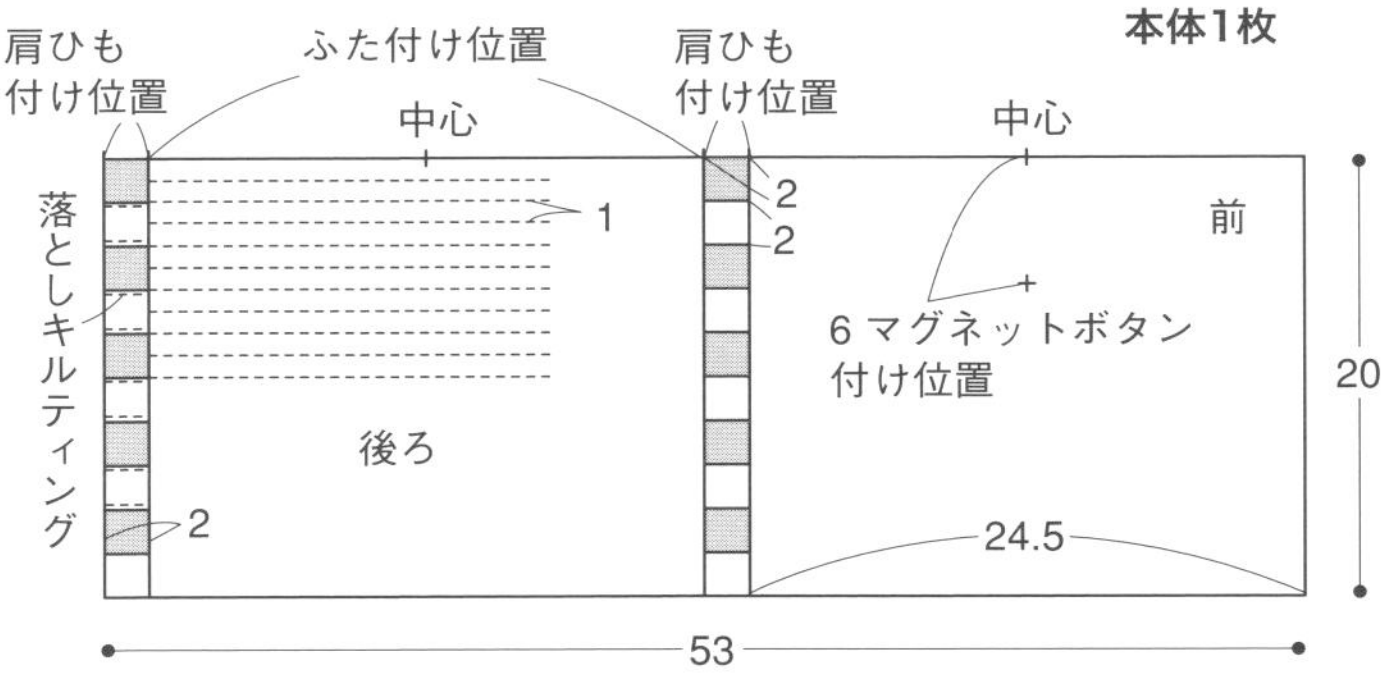

※裏布は同寸の一枚布

パイピングコードの作り方

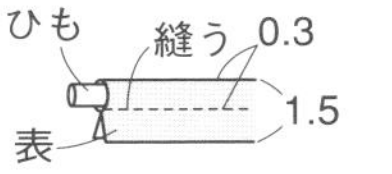

ひもをはさんで縫う

肩ひもの作り方

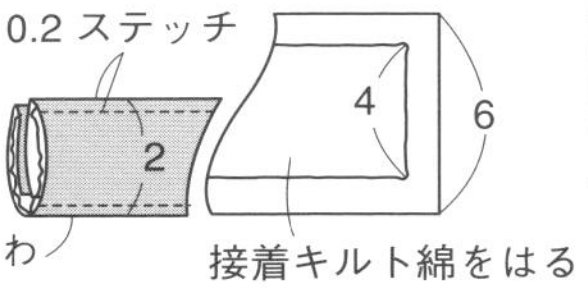

四つ折りしてステッチをする

肩ひも1枚

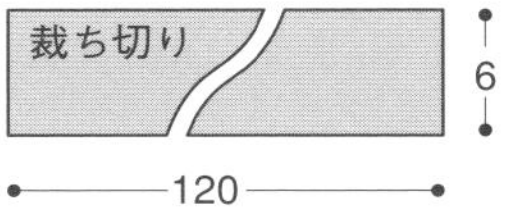

底の作り方

1

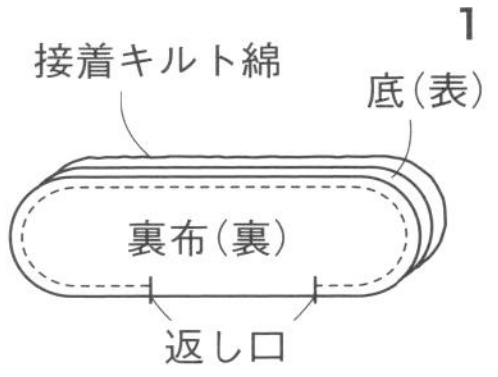

底と裏布を中表に合わせて縫う

2

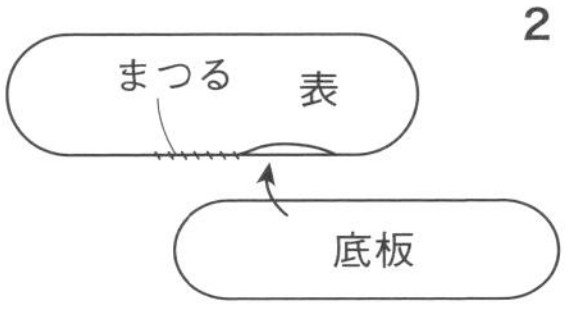

表に返して中に底板を入れ返し口をまつってとじる

ふたの作り方

1

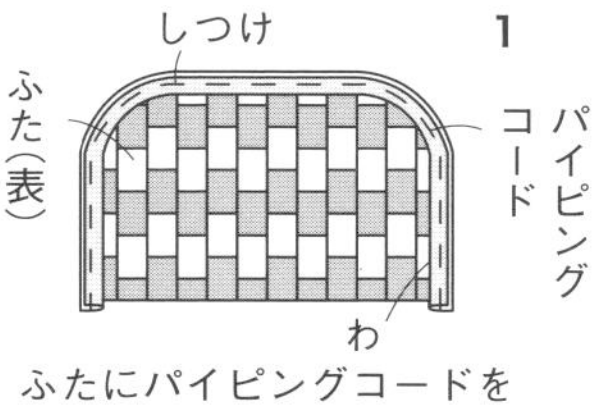

ふたにパイピングコードを中表に重ねて縫う

2

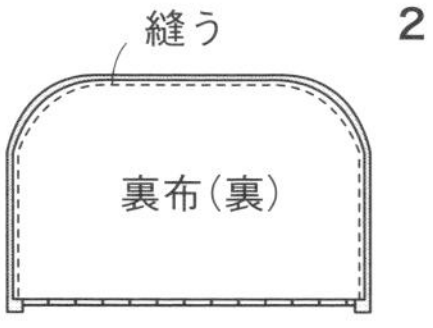

裏布を中表に重ねて縫い、表に返す

＊材料

ピーシング用大島紬 35 × 35cm　本体用布（ピーシング、底、ふた、ふた裏布、底裏布、肩ひも、パイピングコード分含む）60 × 120cm　本体裏布 60 × 25cm　接着芯 60 × 45cm　キルト綿 45 × 120cm　直径 0.3cm ひも 110cm　直径 2.2cm マグネットボタン 1 組　バッグ用底板 25 × 10cm

＊作り方のポイント

●本体の作り方は 58 ページ参照。

＊作り方

①ピーシングをしてトップをまとめる。
②トップに接着キルト綿、接着芯をはってキルティング。本体のトップはさらに裁ち切りの接着キルト綿をはる。
③パイピングコードと肩ひもを作る。
④ふたにパイピングコードを縫い付け、裏布を中表に合わせて周囲を縫い、表に返す。
⑤本体の下側にパイピングコード、上側にふたと肩ひもを縫い付けて裏布を中表に合わせて縫う。
⑥本体と裏布をそれぞれ中表に合わせて縫い、表に返して裏布を口にまつる。
⑦本体に底をまつる。
⑧マグネットボタンを付ける。

●実物大型紙 87 ページ

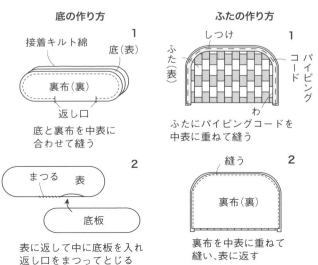

仕立て方

1

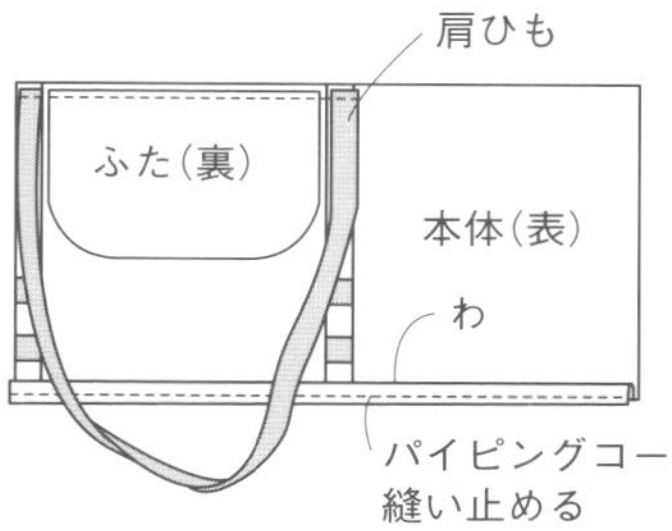

本体に肩ひも、ふた、パイピング
コードを中表に縫い付ける

2

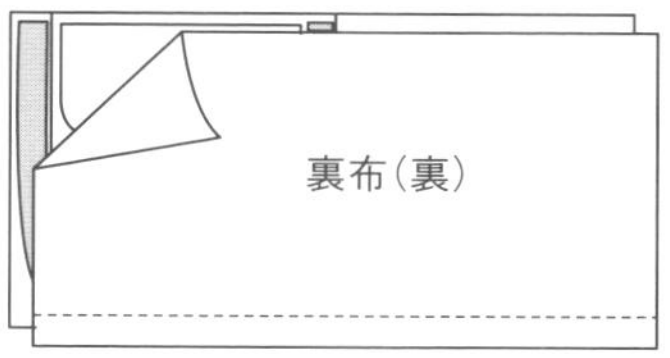

①に裏布を中表に合わせて
下側を縫う

3

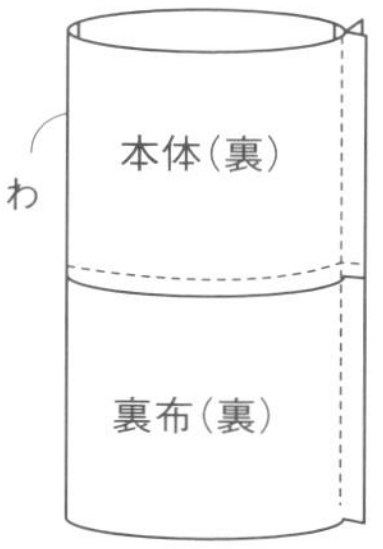

裏布をひらいて
縦に中表に
合わせて縫う

4

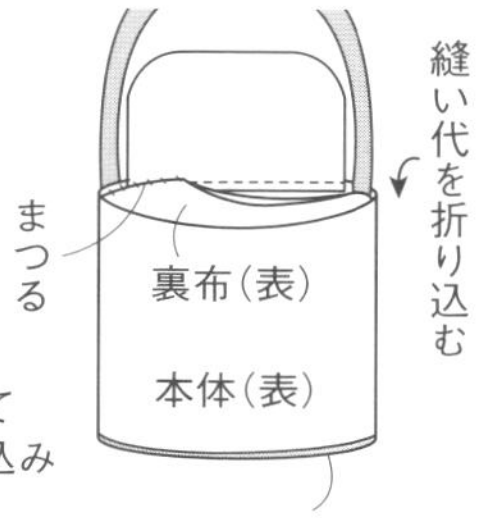

表に返して
本体と裏布を重ねて
口の縫い代を折り込み
裏布をまつる

5

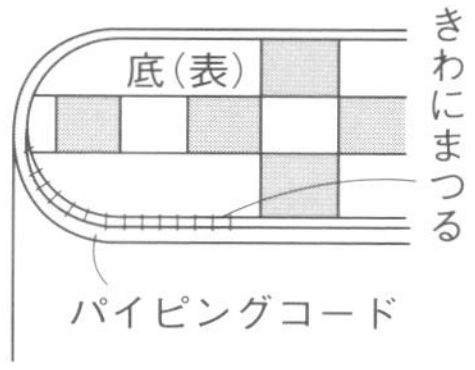

底をパイピングコードの
きわにまつり付ける

実物大型紙

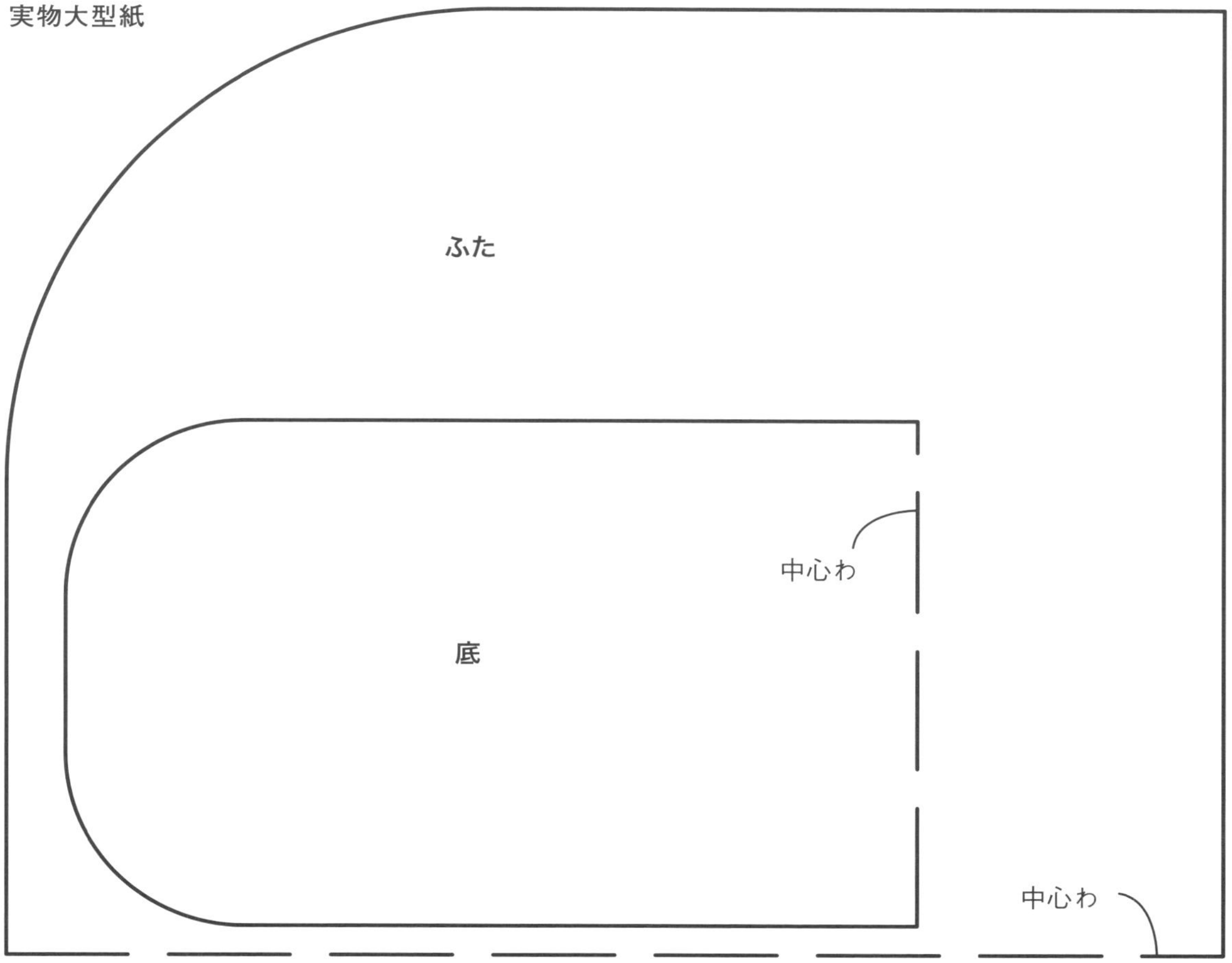

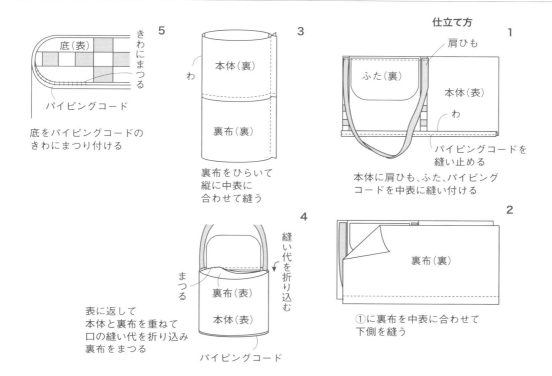

マチ1枚

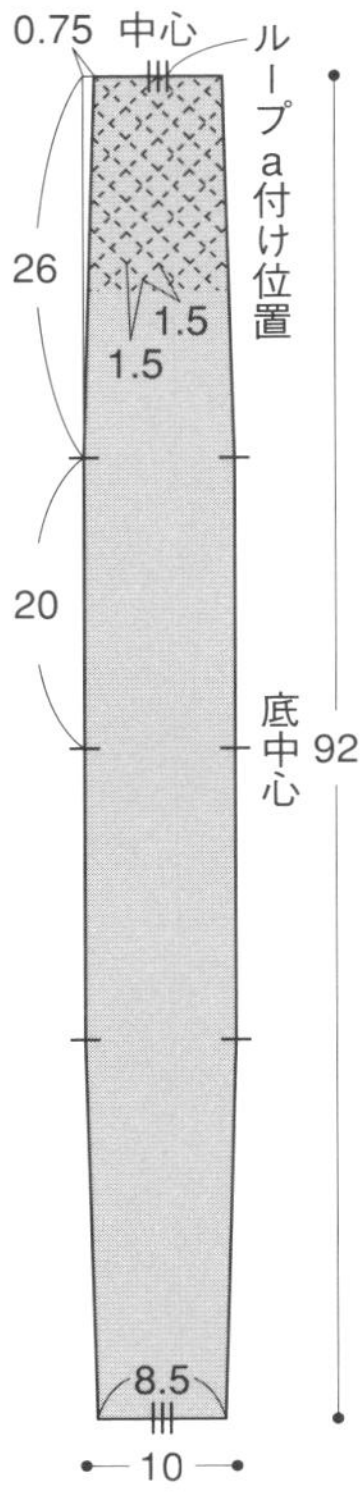

本体2枚

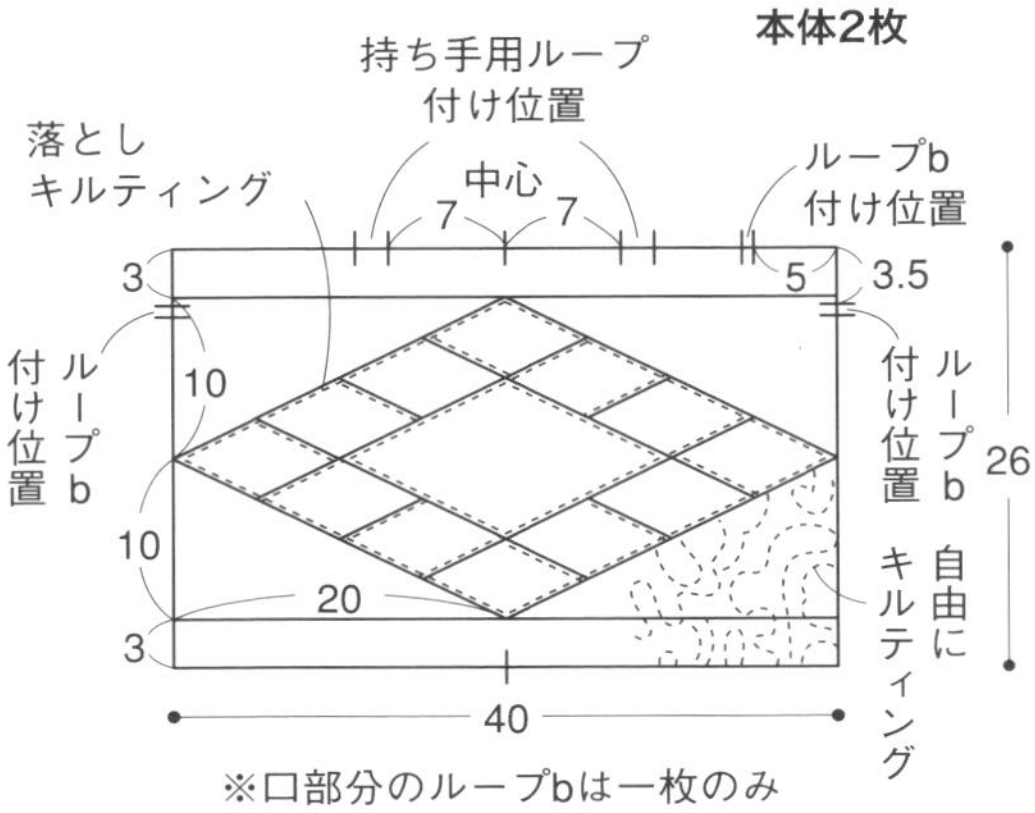

※口部分のループbは一枚のみ

27×40cm

中袋1枚

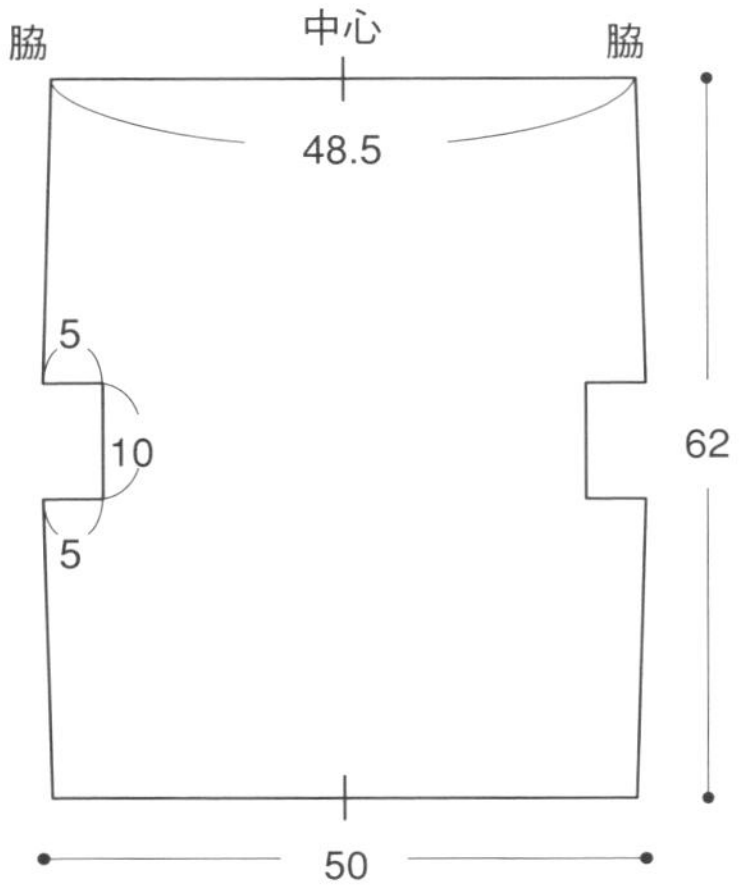

中袋の作り方

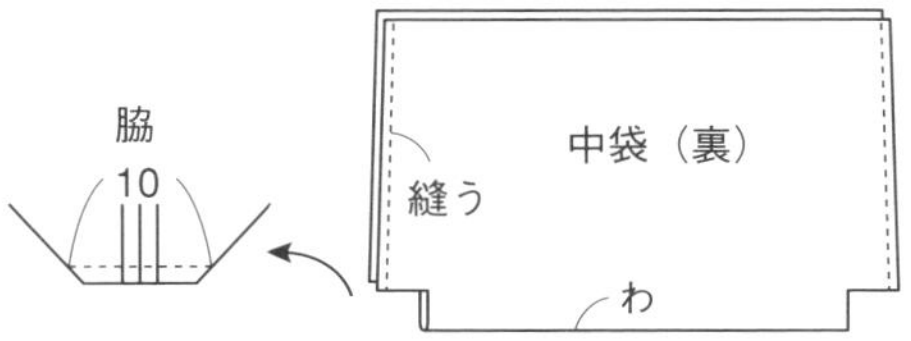

中表に二つ折りにして
両脇を縫い、マチを縫う

ループの作り方

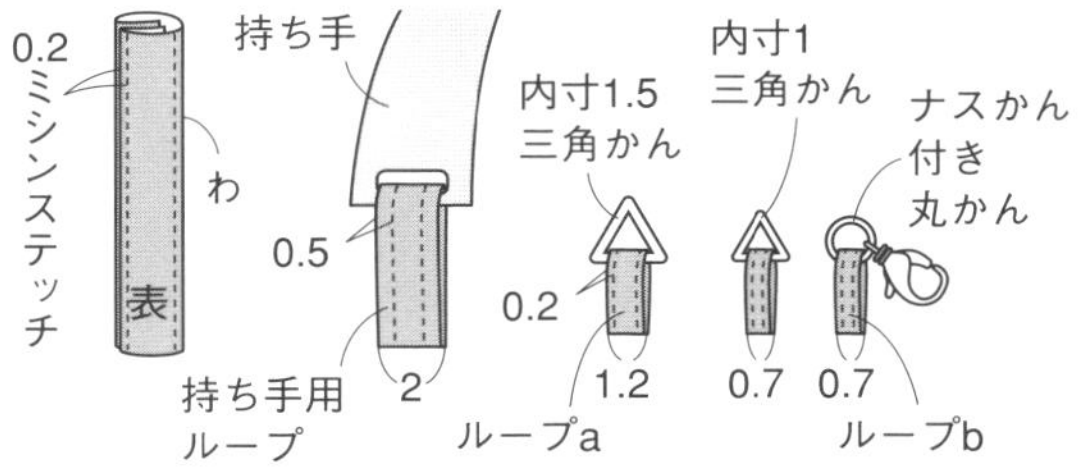

外表に四つ折りにして両端を縫い
持ち手や三角かん、丸かんに通す

ループb5枚

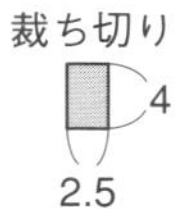

ループa2枚

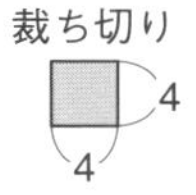

持ち手用ループ4枚

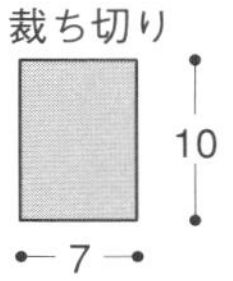

＊材料

ピーシング用布各種　本体用布（マチ、パイピング、ループ分含む）100×50cm　中袋用布70×55cm　接着キルト綿100×90cm　接着芯100×45cm　幅20cm木製持ち手1組　内寸1.5cm三角かん2個　内寸1cm三角かん3個　ナスかん付き丸カン2個　バッグ用底板40×10cm

＊作り方のポイント

●本体の作り方とパイピングのしかたは58ページ参照。

●持ち手用ループには接着キルト綿をはっておくとよい。

●本体と中袋の底の縫い代を中とじする。

＊作り方

①ピーシングをして本体のトップをまとめる。マチのトップは一枚布。

②トップに接着キルト綿、接着芯をはってキルティングし、さらに接着キルト綿をはる。

③持ち手用ループとループa、ループbを作り、持ち手と三角かん、ナスかん付き丸かんにそれぞれ通す。

④ループbを本体に仮留めし、マチと中表に合わせて縫う。

⑤口にキルト綿を重ねてパイピングで始末する。

⑥持ち手用ループとループaを本体に縫い付ける。

⑦中袋を作り、本体に入れてまつる。

⑧底板を入れる。

●実物大型紙89ページ

実物大型紙

仕立て方

1

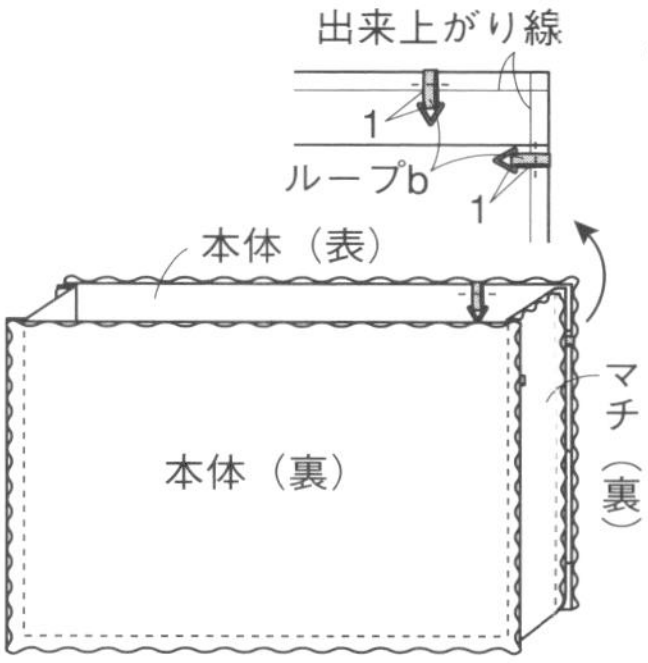

本体にループbを仮留めし
マチと中表に合わせて縫い
縫い代は本体側に倒す

2

口をパイピングで始末し
持ち手用ループとループaを
パイピングのきわに縫い付ける

3

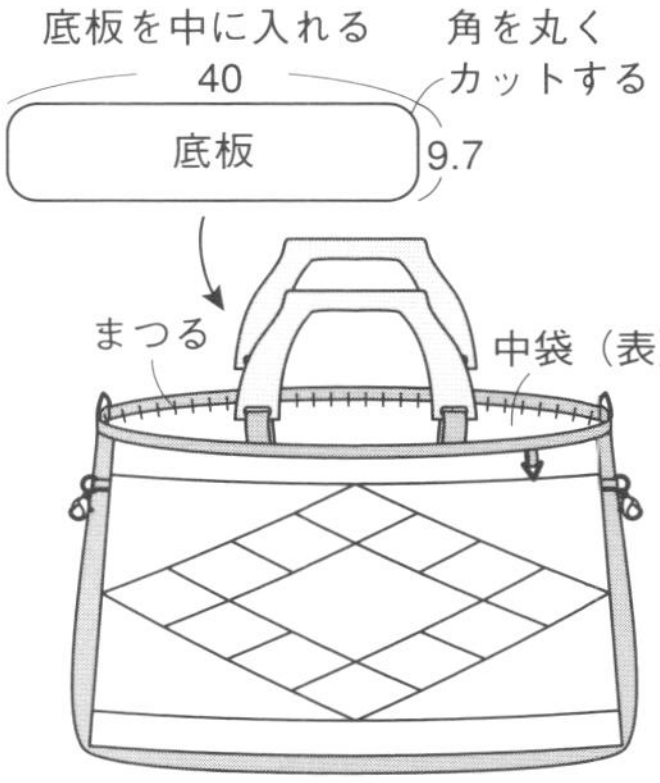

中袋を本体に入れて
パイピングにまつる

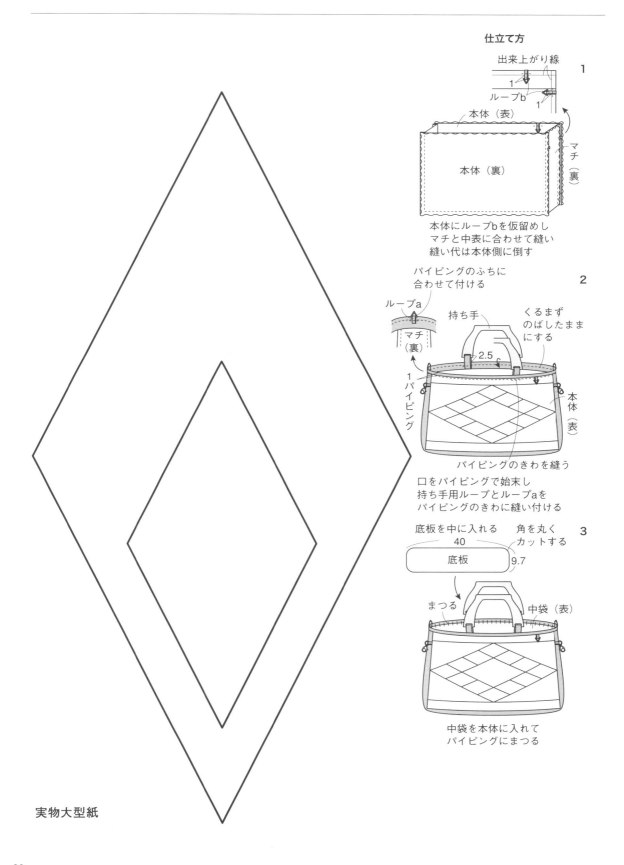

大島紬の糸巻きのパターンのポーチ P.38

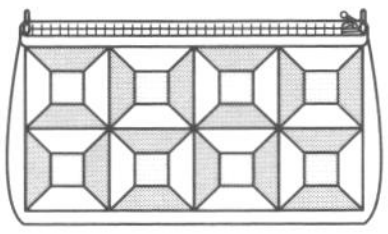

11×20.5cm

＊材料

ピーシング用 A 布 35 × 10cm　ピーシング用 B 布 35 × 35cm　マチ用布（ピーシング、パイピング、ループ分含む）50 × 50cm　接着キルト綿 50 × 20cm　接着芯 85 × 25cm　長さ 20cm ファスナー 1 本　内寸 1cm 三角かん 2 個

＊作り方のポイント

●パイピングのしかたは 58 ページ参照。口をふっくらさせたい場合はキルト綿をはさむ。

＊作り方

①ピーシングをして本体のトップをまとめる。マチのトップは一枚布。
②トップに接着キルト綿、接着芯をはってキルティング。
③本体とマチを中表に合わせて縫う。
④口をパイピングで始末する。
⑤ループを作り、三角かんを通して本体のマチに縫い付ける。
⑥本体の口にファスナーを付ける。
⑦中袋に接着芯をはって本体同様に作り、本体に入れてまつる。

マチ1枚

※中袋同寸

本体2枚

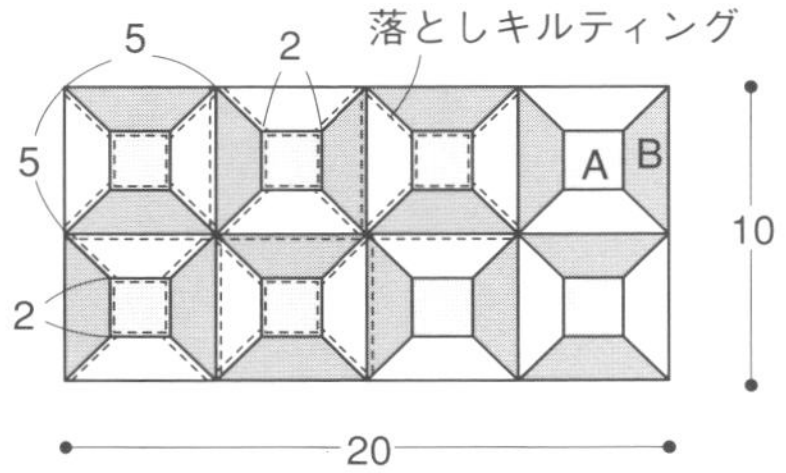

※中袋は同寸の一枚布

ループ2枚

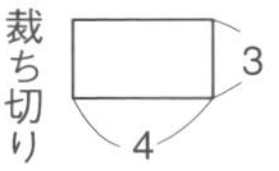

ループの作り方

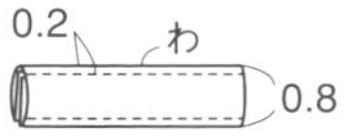

縫い代を折って
ステッチする

仕立て方

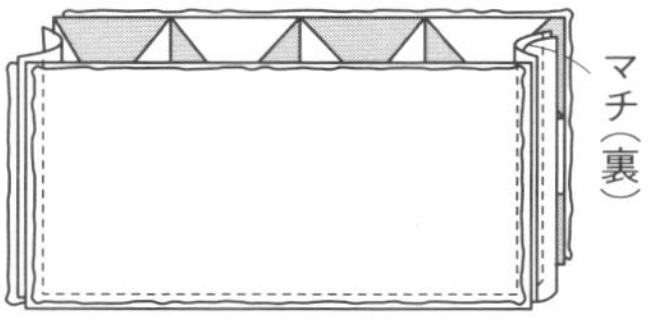

本体とマチを中表に合わせて縫う
中袋も同様に作る

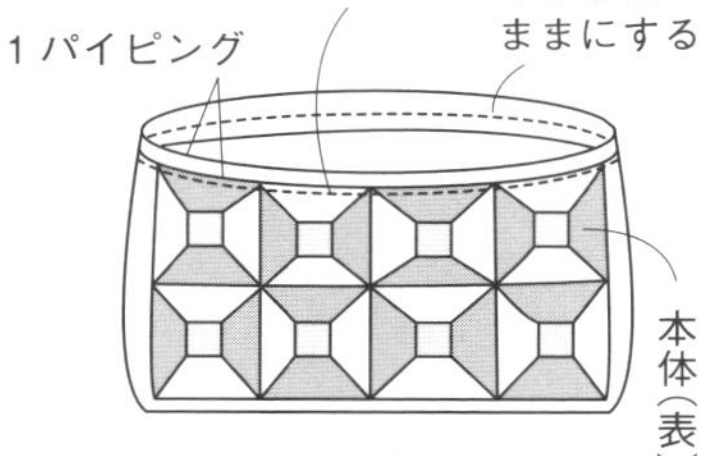

口をパイピングで始末する

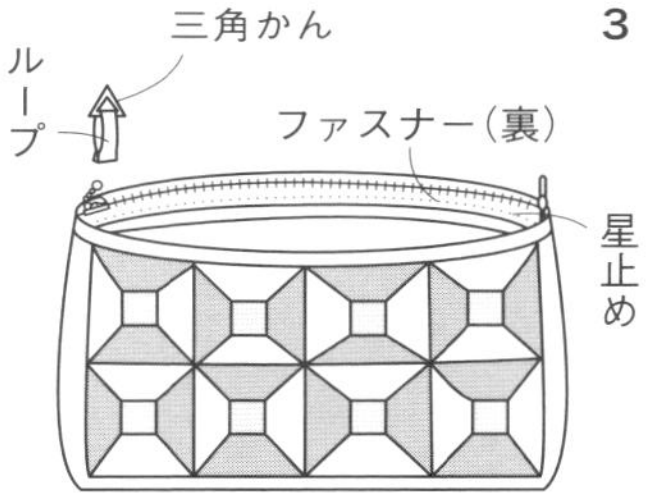

三角かんを通したループを
マチに縫い付ける
ファスナーの歯がパイピングから
出るように付ける

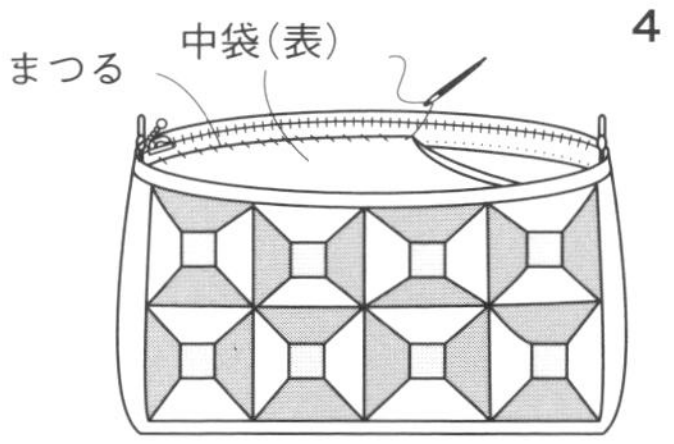

中袋を本体に入れて
ファスナーにまつる

大島紬の糸巻きのパターンのクラッチバッグ P.39

ふた用ループの作り方

中表に折り筒に
縫って表に返す

ふた用ループ2枚

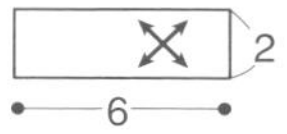

裁ち切り

ひも1枚

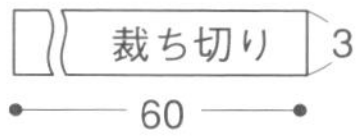

肩ひも用ループ2枚

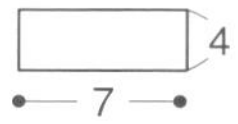

裁ち切り

ループの作り方(ひも共通)

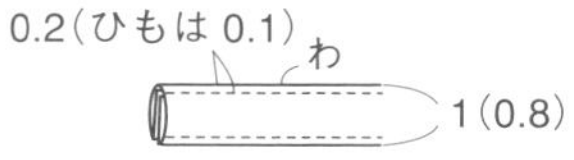

四つ折りしてステッチする
肩ひも用ループは
中にキルト綿をはさむ

本体1枚

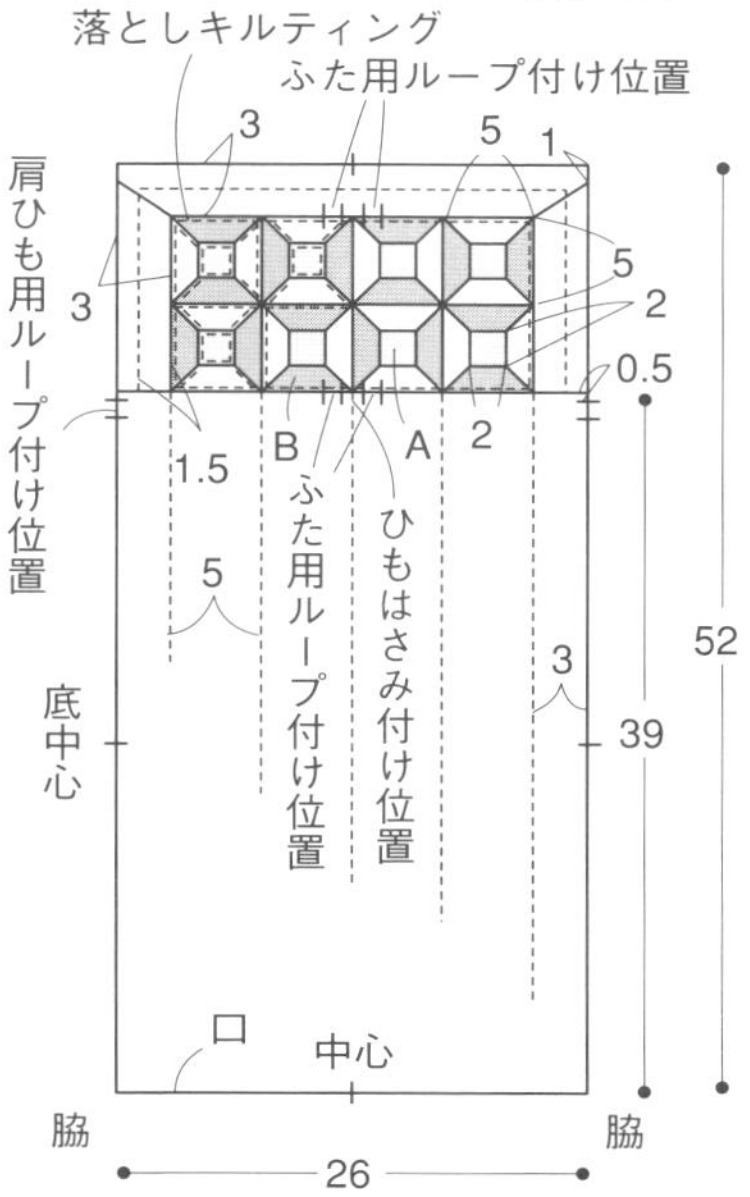

※中袋は同寸の一枚布

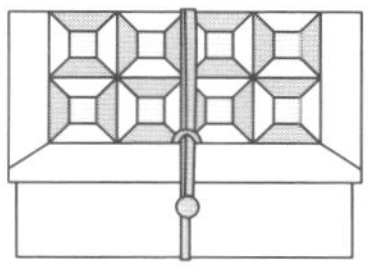

20×26cm

＊材料

ピーシング用 A 布 15 × 10cm　ピーシング用 B 布 30 × 15cm　本体用布（ピーシング、ひも、ループ、つつみボタン分含む）65 × 50cm　中袋用布、接着キルト綿、接着芯各 30 × 60cm

＊作り方のポイント

●本体のピーシングをするときに、ループやひもをはさみ付ける。ひもとループが重なる部分はひもの上にループを重ねる。

＊作り方

①ループ、ひも、つつみボタンを作り、ひもの先につつみボタンを付ける。
②ふた用ループとひもをはさんでピーシングをし、本体のトップをまとめる。
③トップに接着キルト綿、接着芯をはってキルティング。
④本体と中袋を中表に合わせて口を縫う。
⑤表に返して口をステッチし、本体に肩ひも用ループを仮留めする。
⑥本体を中表に合わせて底中心でたたみ、中袋の返し口を残して縫う。
⑦表に返して返し口をとじ、ふたの周囲をステッチする。

仕立て方

1

本体と中袋を
中表に合わせて
口を縫う

2

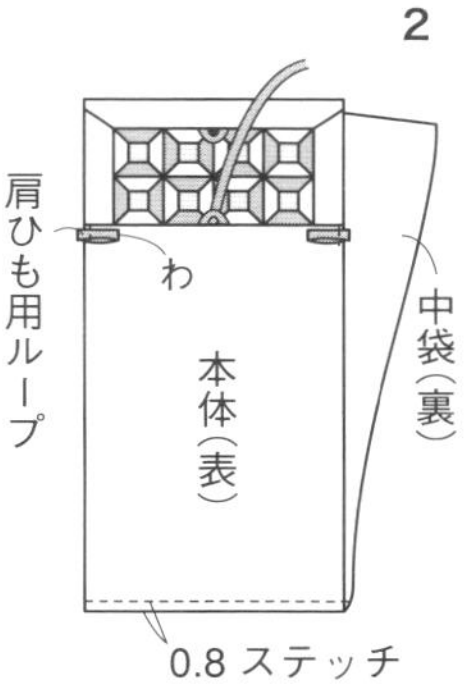

表に返して
口をステッチで押さえ
肩ひも用ループを
仮留めする

3

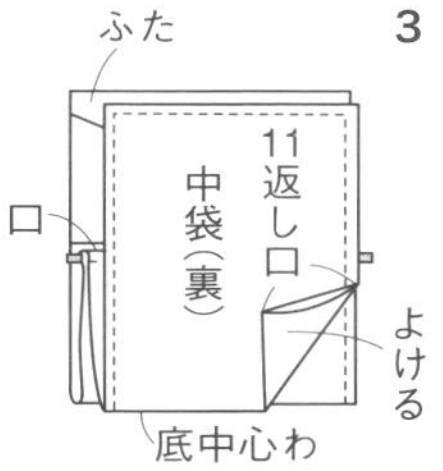

再度中表にして
口を間にはさんで
底中心で折りたたんで
脇とふたを縫う
中袋は片側の一部を
縫い残して返し口に
する

4

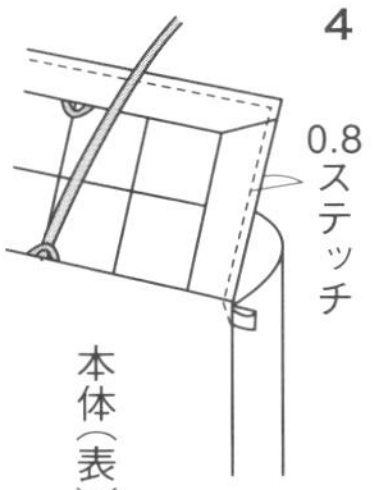

表に返して
返し口をまつってとじ
ふたの周囲を
ステッチする

つつみボタン2枚

裁ち切り

つつみボタンの作り方

1

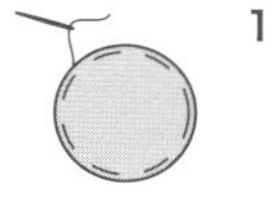

周囲を
ぐし縫いする

2

ぐし縫いを
引き絞り
つつみボタン
をくるむ

3

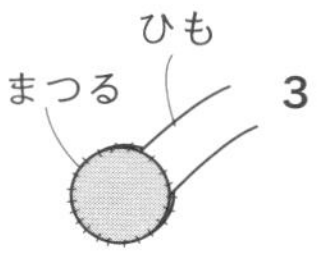

2 枚でひもの
先端をはさんで
まつる

本体後ろ1枚

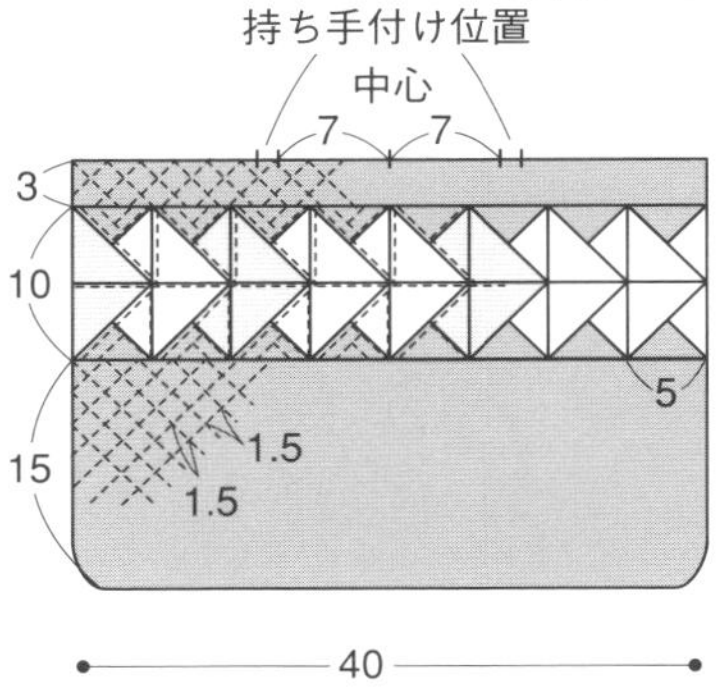

※中袋は同寸の一枚布

本体前1枚

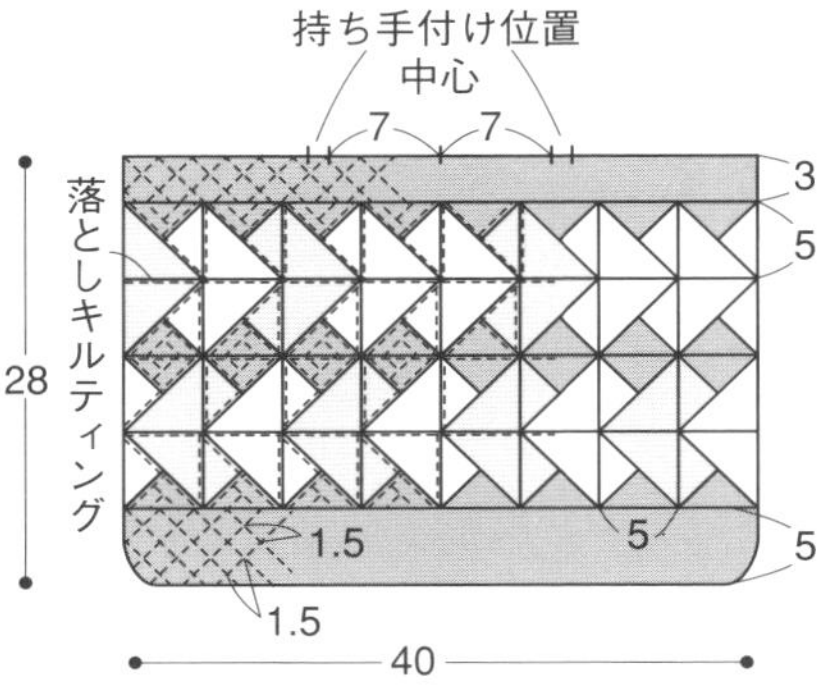

※中袋は同寸の一枚布

パイピングコード2本

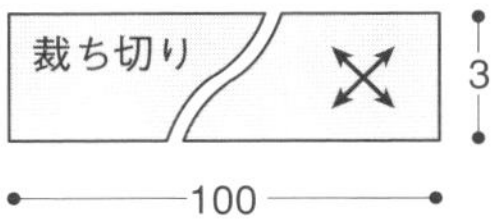

マチ1枚

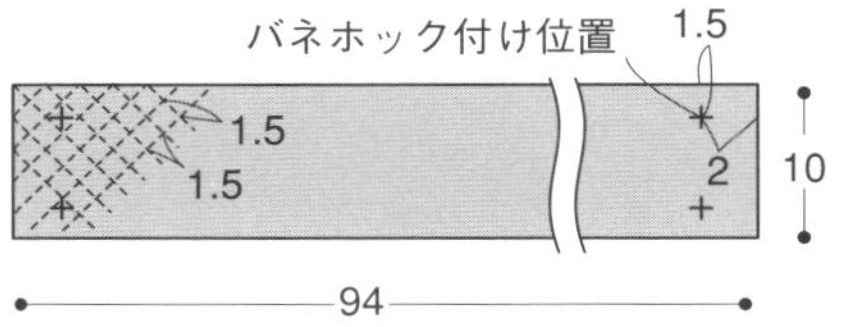

※中袋同寸

ループ 4 枚

パイピングコードの作り方

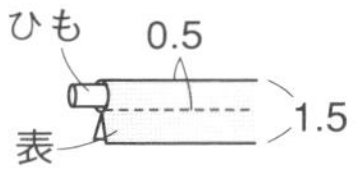

ひもをはさんで縫う

仕立て方

1

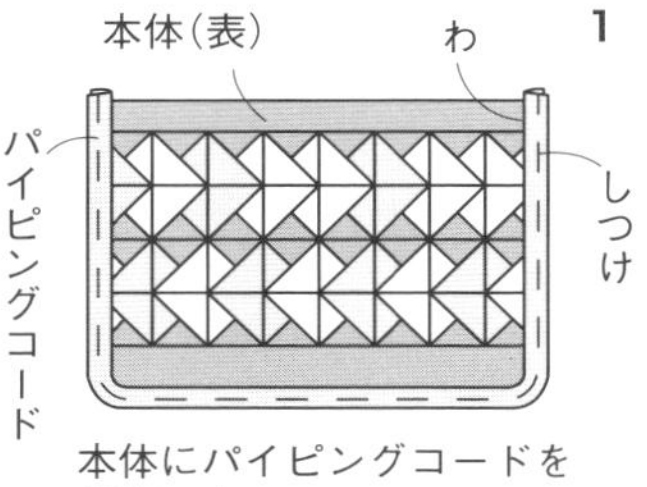

本体にパイピングコードを
仮留めする

2

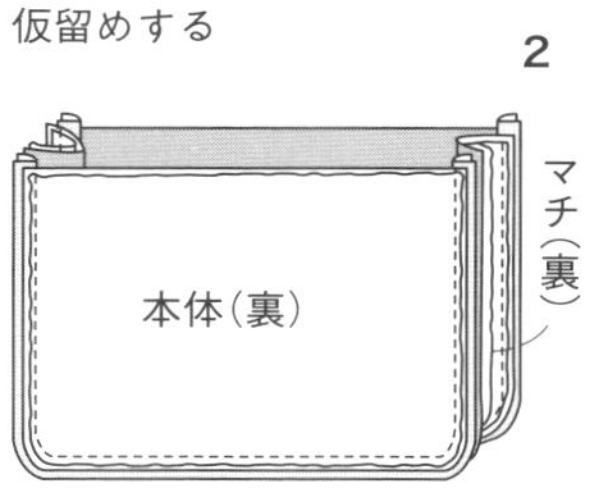

本体とマチを中表に
合わせて縫う
中袋は返し口を残して
同様に縫う

3

本体の口に持ち手を通した
ループを仮留めし
中袋を中表に合わせて口を縫う

4

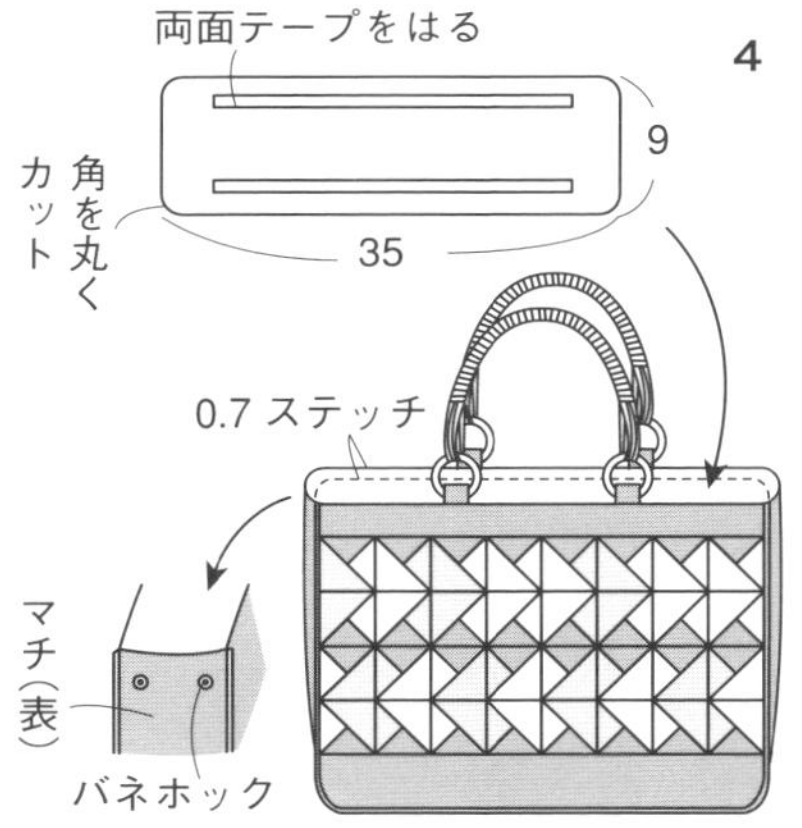

表に返して返し口をまつってとじ
口をステッチで押さえる
マチにバネホックを付けて
中に底板を入れてはる

大島紬のカードのデザインの大きめバッグ P.40

28×40cm

＊材料

ピーシング用布各種　マチ用布(本体分含む) 100 × 50cm　ループ用布（パイピングコード分含む）70 × 70cm　接着キルト綿 100 × 90cm　接着芯 100 × 45cm　長さ 48cm リング付き持ち手 1 組　直径 1.5cm バネホック 2 組　バッグ用底板 35 × 10cm　直径 0.4cm ひも 200cm

＊作り方のポイント

●本体の作り方は 58 ページ、バネホックの付け方は 40 ページ参照。

＊作り方

①ピーシングをしてトップをまとめる。マチのトップは一枚布。
②トップに接着キルト綿、接着芯をはってキルティングし、さらに裁ち切りの接着キルト綿をはる。
③パイピングコードを作り、本体に仮留めする。
④本体とマチを中表に合わせて縫う。
⑤中袋を返し口を残して本体同様に縫う。
⑥ループを作り、持ち手を通して口に仮留めする。
⑦本体と中袋を中表に合わせ、口を縫う。
⑧表に返して返し口をとじ、口をステッチで押さえる。
⑨マチにバネホックを付け、底板を入れてはる。

実物大型紙

ループの作り方

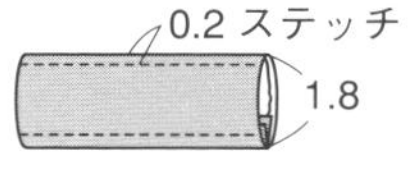

片側に接着キルト綿をはり
縫い代を折って縫う

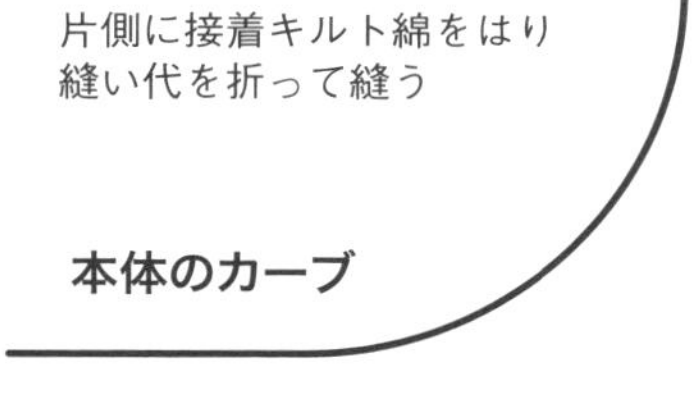

本体のカーブ

本体の作り方

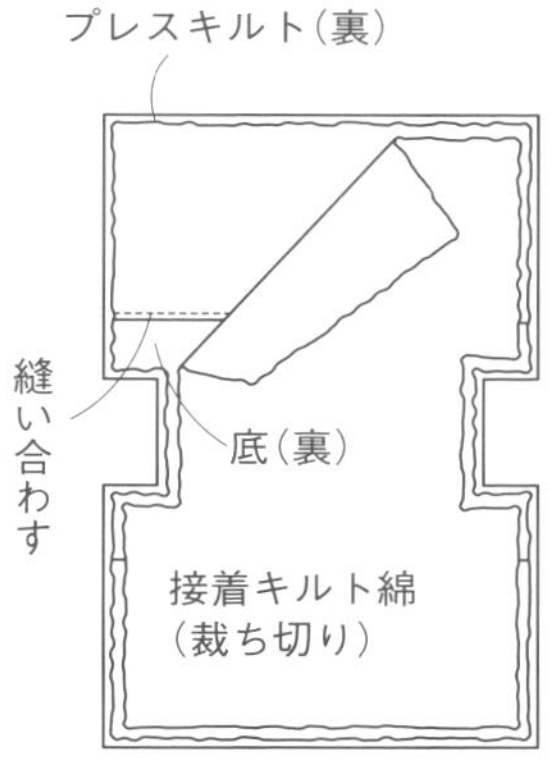

プレスキルトと底にそれぞれ
接着キルト綿をはり
縫い合わせて本体をまとめる
さらに全体に裁ち切りの
接着キルト綿をはる

本体1枚

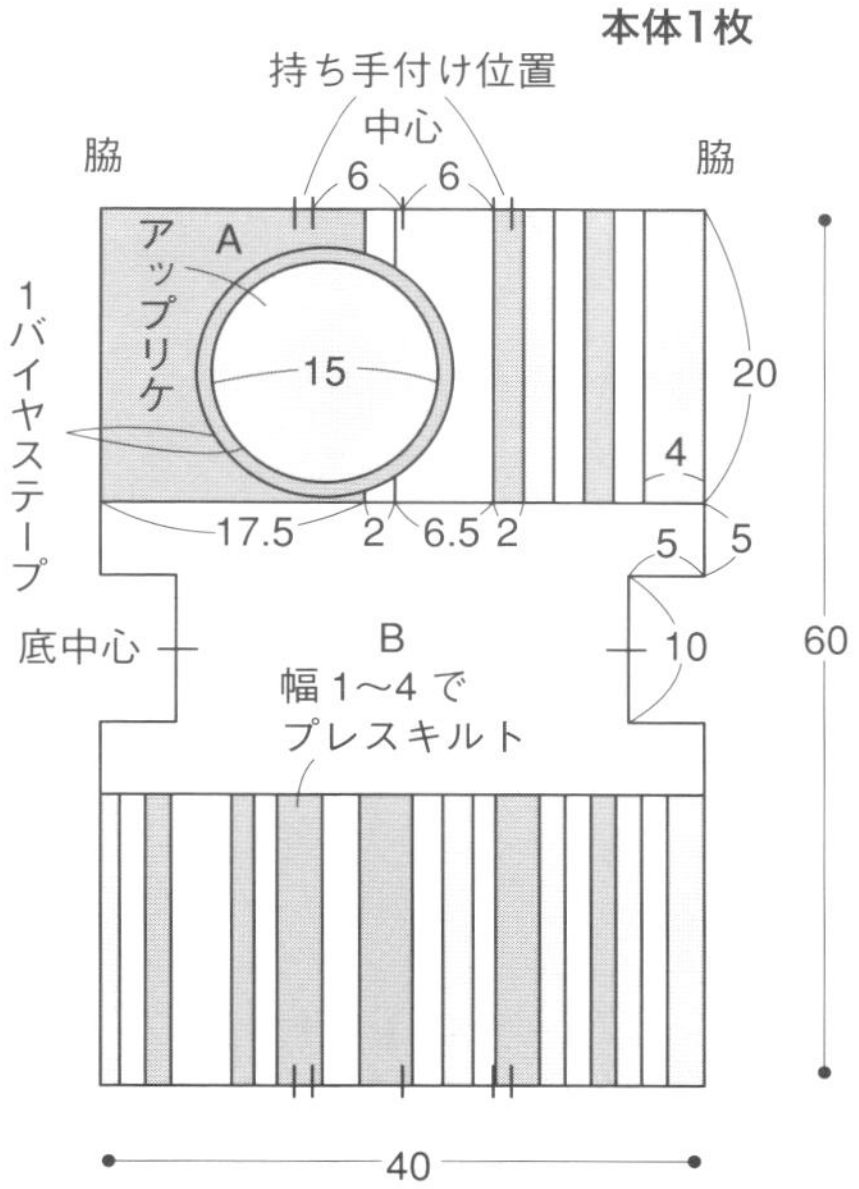

※中袋は同寸の一枚布

ループの作り方

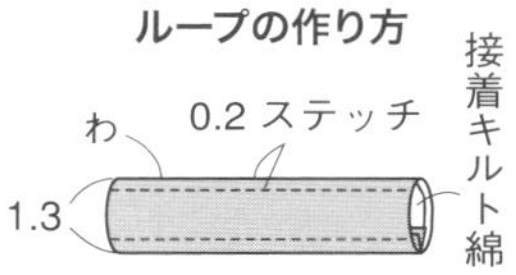

接着キルト綿をはり
縫い代を折って縫う

ループ4枚

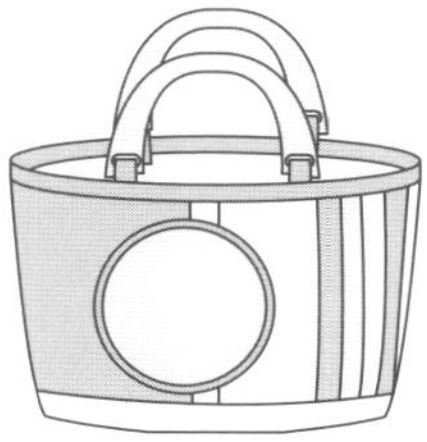

25.5×38cm

＊材料

プレスキルト用布各種　アップリケ用布 20 × 20cm　アップリケ用幅 2cm バイヤステープ 60cm　A 用布（パイピング、ループ分含む）55 × 35cm　B 用布 45 × 25cm　中袋用布 45 × 65cm　接着キルト綿 90 × 65cm　幅 15.5cm 木製持ち手 1 組　バッグ用底板 30 × 10cm

＊作り方のポイント

●プレスキルトのしかたは 42 ページ参照。
●パイピングのしかたは 58 ページ参照。

＊作り方

①プレスキルトをしてストリング部分を作り、アップリケする。
② B 布部分に接着キルト綿をはり、①と縫い合わせてさらに接着キルト綿をはる。
③本体を中表に合わせて脇とマチを縫う。
④口にキルト綿を重ねてパイピングで始末する。
⑤ループを作って持ち手を通し、本体に縫い付ける。
⑥中袋を本体同様に作り、本体に入れてまつる。
⑦底板を入れる。

仕立て方

1

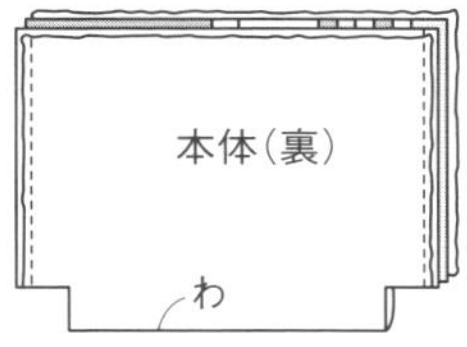

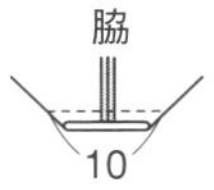

中表に二つ折りし
脇を縫って
マチを縫う
中袋も同様に縫う

2

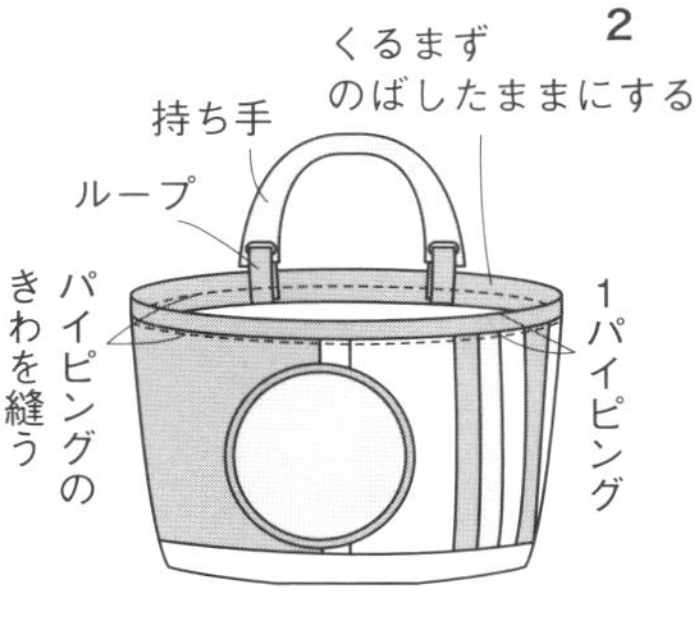

口をパイピングで始末し
持ち手を通したループを
パイピングのきわに縫い付ける

3

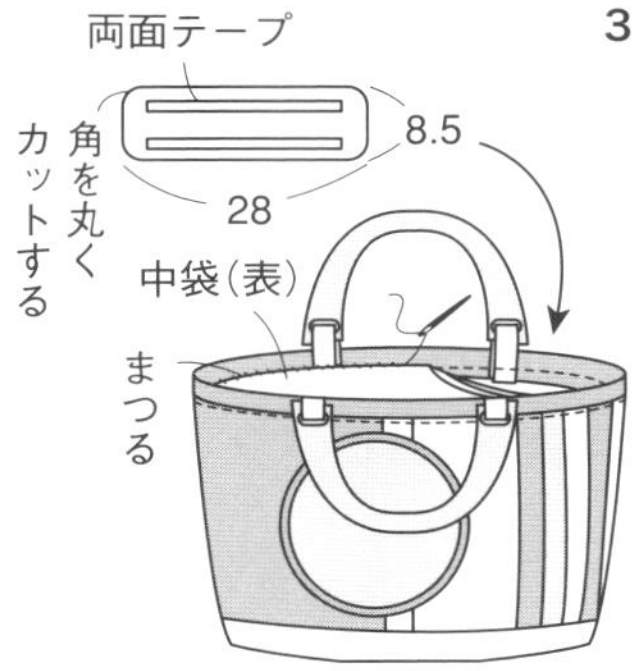

中袋を本体に入れて
パイピングにまつり付ける
中に底板を入れてはる

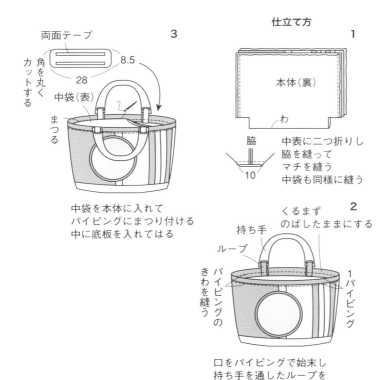

本体B1枚

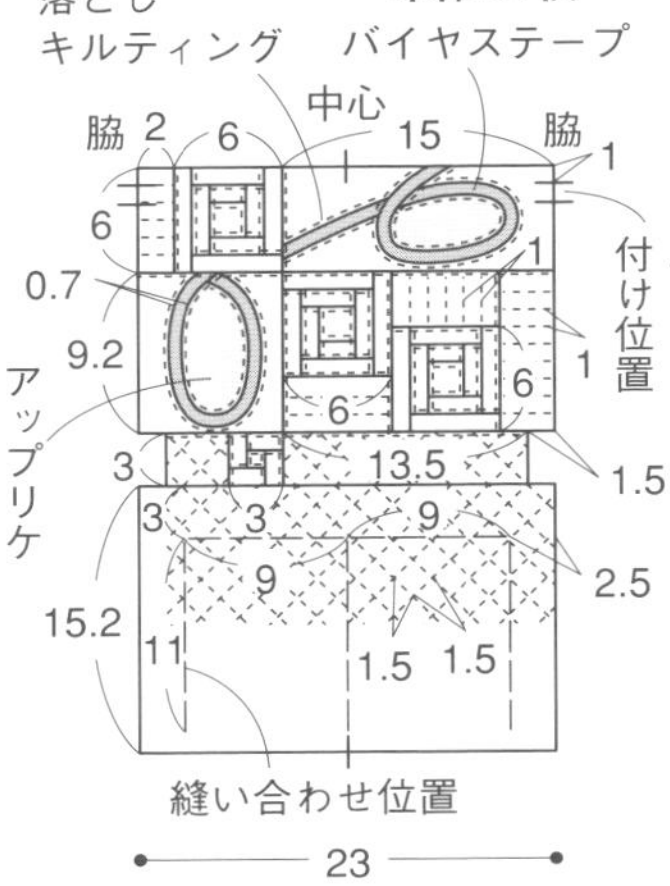

※中袋Bは同寸の一枚布

本体A1枚

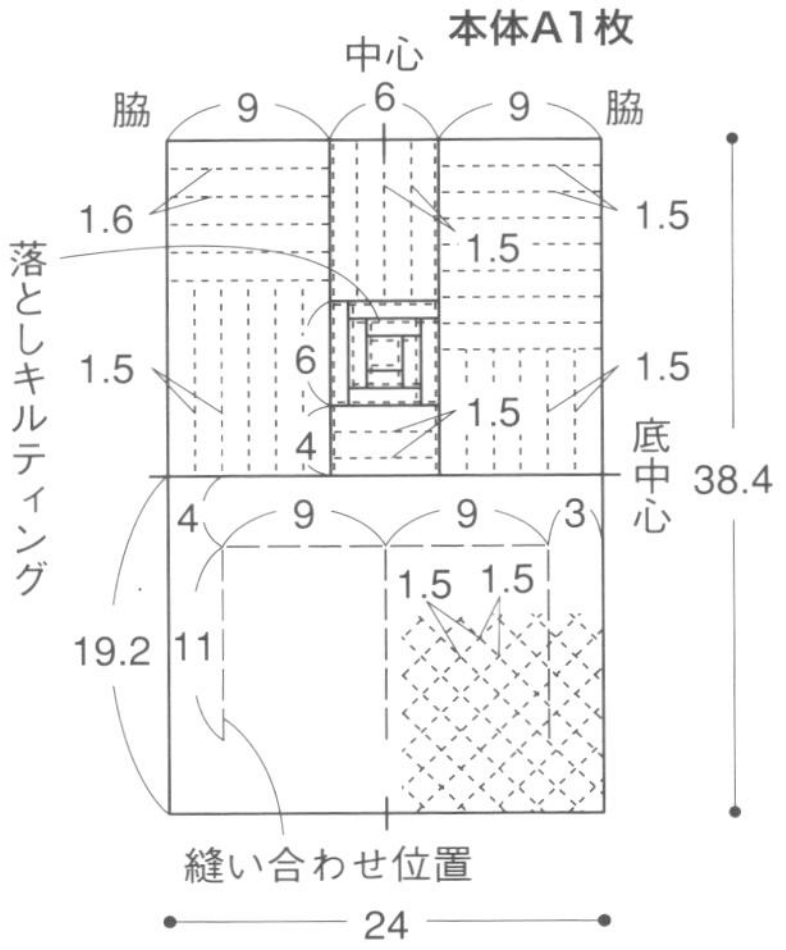

※中袋Aは同寸の一枚布

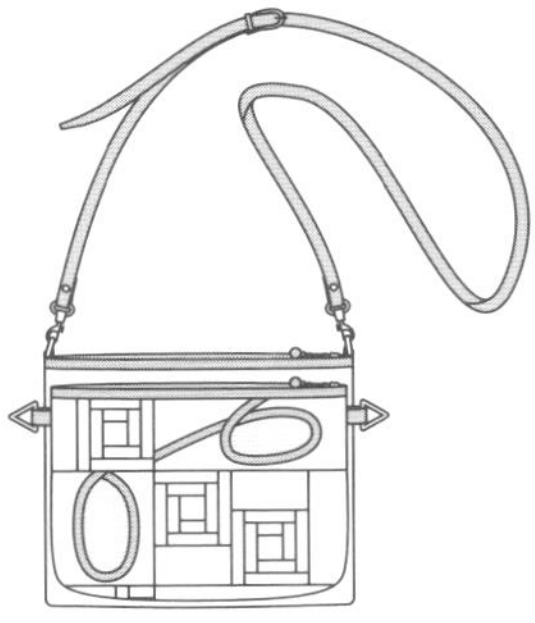

20×23cm

仕立て方

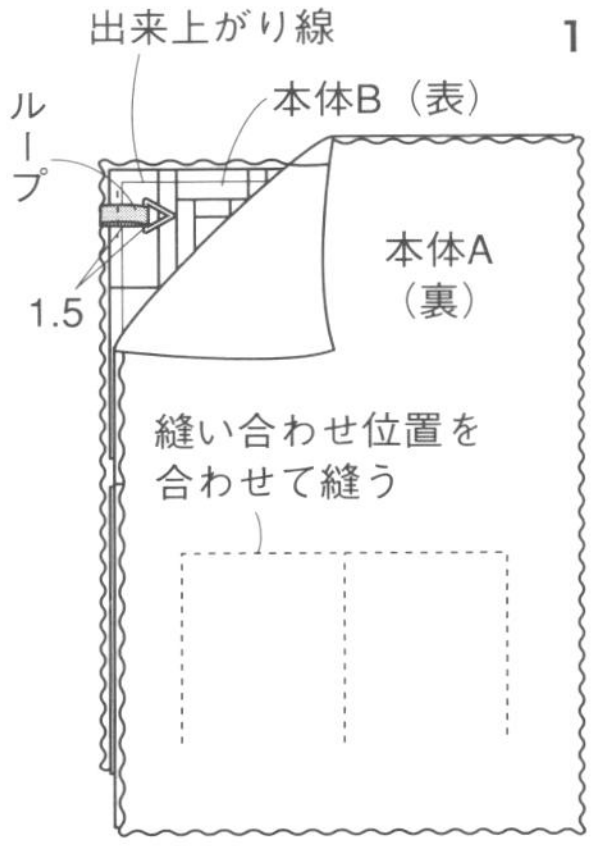

本体Bにループを仮留めし
本体Aと中表に合わせて
縫い合わせ位置を縫う

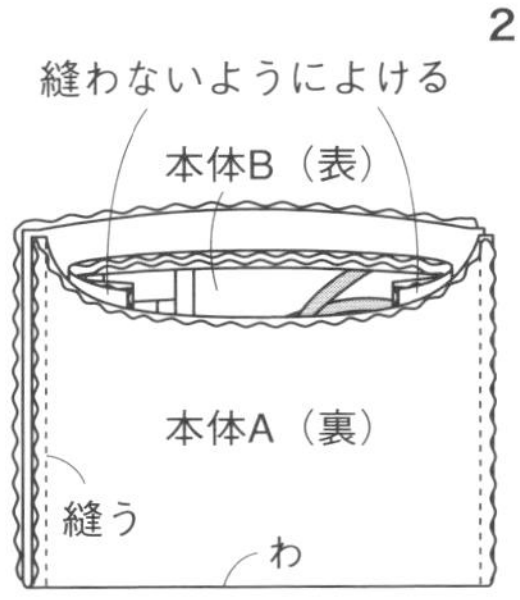

本体Aを外側にして底中心で
二つ折りにし、内側の本体Bを
縫わないようによけておき
本体Aの脇を縫う

ログキャビンのパターン

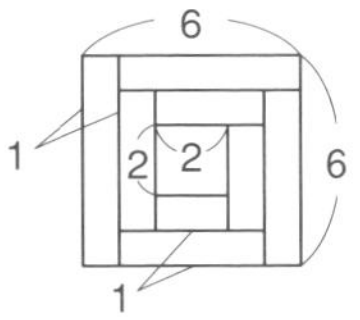

ループ4枚

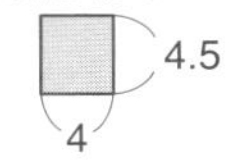

ループの作り方

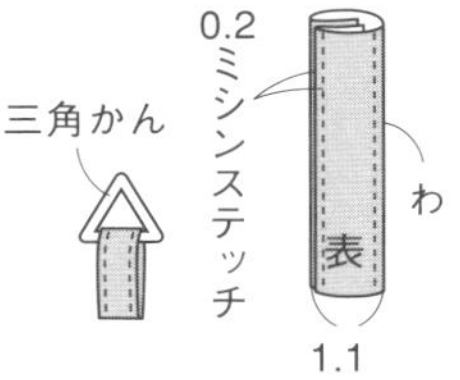

外表に四つ折りにして
両端を縫い
三角かんに通す

中袋の作り方

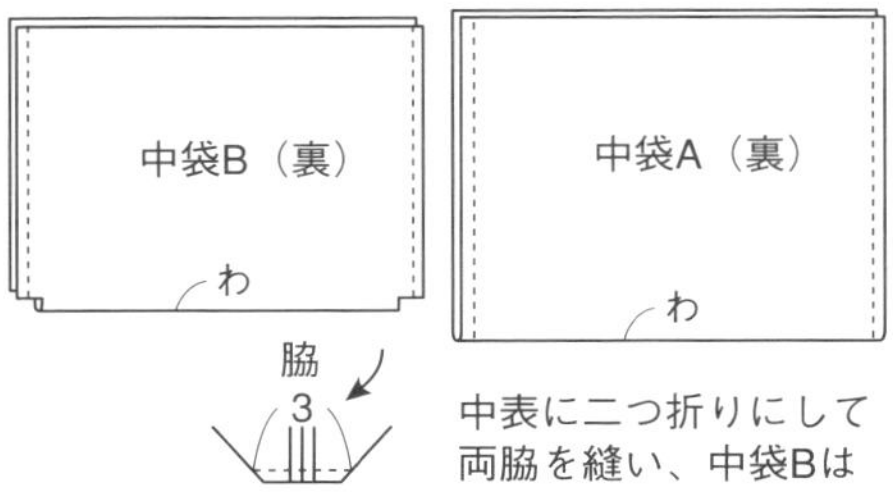

中表に二つ折りにして
両脇を縫い、中袋Bは
マチを縫う

＊材料

ピーシング、アップリケ用布各種　本体用布（パイピング、ループ分含む）90 × 50cm　中袋用布、接着キルト綿、接着芯各 60 × 45cm　長さ 20cm ファスナー 2 本　内寸 1.5cm 三角かん 4 個　ナスかん付き幅 1cm 肩ひも 1 本

＊作り方のポイント

●本体の作り方とパイピングのしかたは 58 ページ参照。口をふっくらさせたい場合は、キルト綿をはさむ。

●本体と中袋の底の角の縫い代を中とじする。

＊作り方

①ピーシング、アップリケをして本体 A、B のトップをまとめる。
②トップに接着キルト綿、接着芯をはってキルティング。
③ループを作り、三角かんに通して本体 B に仮留めする。
④本体 A と B を中表に合わせ、縫い合わせ位置を縫う。
⑤本体 A を中表に二つ折りにし、内側の本体 B をよけ、本体 A 同士の脇を縫う。
⑥ひっくり返して本体 B 側も同様にして本体 B 同士の脇を縫い、マチを縫う。
⑦表に返し、それぞれ口をパイピングで始末する。
⑧本体 A にループを付ける。
⑨ファスナーをそれぞれ付ける。
⑩中袋 A、B をそれぞれ作り、本体に入れてファスナーにまつる。

●実物大型紙 95 ページ

3

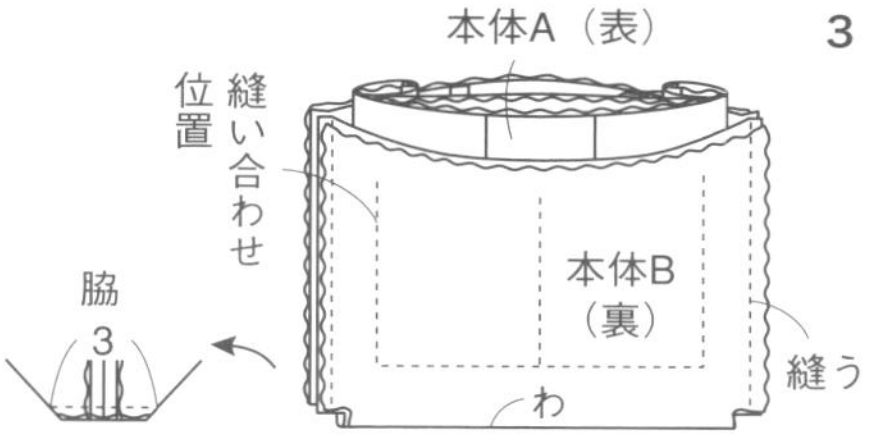

ひっくり返して本体Bも同様にして
脇を縫い、マチを縫う

4

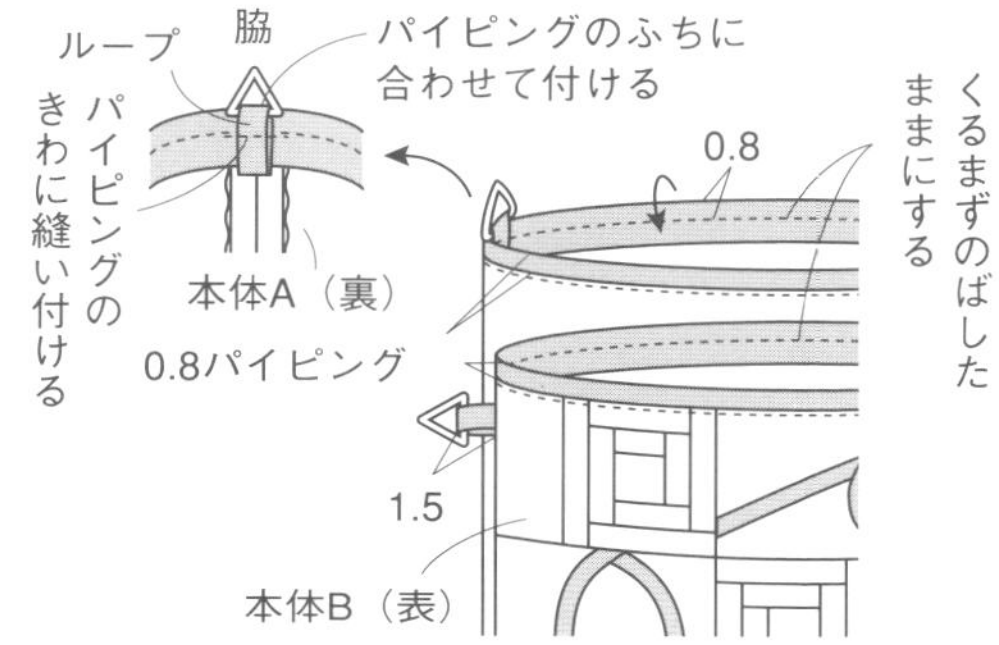

表に返して口をパイピングで始末し
本体Aの脇にループを縫い付ける

5

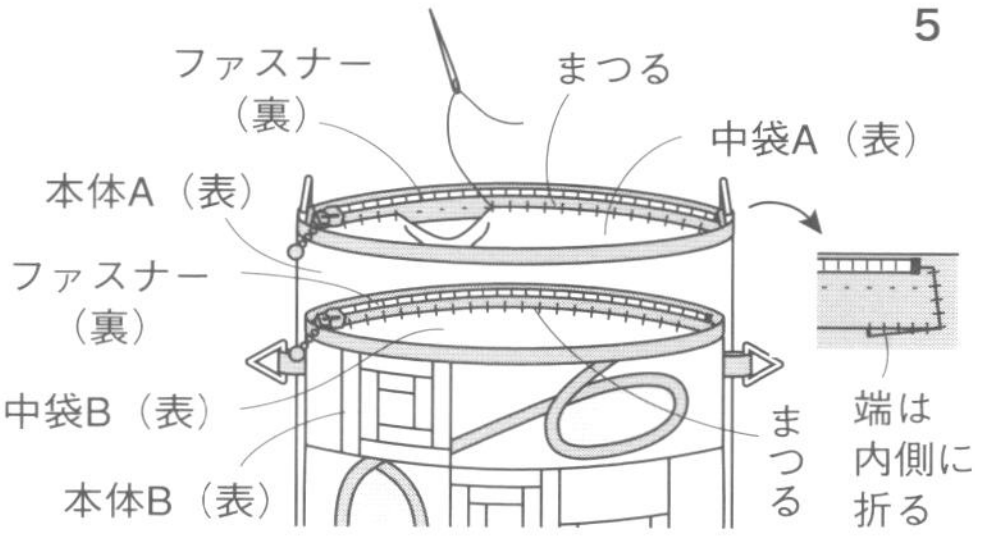

パイピングの端とファスナーの歯の高さを
そろえて星止めでファスナーを付け、中袋を
本体にそれぞれ入れてファスナーにまつる

実物大型紙

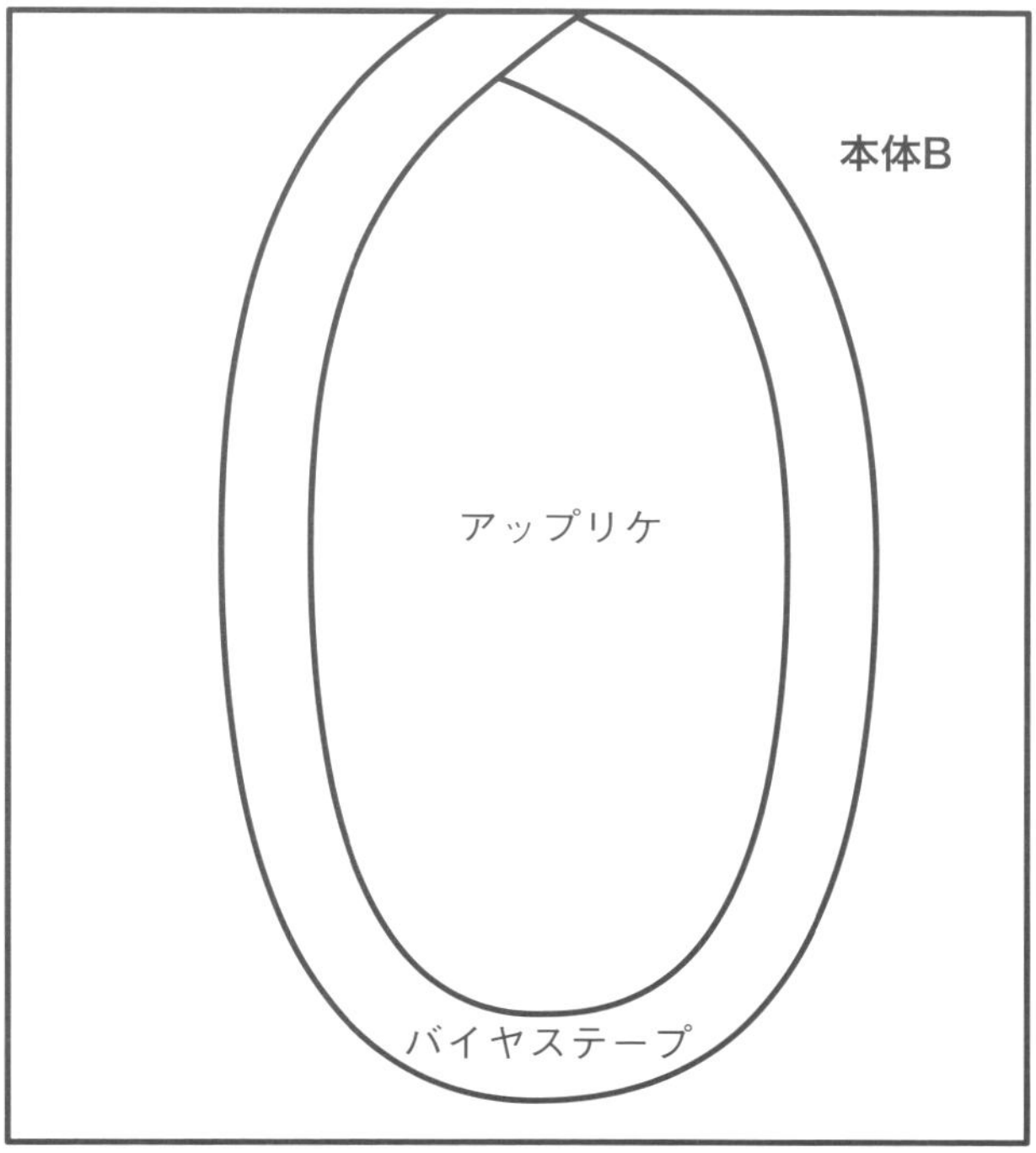

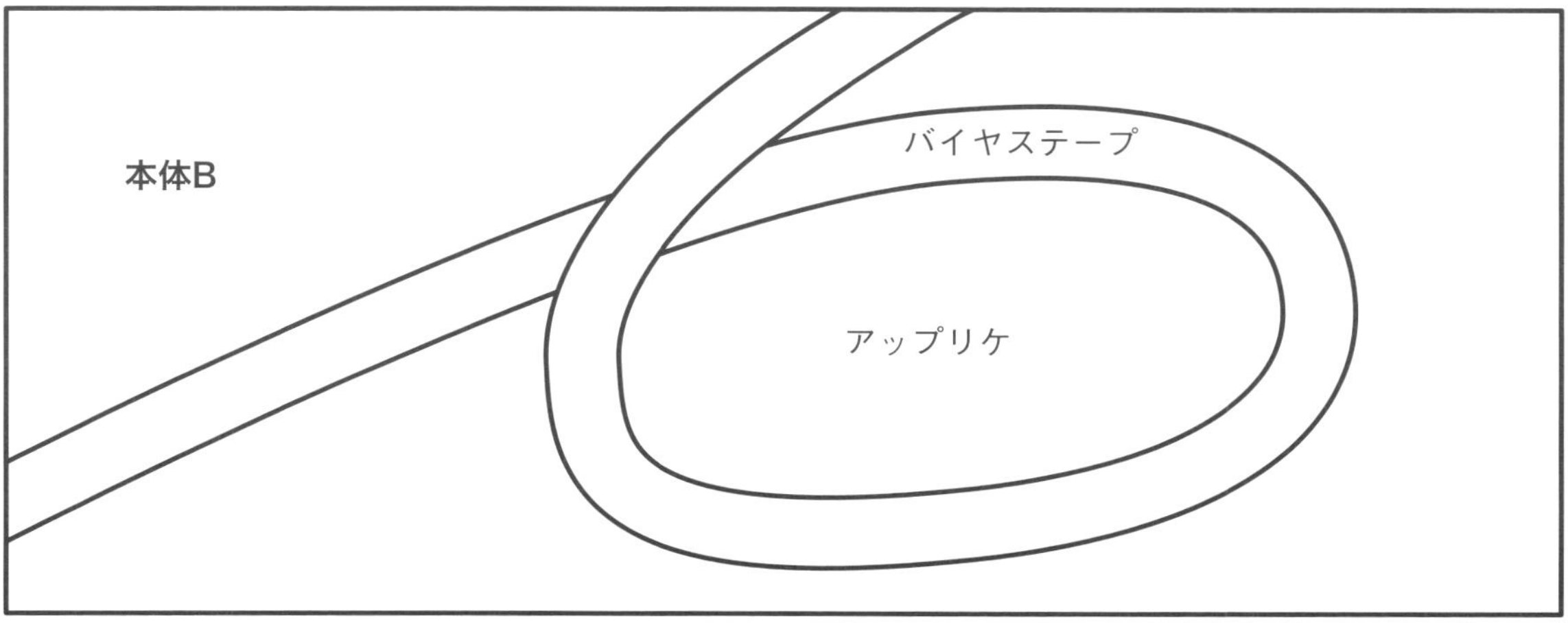

四角つなぎのスカート形バッグ P.47

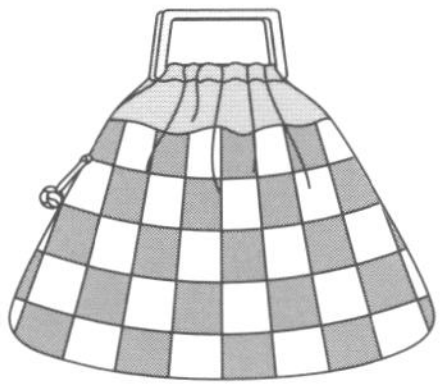

34×52cm

＊材料
ピーシング、ひも飾り用布各種　持ち手通し布（ピーシング分含む）90 × 60cm　中袋用布、接着キルト綿、接着芯各 60 × 70cm　幅 15cm 木製持ち手 1 組　毛糸、手芸綿各適宜

＊作り方のポイント
●本体と中袋の底の縫い代は中とじする。

＊作り方
①ピーシングをして本体のトップをまとめる。
②トップに接着キルト綿、接着芯をはってキルティング。
③本体 2 枚を中表に合わせて、あき止まり位置まで縫う。
④中袋を本体同様に縫う。
⑤本体と中袋を中表に合わせて、あき止まり位置より上の脇を縫い、表に返す。
⑥持ち手通し布を作り、本体と中表に合わせて縫う。
⑦持ち手通し布で持ち手をくるみ、中袋にまつる。
⑧ひも飾りを作り、付ける。

●実物大型紙 97 ページ

本体2枚

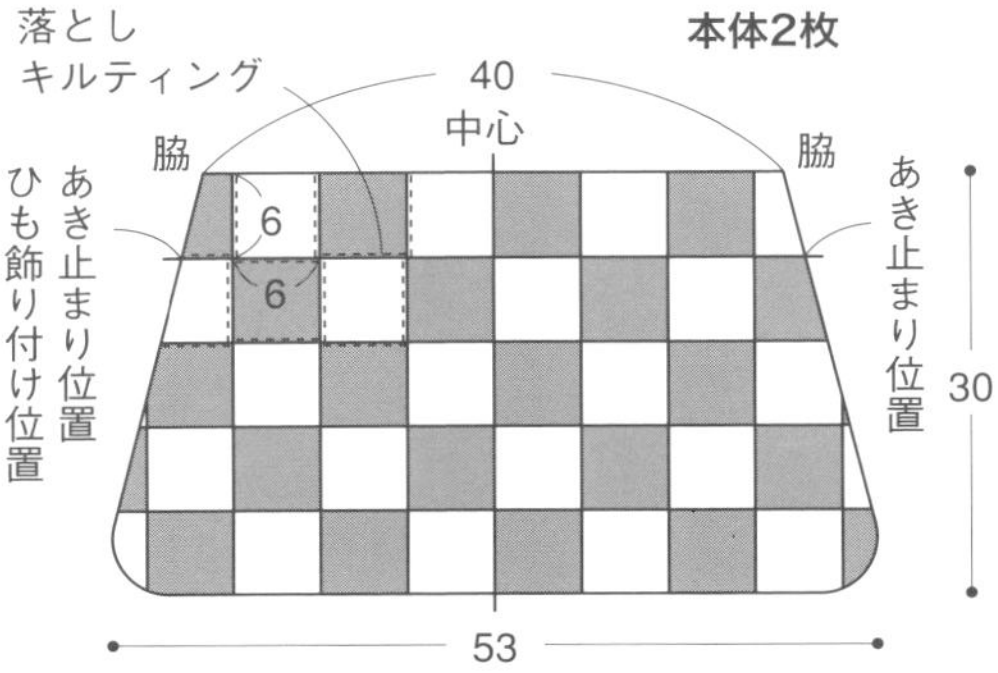

※中袋は同寸の一枚布

持ち手通し布の作り方

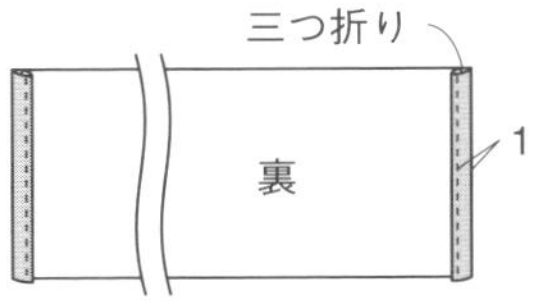

両端の縫い代を
三つ折りにして縫う

持ち手通し布2枚

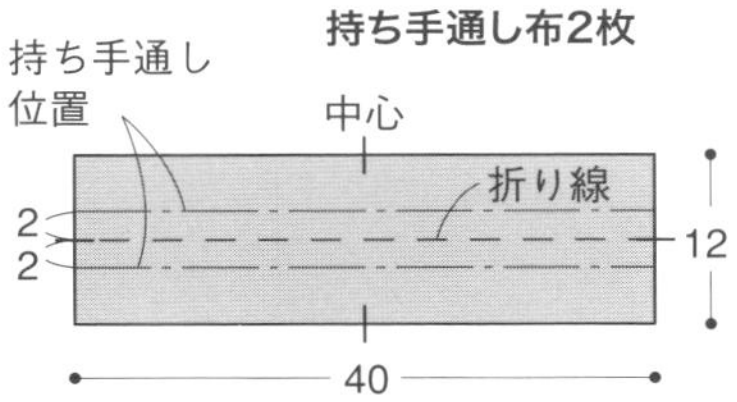

※短辺の縫い代は1.5cm付ける

仕立て方

1

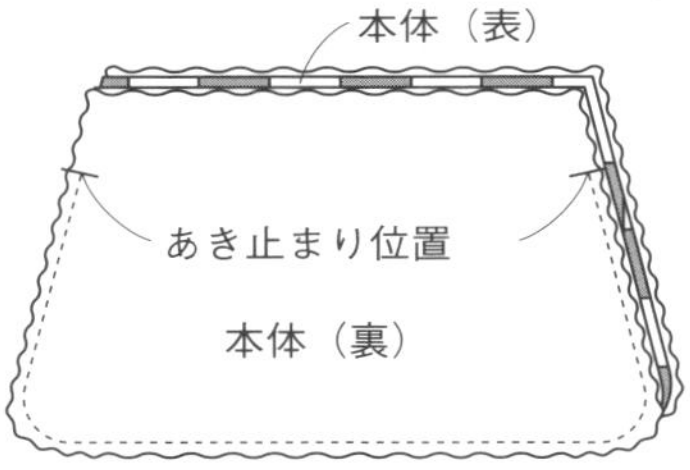

本体2枚を中表に合わせて
あき止まり位置まで縫う
中袋も同様に縫う

2

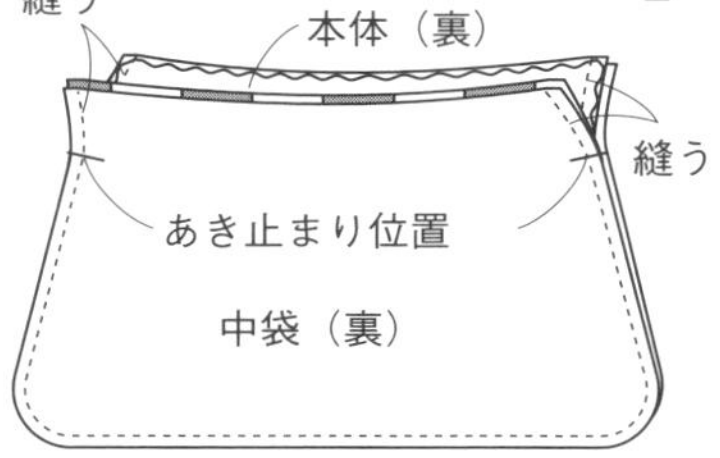

本体と中袋を中表に合わせて
あき止まり位置から上の脇を
縫い合わせる

3

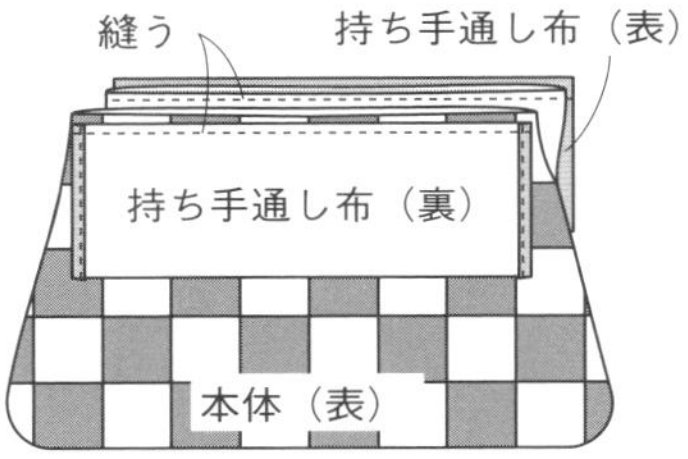

表に返して、本体と持ち手通し布を
中表に合わせて縫う

4

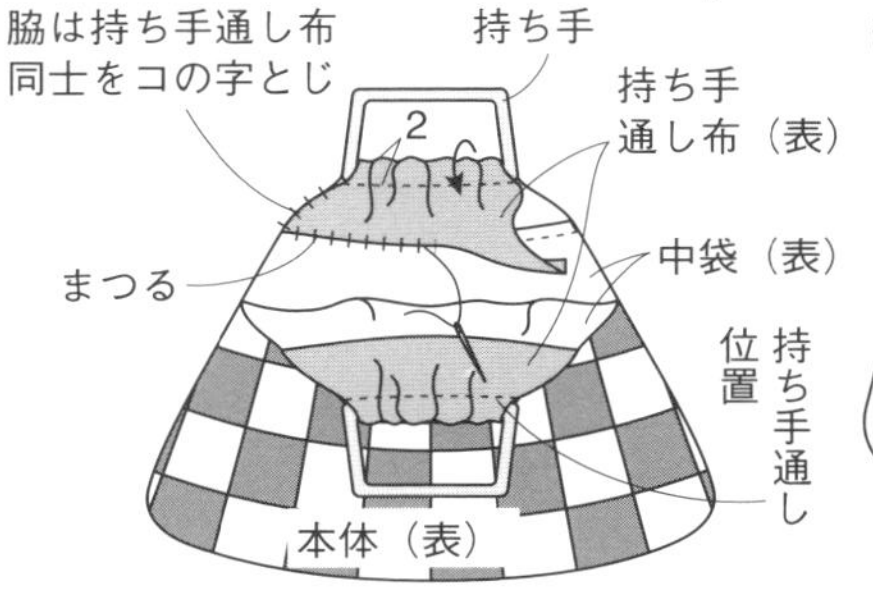

持ち手通し布で持ち手をくるんで
持ち手通し位置を縫い
持ち手通し布の端を中袋にまつる

あわじ玉の作り方

1

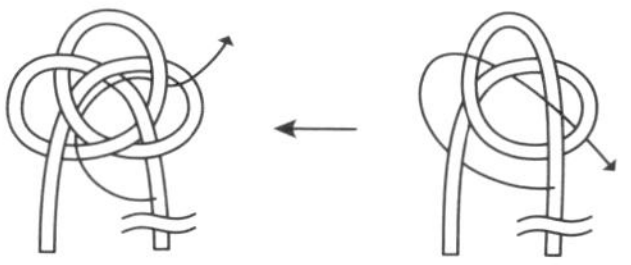

右側を長くして
あわじ結びをする

2

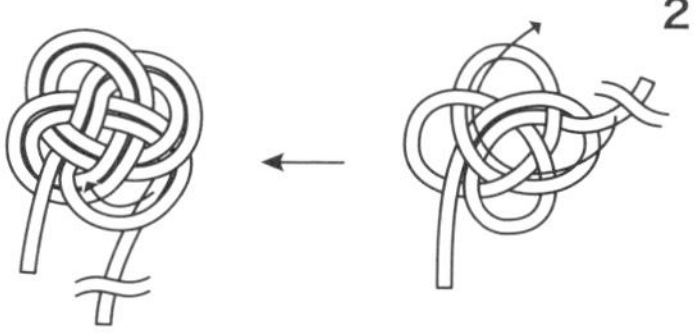

ひもの内側に沿って
二周目のひもを通し
最後は前から後ろに通す

3

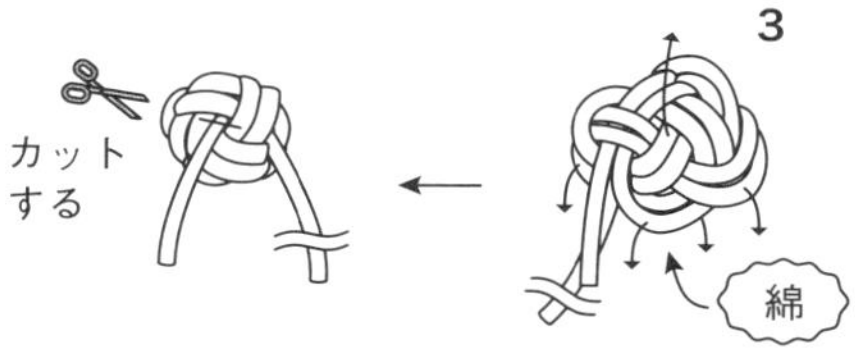

裏側から中央を押し上げ、中に綿を詰めて
少しずつ順番にひもを引き、球状に整える
ところどころまつって止めておいてもよい

ひも飾りの作り方

1

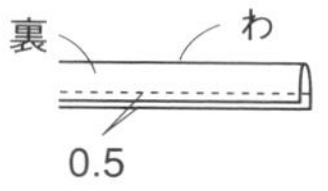

中表に合わせて筒に縫う

2

表に返して毛糸を通す

3

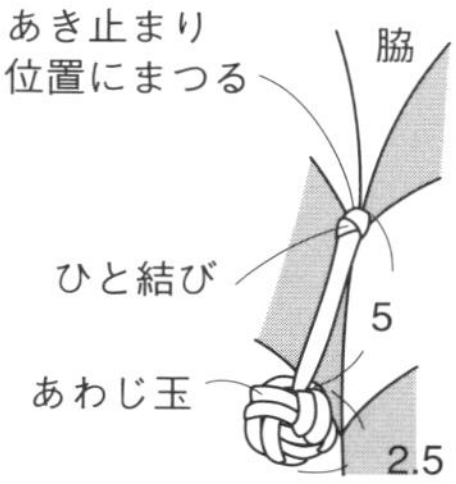

片方の端にあわじ玉を作り
もう片方の端はひと結びして
本体に縫い付ける

ひも飾り1枚

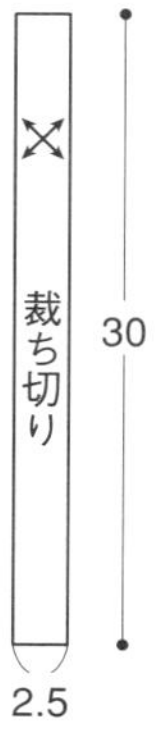

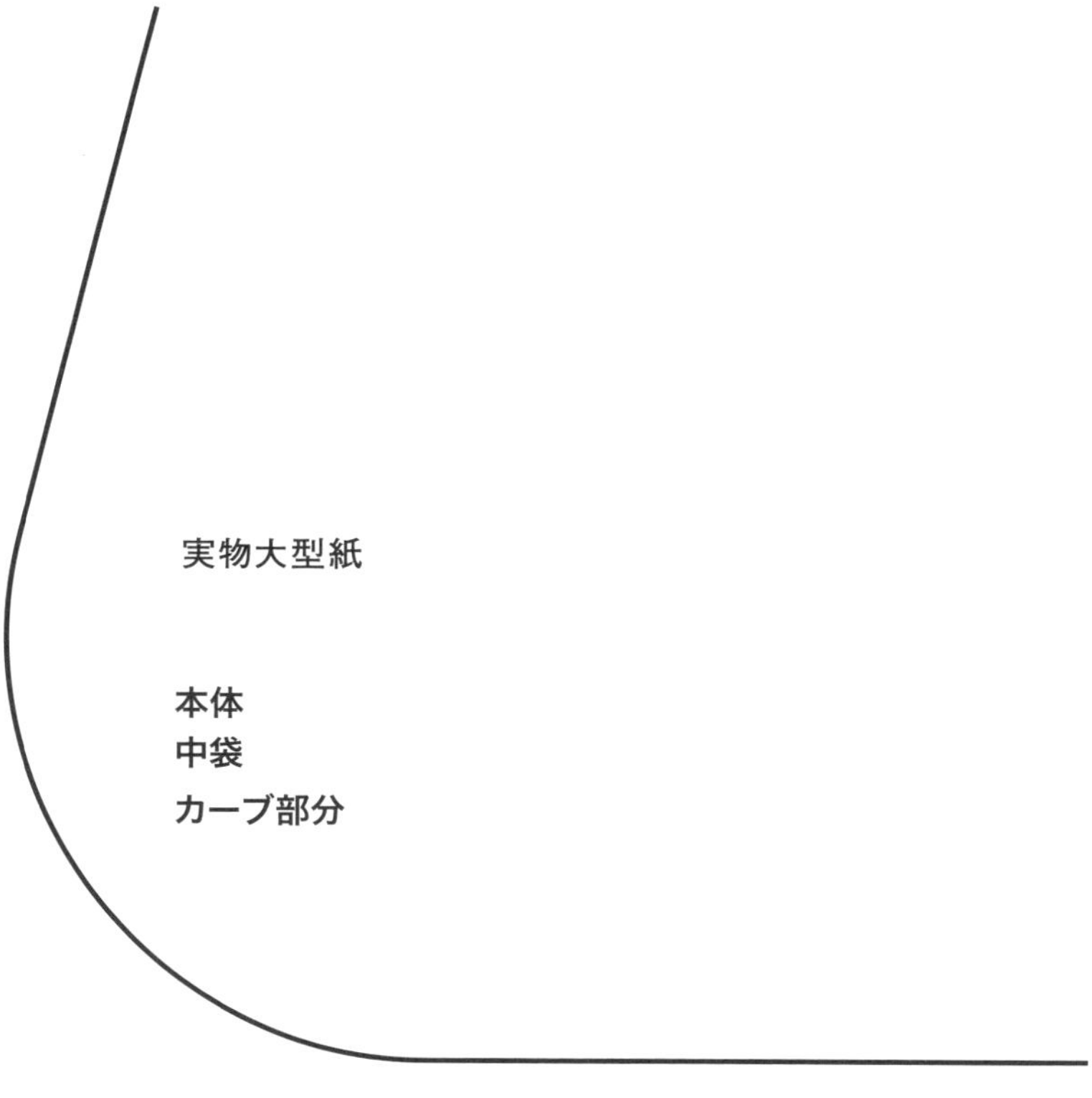

口布2枚

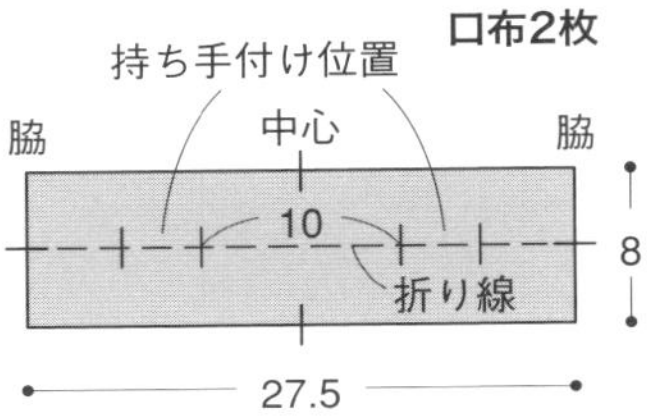

※半分に裁ち切りの厚手接着芯をはる

本体2枚

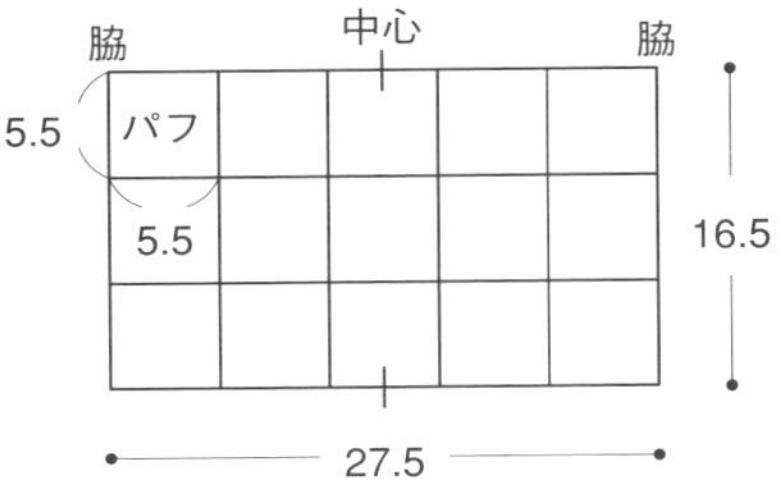

底1枚

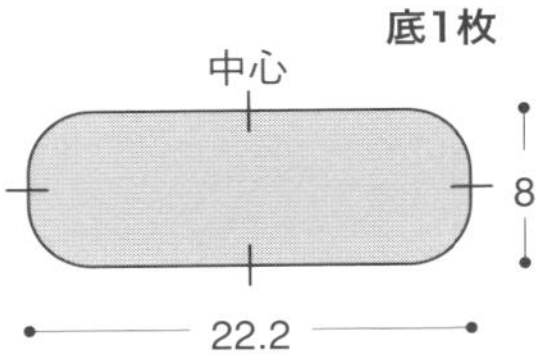

※厚手接着芯は裁ち切り

パフ
台布30枚

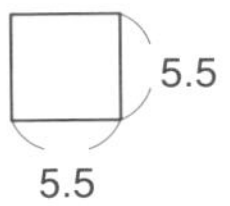

パフ
表布30枚

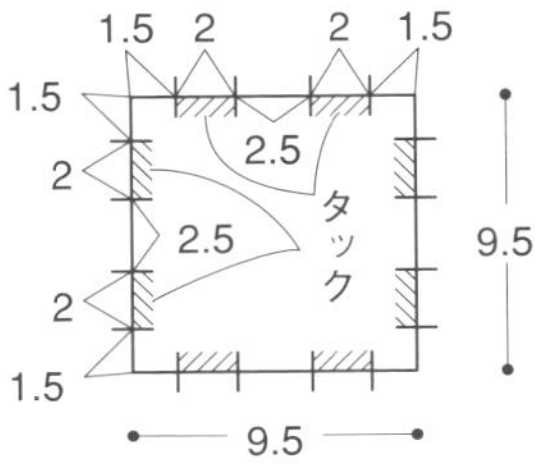

持ち手の作り方

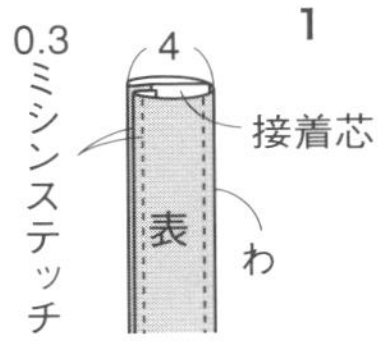

縫い代を内側に折り
外表に二つ折りに
して両端を縫う

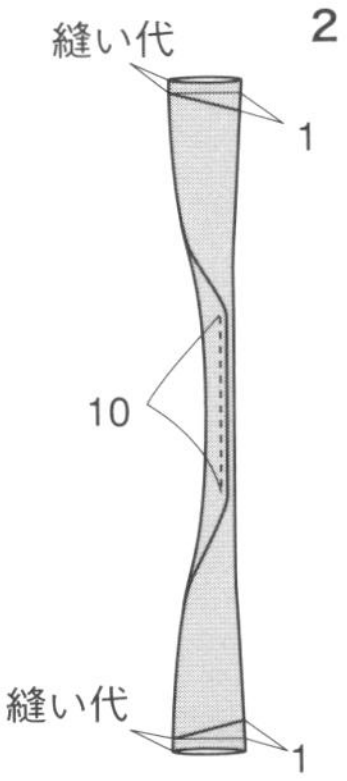

中心を二つ折りにして縫い
付け位置の印を付けておく

持ち手2枚

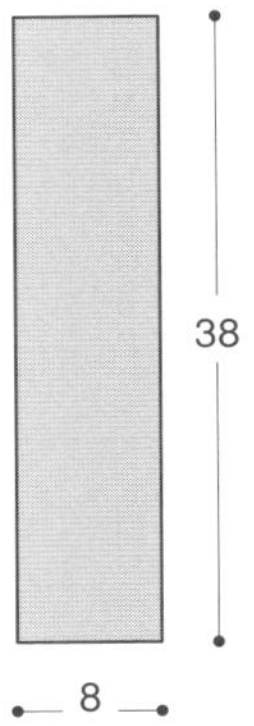

※半分に裁ち切りの
接着芯をはる

パフの作り方

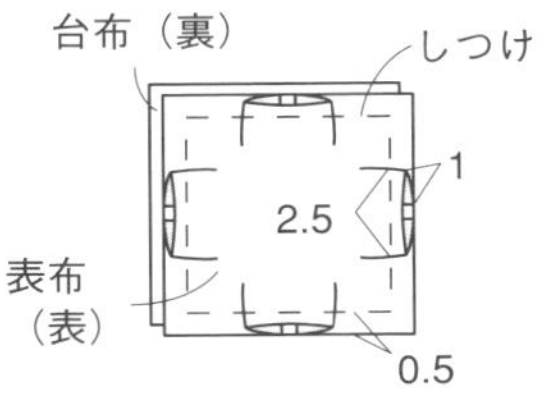

表布4辺の中央に
それぞれタックを取り
台布と外表に合わせて
しつけで仮留めする

21×28cm

＊材料

パフ用表布各種　パフ用台布、口布用布（底、持ち手分含む）各 90 × 30cm　中袋用布 45 × 30cm　厚手接着芯 55 × 10cm　接着芯 40 × 10cm　手芸綿適宜

＊作り方のポイント

●パフの作り方は 48 ページ参照。
●底と口布の半分に厚手接着芯、持ち手の半分に接着芯をはる。
●パフはすべてをつなぎ、口布と底を付けて袋状にしてから綿を詰める。
●持ち手の付け方は 58 ページ参照。

＊作り方

①パフを作ってつなぎ、本体のトップをまとめる。
②本体に口布を接ぎ、中表に合わせて脇を縫い、底を中表に合わせて縫う。
③口布を折り線で内側に折り、ミシンステッチで押さえる。
④持ち手を作り、本体に縫い付ける。
⑤台布の切り込みからパフに綿を詰め、切り込みをとじる。
⑥中袋を作り、本体に入れて口布にまつる。

●実物大型紙 99 ページ

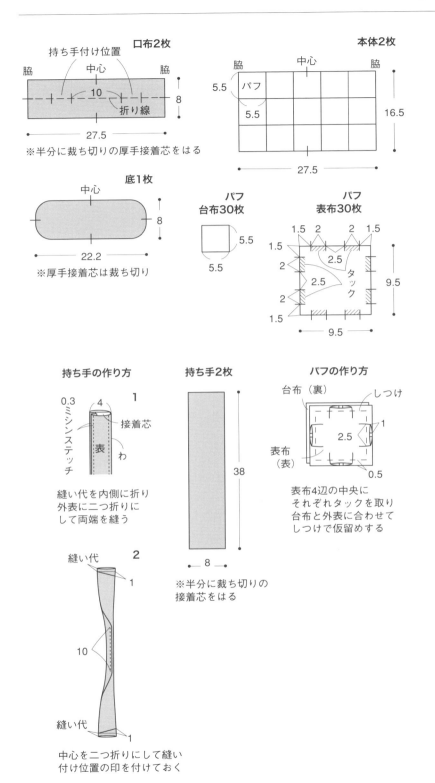

中袋1枚

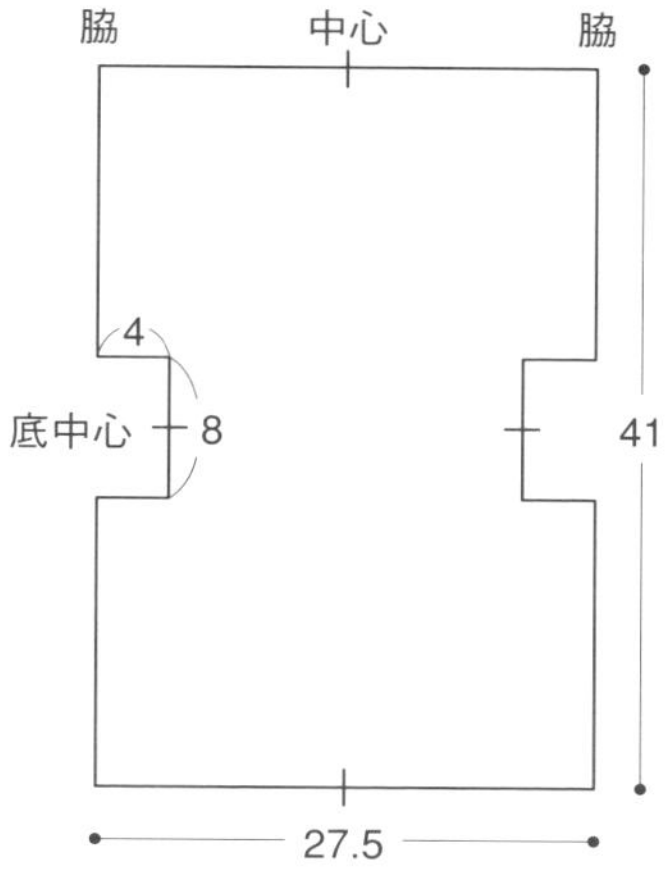

中袋の作り方

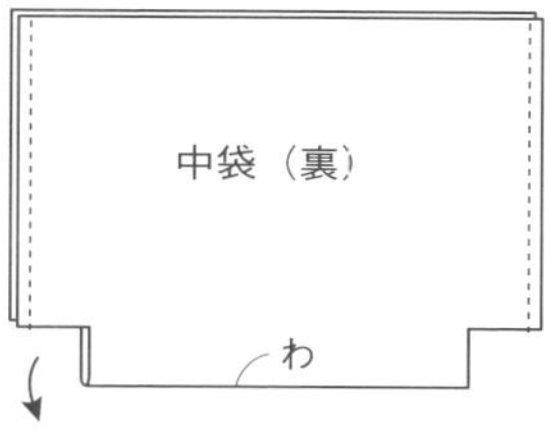

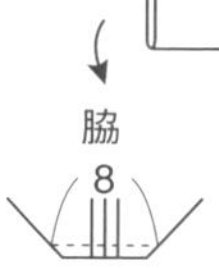

中表に二つ折りに
して両脇を縫い
マチを縫う

仕立て方

1

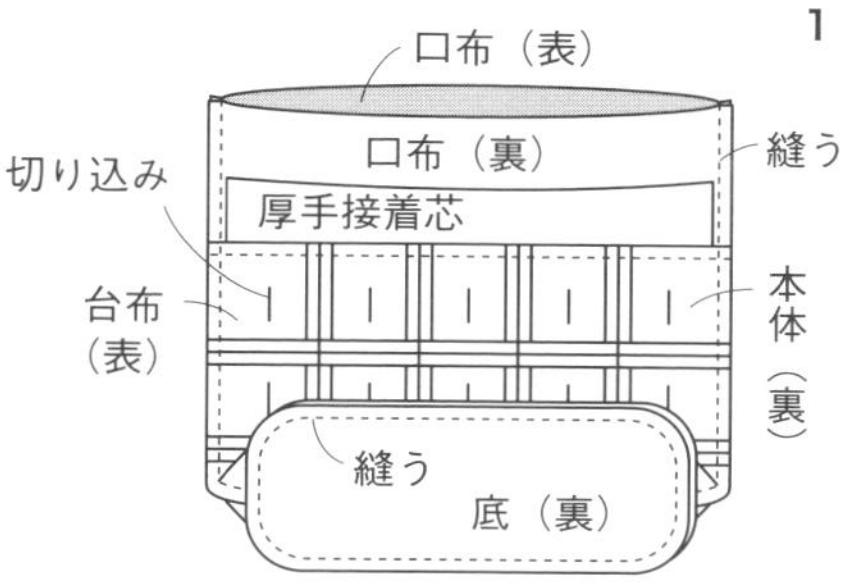

本体に口布を接ぎ
中表に合わせて脇を縫い
底を中表に合わせて縫う

2

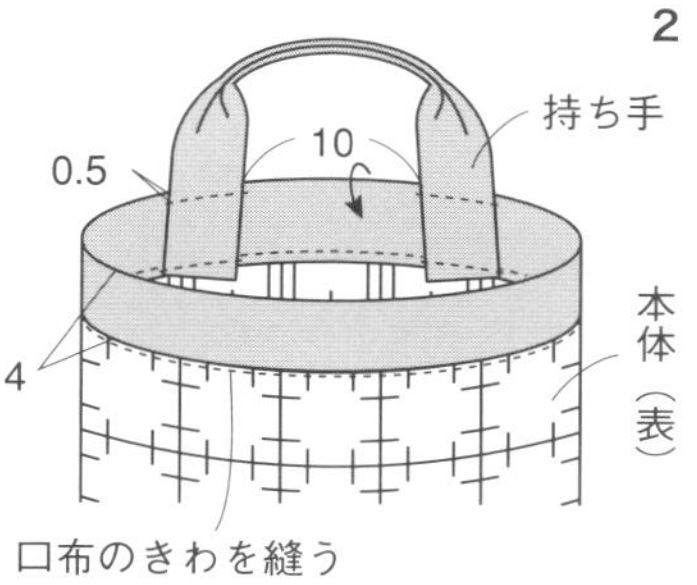

口布を折り線で内側に折り
ステッチで押さえ
持ち手を縫い付ける

3

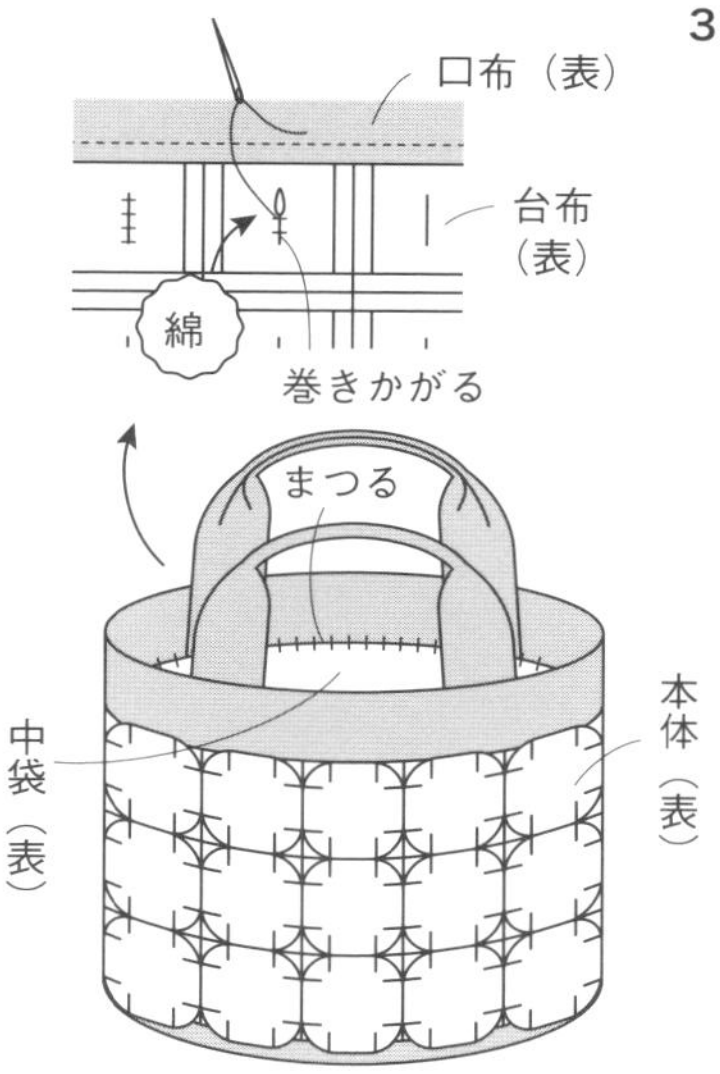

台布の切り込みから綿を
詰めて切り込みをとじ
中袋を本体に入れて
口布にまつる

実物大型紙

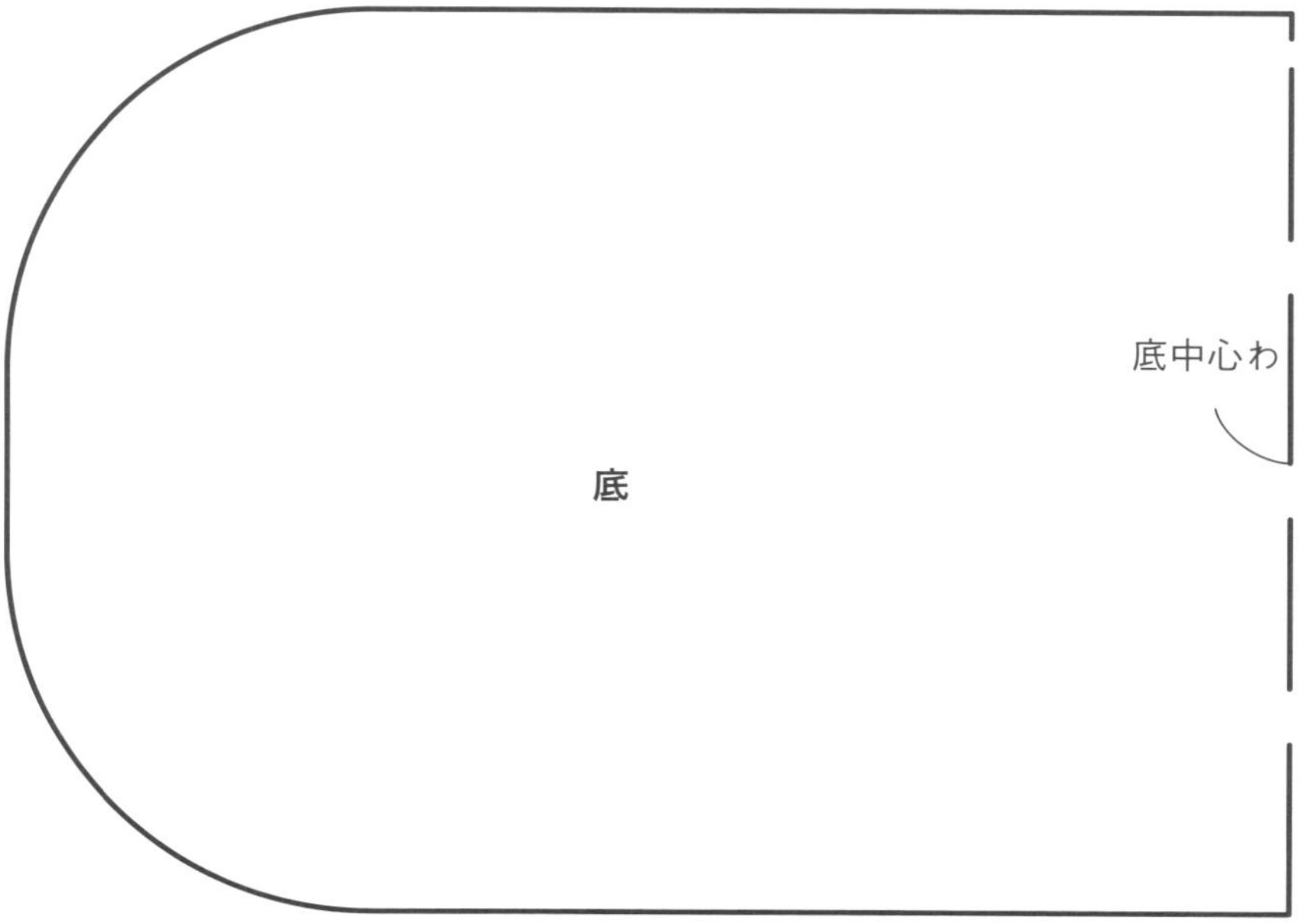

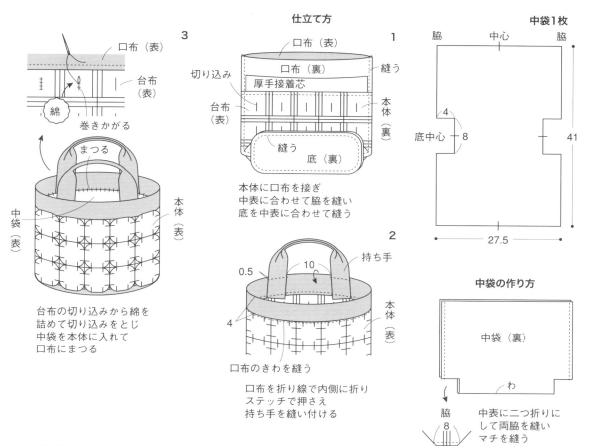

※縫い代はすべて１cm付ける

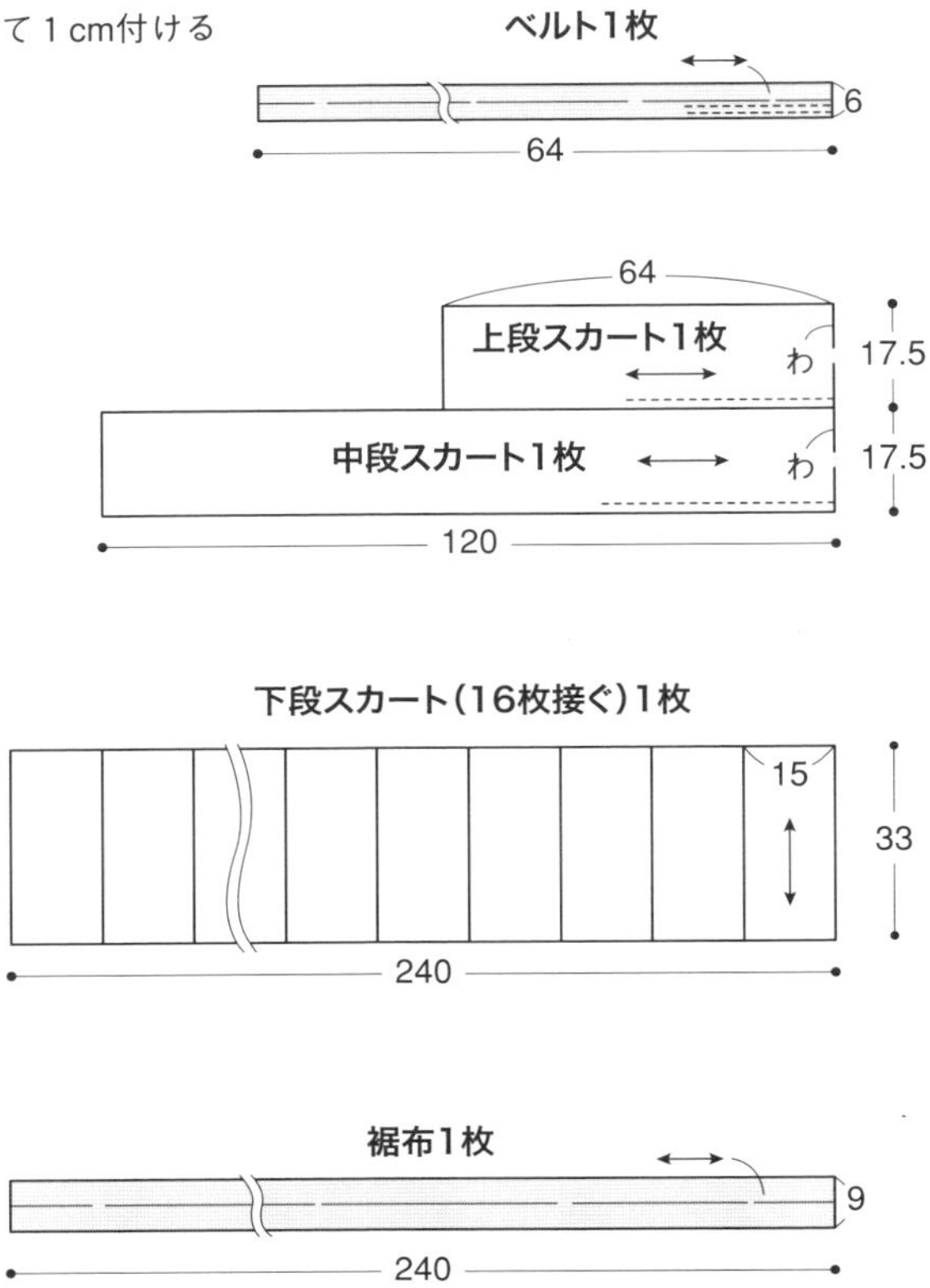

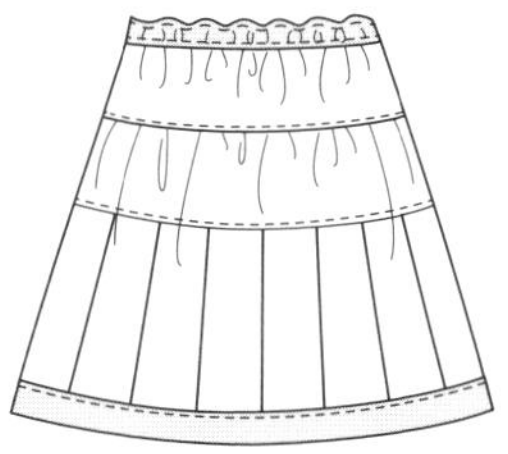

スカート丈72.5cm

＊材料

上段スカート用布（中段スカート、ベルト、裾布分含む）55 × 245cm　下段スカート用布８種各35 × 40cm　幅1.5cmゴムテープ65cm

＊作り方のポイント

●下段スカートは好みの布を使い、バランスよく接ぐ。

●縫い代はロックミシンまたはジグザグミシンで始末する。

＊作り方

①下段スカートを作る。
②上・中・下段スカートを縫い合わせる。
③スカートの脇を縫う。
④ベルトを作り、付ける。
⑤裾布を作り、付ける。
⑥ウエストにゴムテープを通す。

仕立て方

1

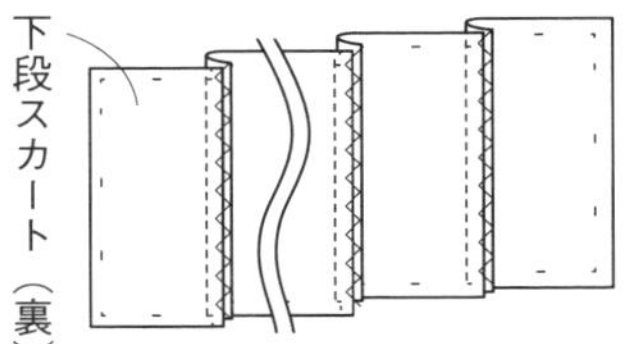

下段スカート16枚を接ぎ、縫い代を片側に倒す

2

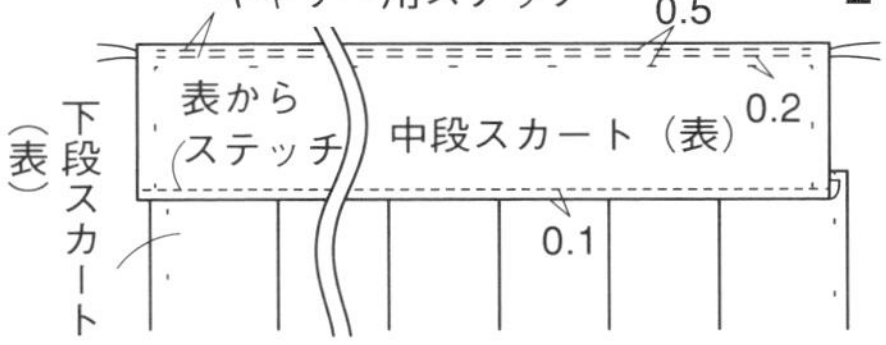

中段スカートと下段スカートを中表に合わせて縫い
表からステッチをかける
中段スカートに裏側からギャザー用のステッチをかける

3

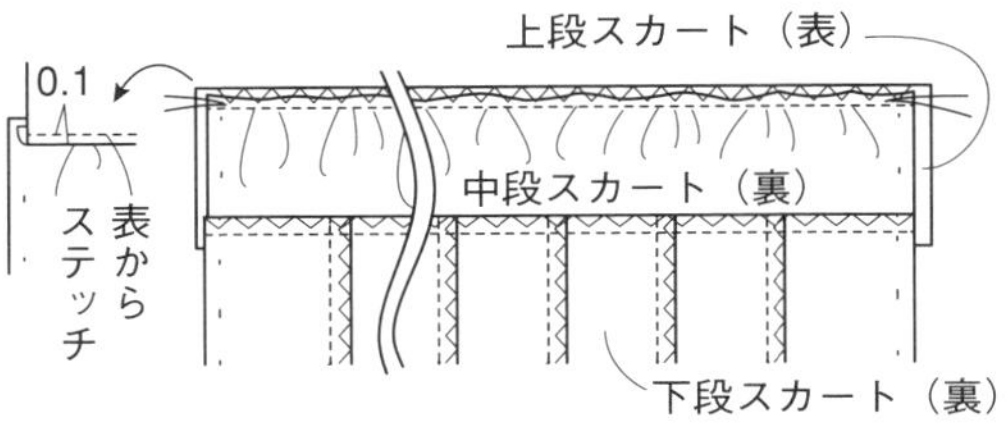

上段スカートと中段スカートを中表に合わせて
中段スカートの糸を引いてギャザーを寄せて縫い
表からステッチをかける

4

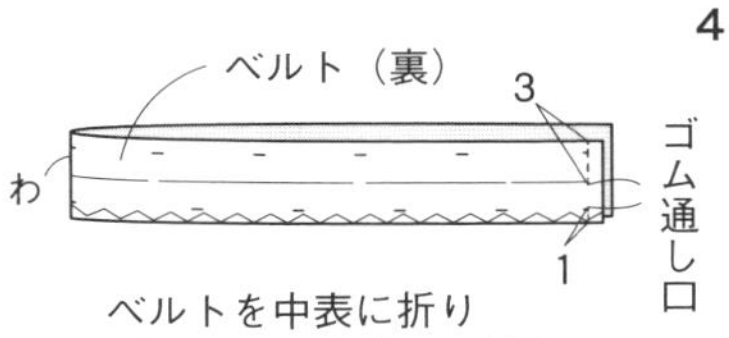

ベルトを中表に折り
ゴム通し口を残して縫う

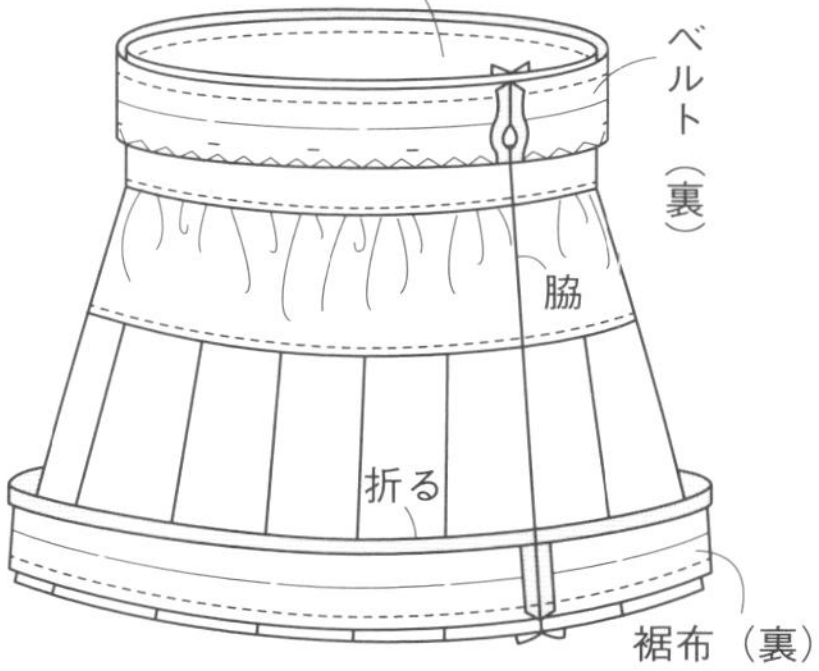

スカートの脇を縫い、縫い代を割る
ベルト、中表に折って輪に縫った裾布を
中表に合わせて縫う

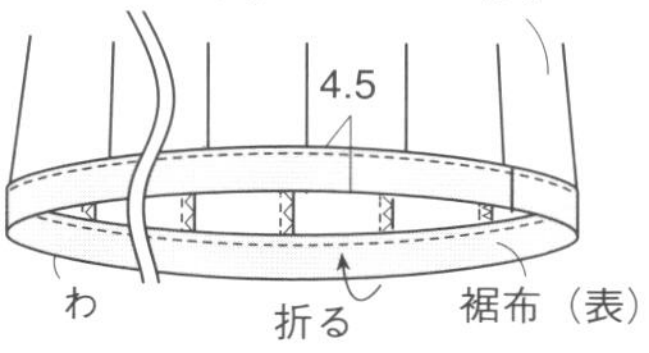

裾布を裏側に折り、ステッチで押さえる

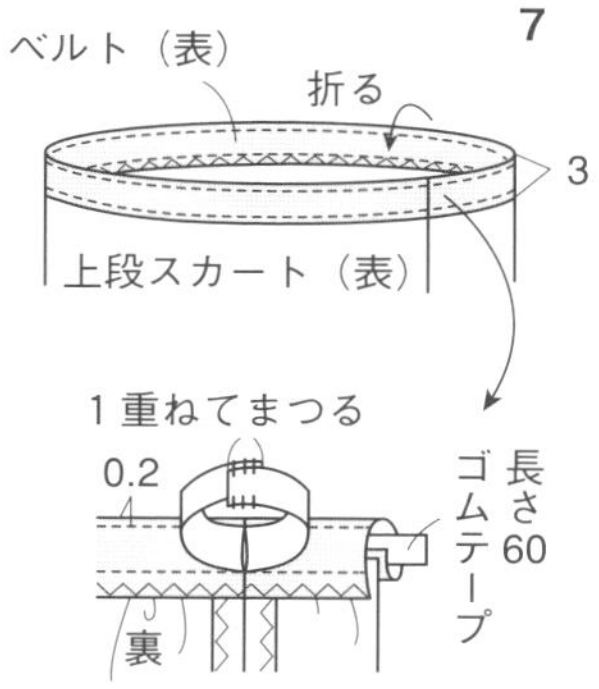

ベルトを裏側に折り
ステッチで押さえて
ゴムテープを通す

84 ページ　大島紬のひし形つなぎの半円バッグ

50％縮小型紙

※本体とマチと中袋は 200％に拡大して使用して
ください。ひし形は実物大です。

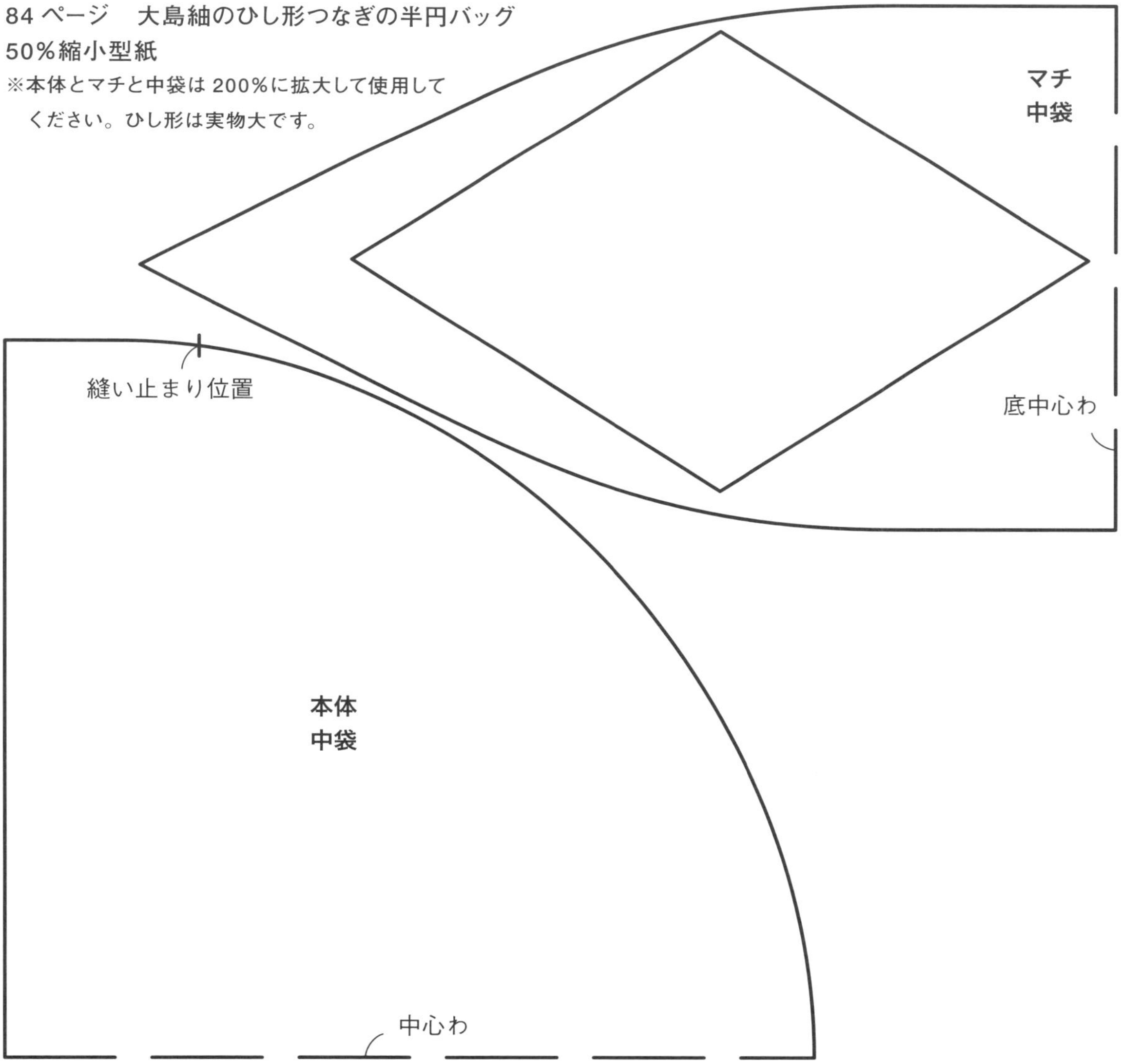

ループ1枚

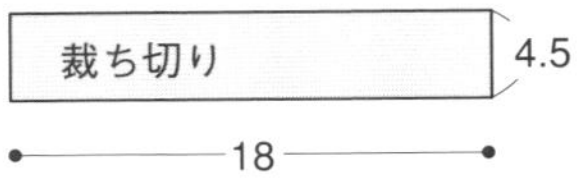

ループの作り方

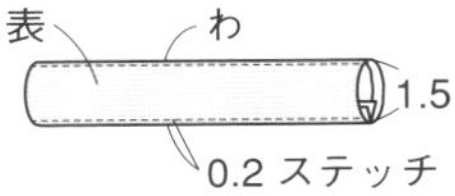

片面に接着キルト綿をはり
縫い代を折って
両端をステッチする

本体1枚

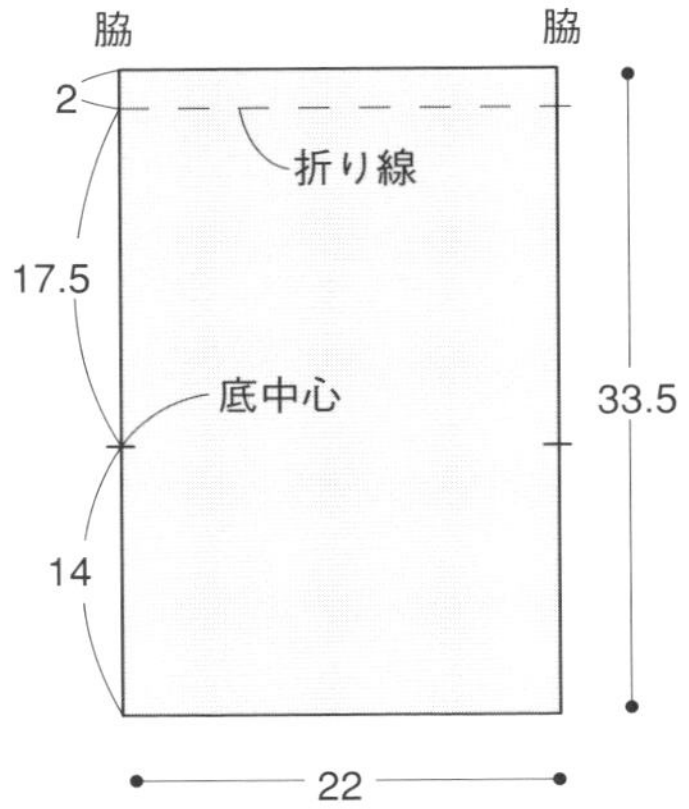

※裏布同寸

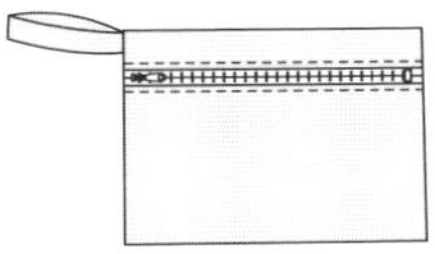

17.5×22cm

＊材料

本体用布（ループ分含む）30 × 45cm　接着キルト綿、裏布各25 × 40cm　長さ20cm ファスナー 1本

＊作り方

①本体に接着キルト綿をはる。
②本体と裏布を中表に合わせて、片側のファスナーテープをはさんで縫う。
③表に返して口にステッチする。
④もう片側のファスナーテープも同様に縫う。
⑤ループを作る。
⑥本体と裏布を底中心と折り線でたたみ、裏布に返し口を残して両脇を縫う。
⑦表に返して返し口をとじる。

仕立て方

1

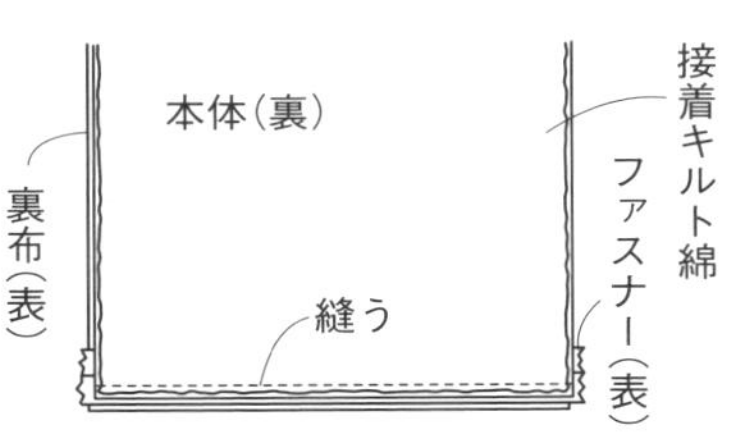

ファスナーを本体と裏布で
中表にはさんで縫う

2

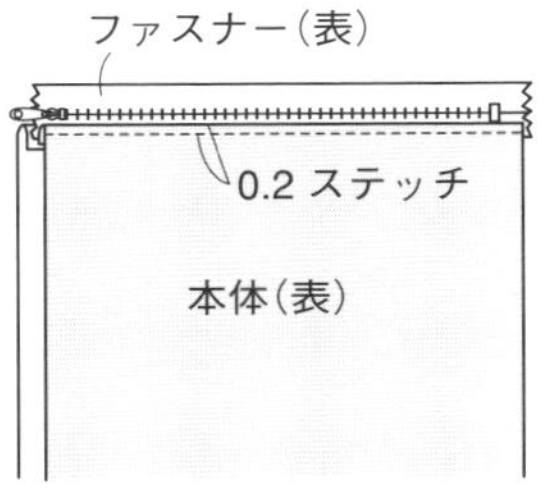

表に返して縫い代を
押さえてステッチする

3

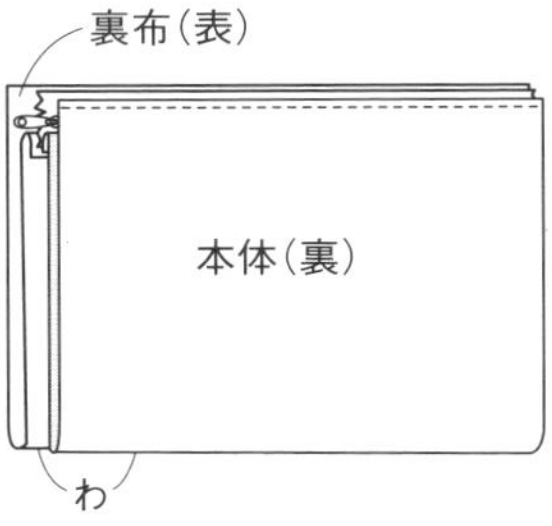

もう片側のファスナーも
同様に本体と裏布を中表に
合わせてはさみ縫い
表に返してステッチする

4

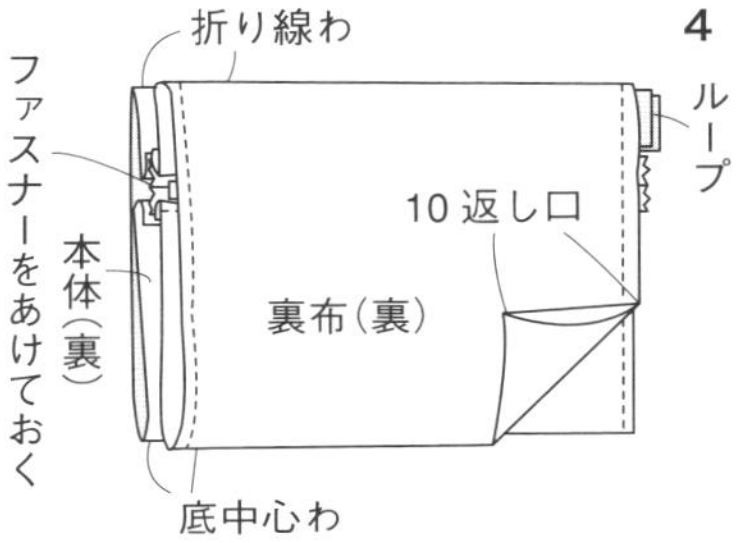

折り線と底中心で折り直し
裏布のみ返し口を残して
脇を一緒に縫う
このときループをはさむ

5

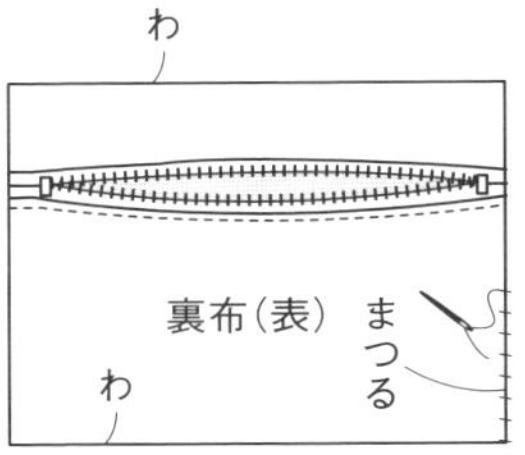

表に返して
返し口をとじる

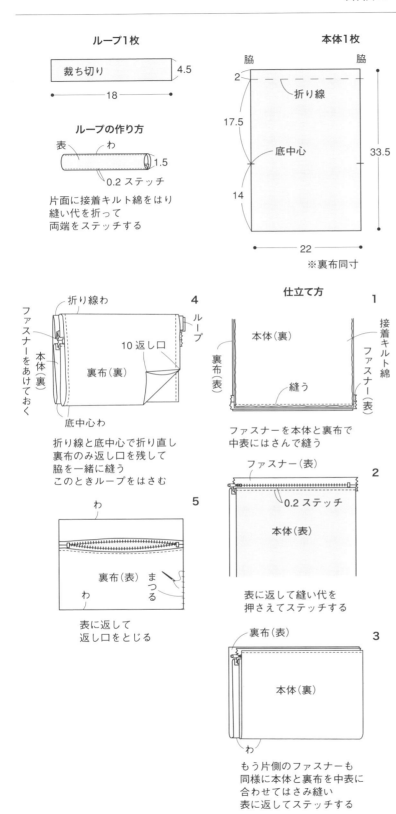

中袋1枚

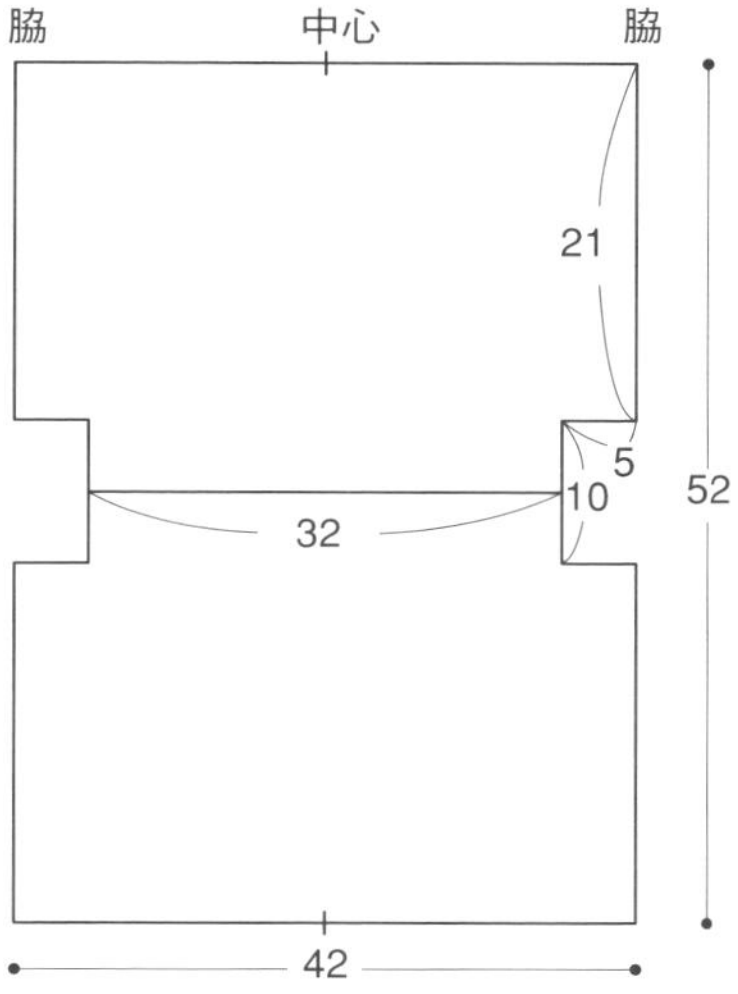

※裏に裁ち切りの接着芯をはる

本体1枚

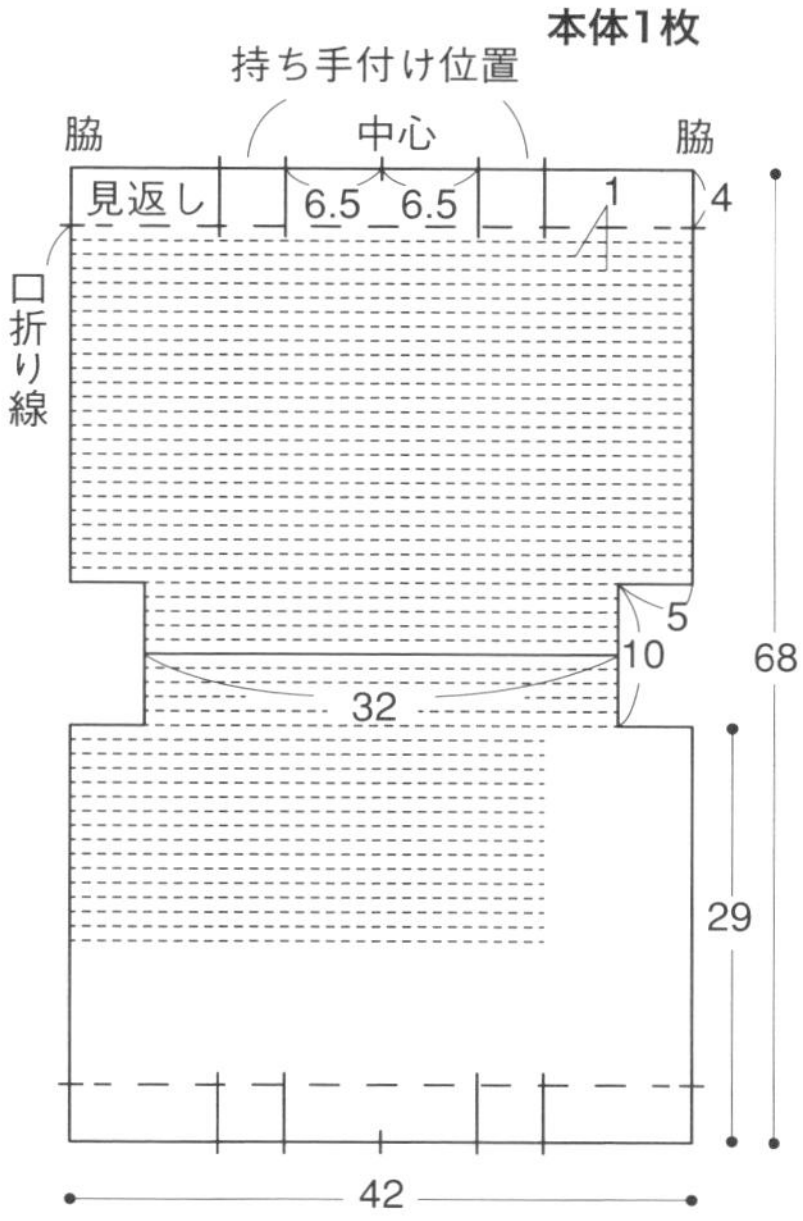

25×42cm

＊材料

本体用布38（着物幅）×90cm　中袋用布35×90cm　接着キルト綿45×70cm　接着芯45×60cm　幅4.5cm長さ44cm持ち手1組　バッグ用底板30×10cm

＊作り方のポイント

●本体や中袋は、布のサイズが足りれば底で接ぎ合わさずに一枚布でよい。

●中袋の接着芯は裁ち切りサイズではる。カバン用接着芯を使用。

●持ち手は中心に向かってやや斜めに付けるとよい。

＊作り方

①本体に接着キルト綿をはり、キルティングする。

②本体を中表に合わせて脇とマチを縫う。

③本体の見返しに持ち手を付け、口折り線から折る。

④中袋に接着芯をはり、本体同様に縫う。

⑤中袋を本体に入れて見返しにまつる。

⑥口をステッチで押さえ、底板を入れる。

仕立て方

1

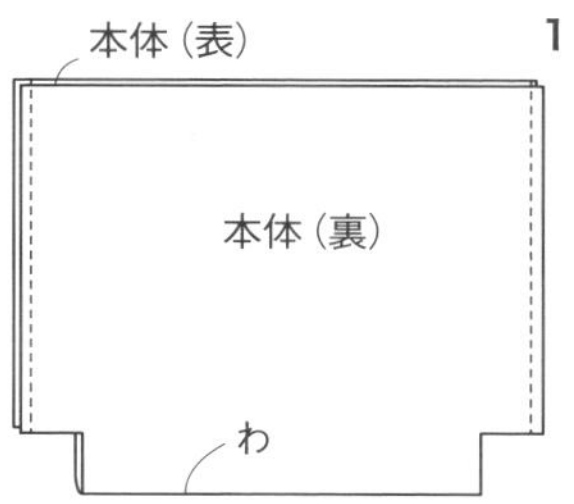

本体を中表に合わせて脇を縫う

2

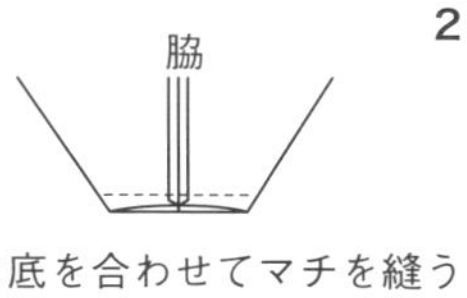

脇と底を合わせてマチを縫う
中袋も同様に縫う

3

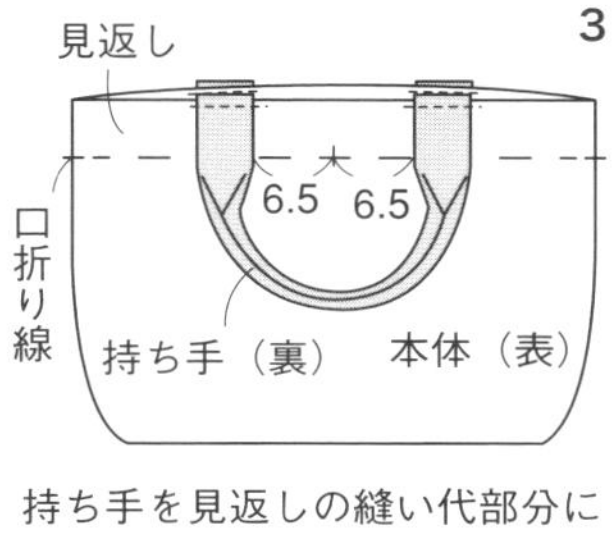

持ち手を見返しの縫い代部分に
縫い付ける

4

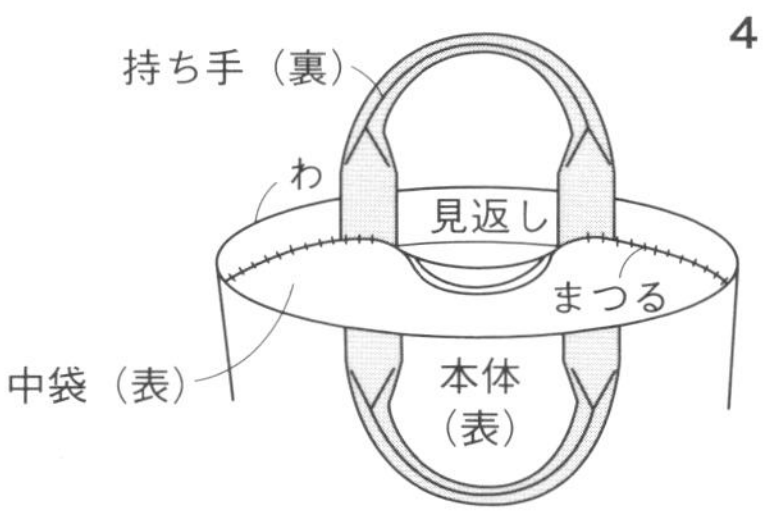

見返しを口折り線から内側に折り
中袋を本体に入れて見返しにまつる

5

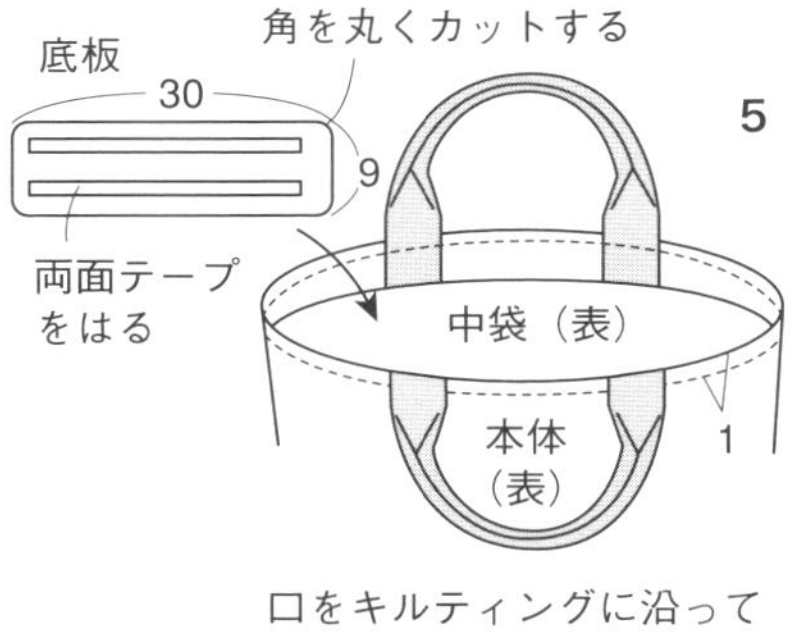

口をキルティングに沿って
ステッチで押さえ
中に底板を入れてはる

メッシュ地のきんちゃく付きバッグ P.54

つつみボタン4枚

裁ち切り

飾り1枚

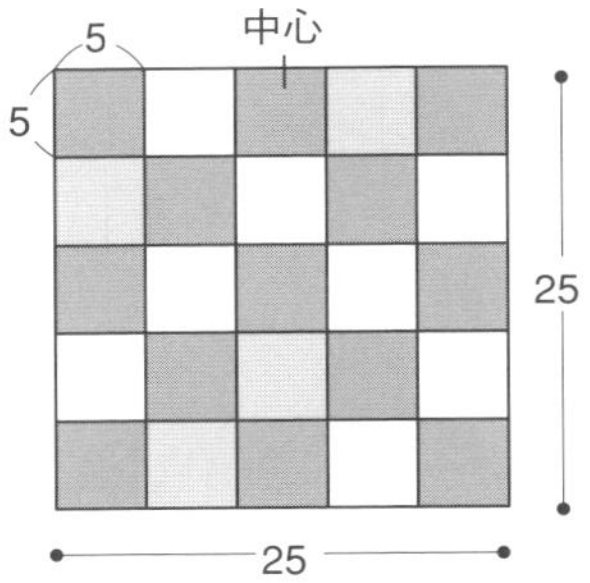

※裏布同寸

本体1枚

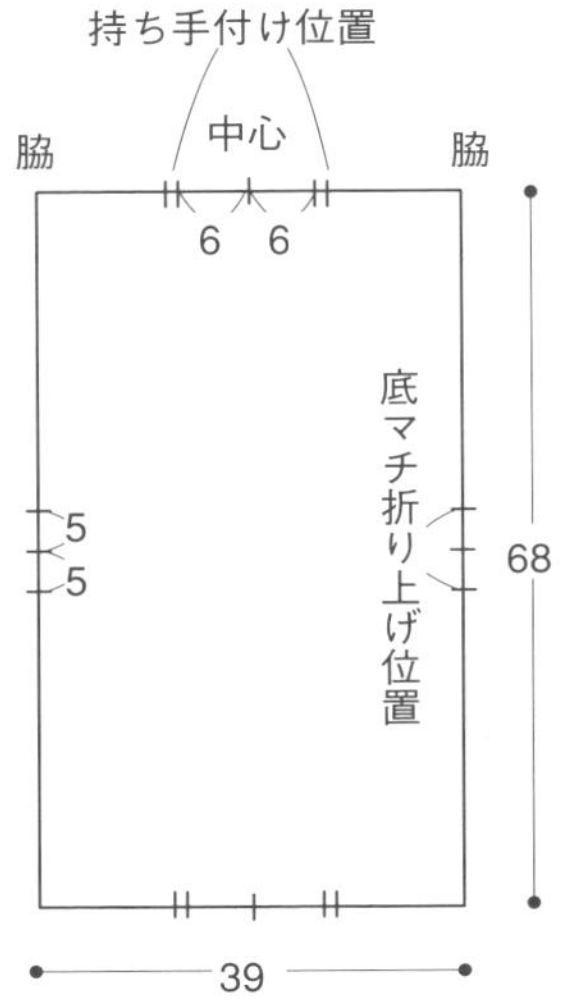

28×36cm

飾りの作り方

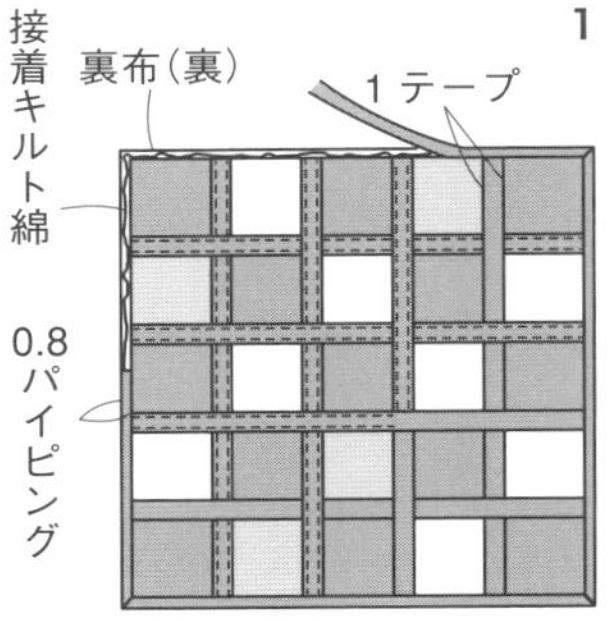

トップに接着キルト綿をはり、ピースの境目にテープを重ねてステッチする
裏布を外表に重ねて周囲をパイピングで始末する

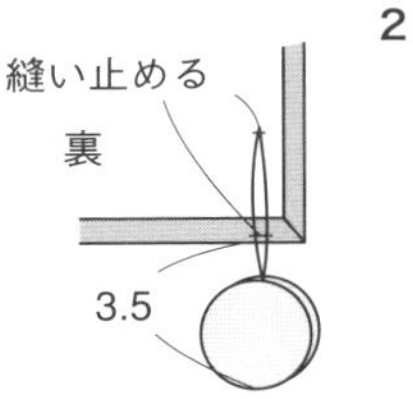

裏につつみボタンを縫い止める

つつみボタンの作り方

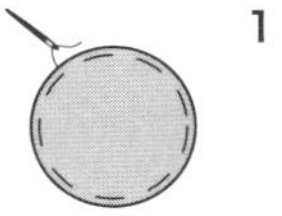

周囲をぐし縫いする

つつみボタンをくるんでぐし縫いを引き絞る

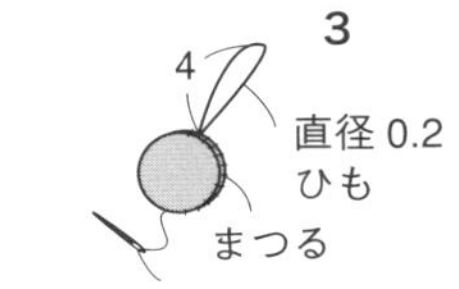

ひもの先端を2枚ではさんでまつる

内ポケット1枚

内ポケットの作り方

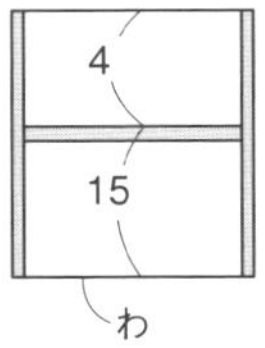

バイヤステープでくるんで始末する

ループ4枚

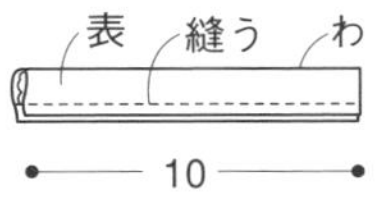

グログランテープを折ってキルト綿か布をはさんで縫う

＊材料

飾り用ピーシング、つつみボタン用布各種　飾り用裏布、接着キルト綿各30×30cm　飾りテープ用布30×30cm　幅1.8cmバイヤステープ240cm　本体用メッシュ地（内ポケット分含む）、きんちゃく用布各45×95cm　幅2.5cmグログランテープ130cm　幅15cm木製持ち手1組　直径2.5cmつつみボタン4個　直径0.2cmひも20cm　直径0.3cmひも180cm　バッグ用底板30×10cm

＊作り方のポイント

●内ポケットの作り方は64ページ参照。

＊作り方

①本体を中表に合わせて、底を折って脇を縫う。
②内ポケットとループを作る。
③本体の口を折ってループを通した持ち手を縫い付け、グログランテープを重ねて内ポケットをはさんで縫う。
④飾りを作って本体に付ける。
⑤きんちゃくを作る。
⑥本体に底板ときんちゃくを入れる。

底板1枚

仕立て方

1

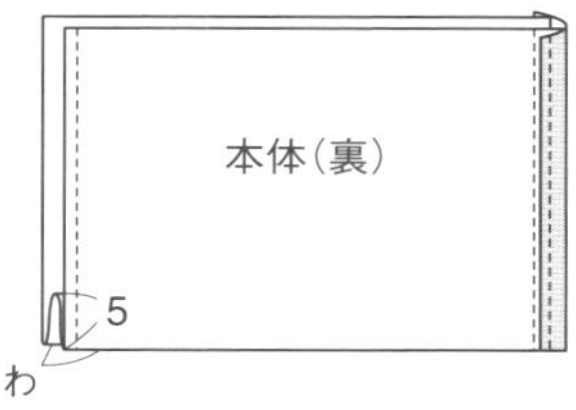

中表に合わせて底マチ折り上げ位置から内側に折り上げて両脇を縫い、縫い代をバイヤステープでくるんで始末する

2

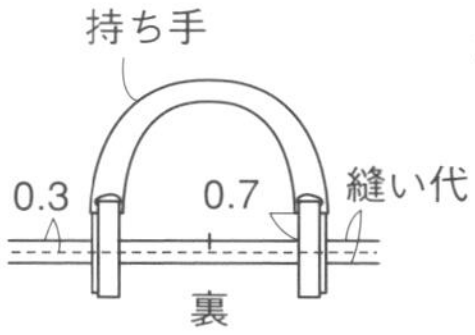

口の縫い代を折ってループを通した持ち手を縫い付ける

3

縫い代にグログランテープを重ねて内ポケットをはさんで上下を縫う

4

飾りをまつり付ける

きんちゃく1枚

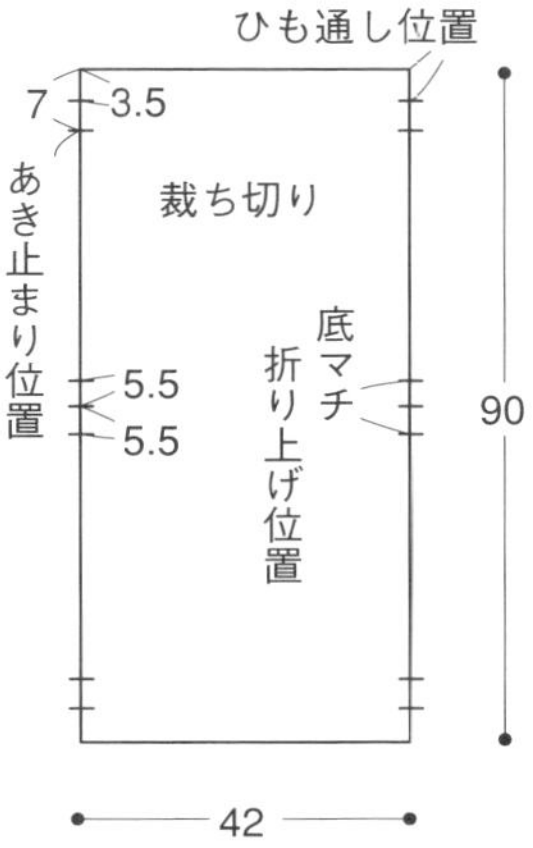

きんちゃくの作り方

1

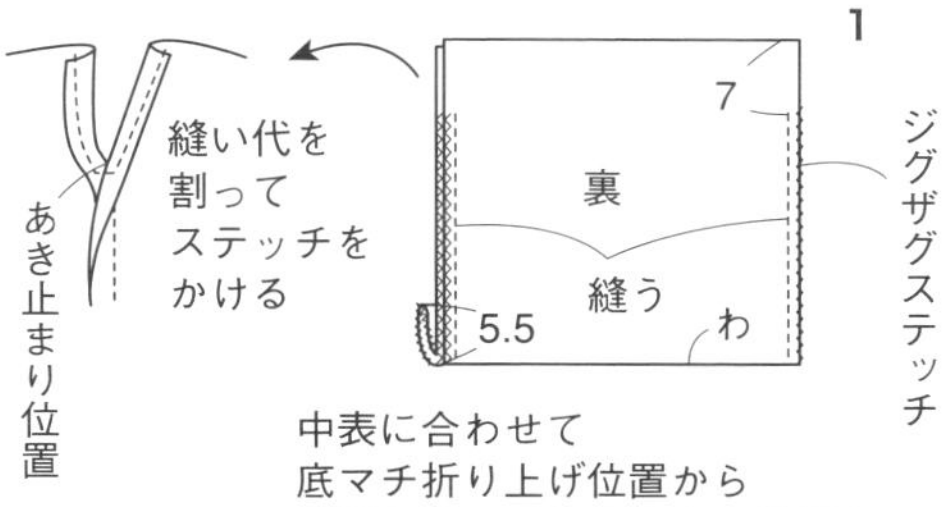

中表に合わせて底マチ折り上げ位置から外側に折ってあき止まり位置まで脇を縫い、縫い代にジグザグステッチをかける

2

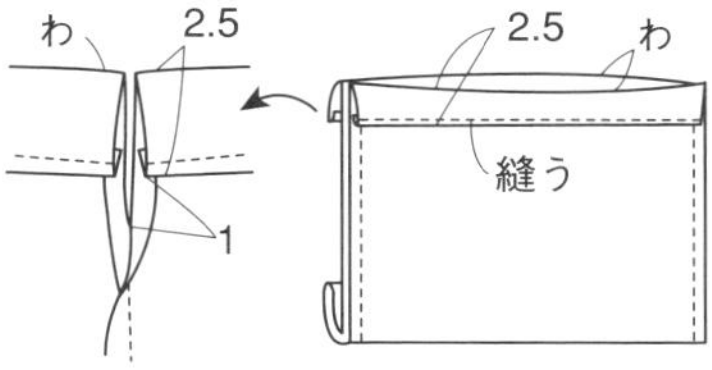

口を折り、ひも通しを縫う

3

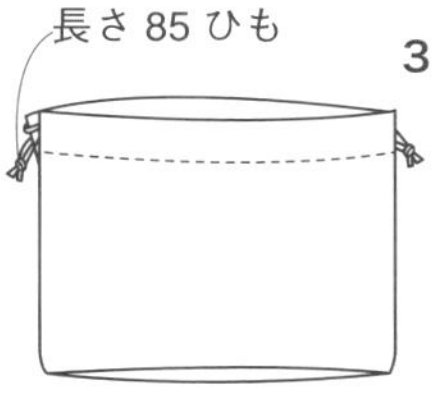

ひもを通す

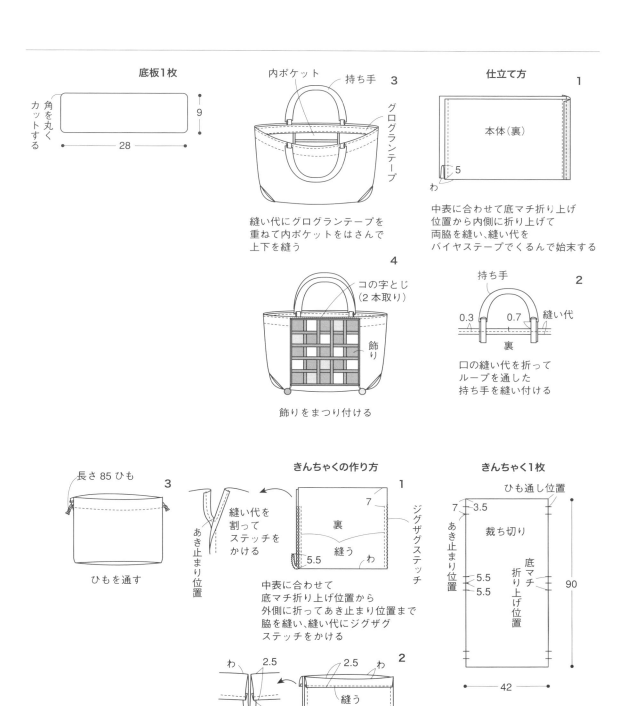

飾りA2枚

※つつみボタンに
合わせて縫い代を
付けてカットする

飾りAの作り方

1

周囲をぐし縫いして
ハート形のつつみボタン
をくるむ

2

ぐし縫いを引き絞る

3

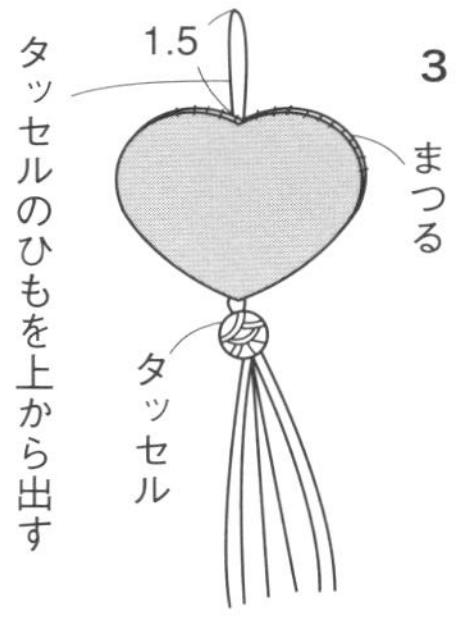

つつみボタンで
タッセルを
はさんでまつる

本体1枚

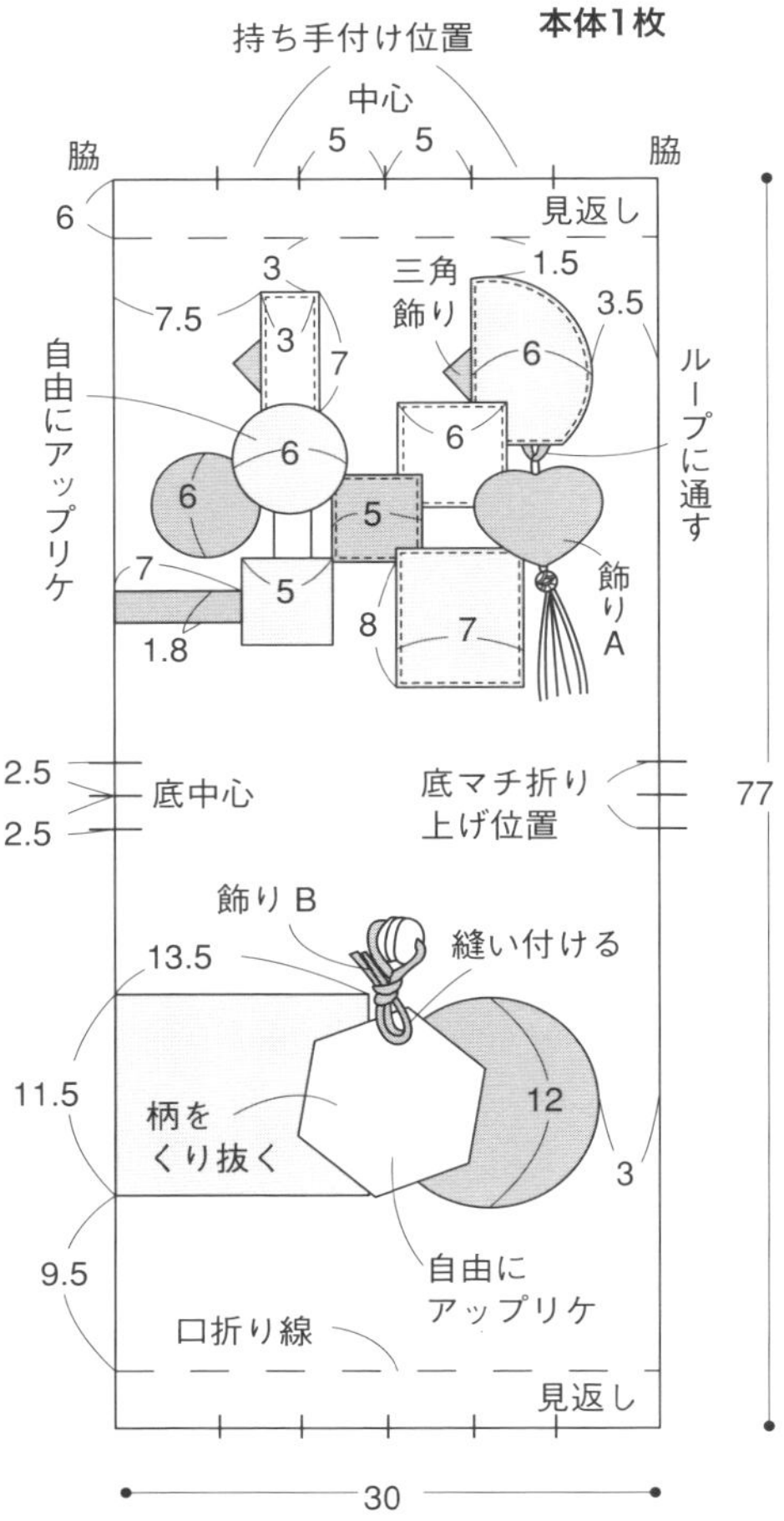

※口は裁ち切り

三角飾りの作り方

1

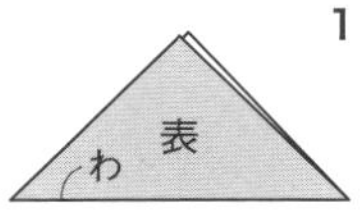

三角に折る

2

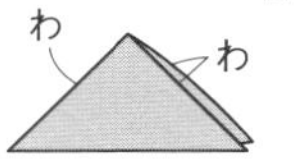

さらに三角に折る

三角飾り2枚

メッシュ地と藍布のコンビのカジュアルバッグ P.56

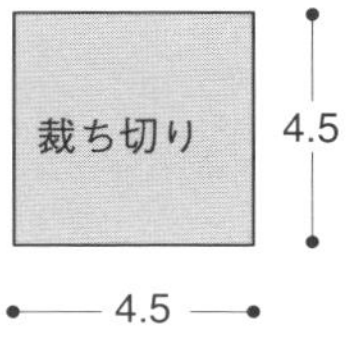

30×28cm

＊材料

アップリケ、飾り、ループ、ひも用布各種　本体用メッシュ地（内ポケット分含む）35×100cm　幅1.8cmバイヤステープ240cm　幅7cmハート形つつみボタン2個　長さ11cmタッセル1個　幅4.5cm長さ43cm持ち手1組　バッグ用底板20×10cm　幅2cmウッドビーズ1個　毛糸適宜

＊作り方のポイント

●飾りAは、本体にアップリケするときにループをはさみ、通しておく。

●内ポケットの作り方は64ページ参照。

＊作り方

①飾りA・B、三角飾り、ループを作る。
②本体にアップリケし、飾りを付ける。
③本体を中表に合わせて、底を折って脇を縫う。
④脇の縫い代と本体の口をバイヤステープでくるんで始末する。
⑤内ポケットを作る。
⑥見返しを内側に折って、内ポケットをはさんで縫う。
⑦本体の内側に持ち手を縫い付け、底板を入れる。

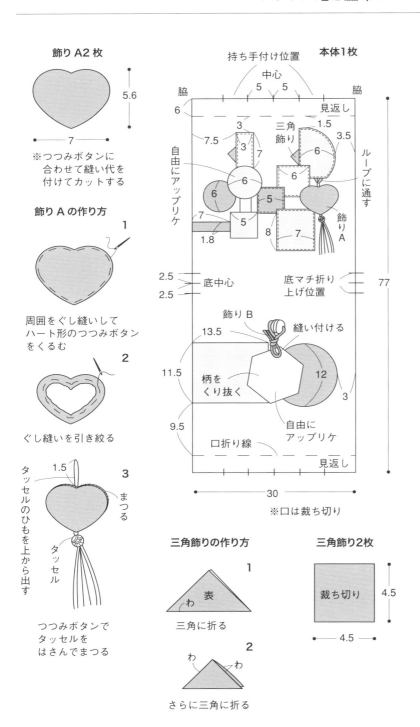

仕立て方

1

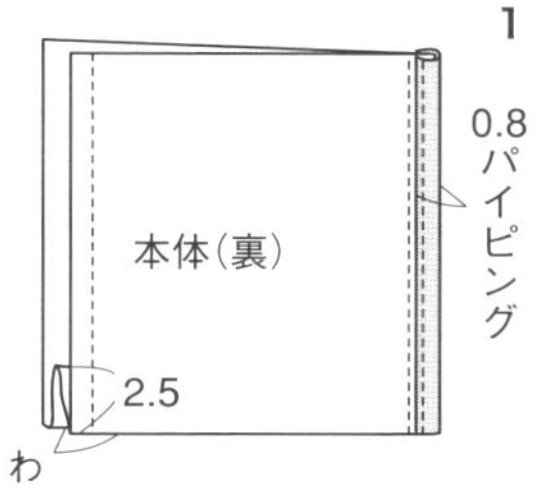

本体を中表に合わせ
底を内側に折り上げて
両脇を縫い、縫い代を
バイヤステープで
くるんで始末する

2

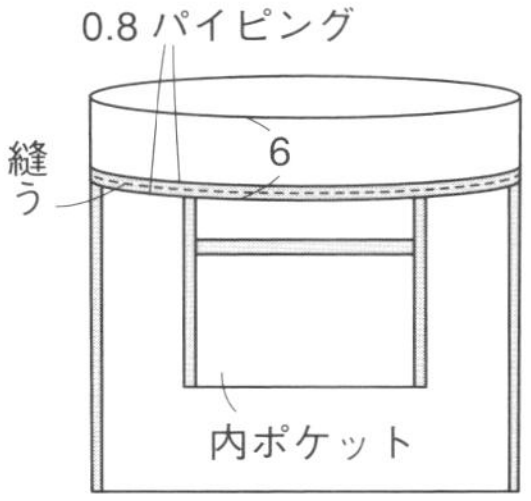

口の縫い代をバイヤステープで
くるんで始末し、見返しを折り返して
内ポケットをはさんで縫う

3

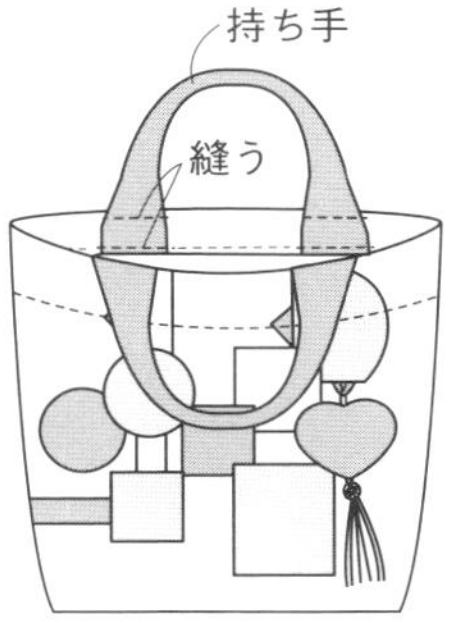

持ち手を付ける

ひもの作り方（ループ共通）

1

中表に二つ折りして
筒に縫い、表に返す

2

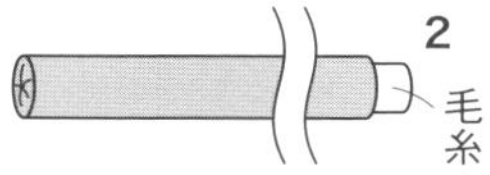

飾りＢ用ひもは
毛糸を通し、端の
縫い代を折り込んで
縫いとじる

3

ひもにウッドビーズを
通してひと結びする

ループ1枚

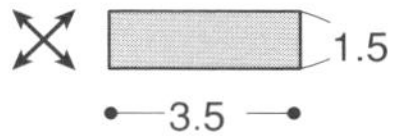

飾りB用ひも1枚

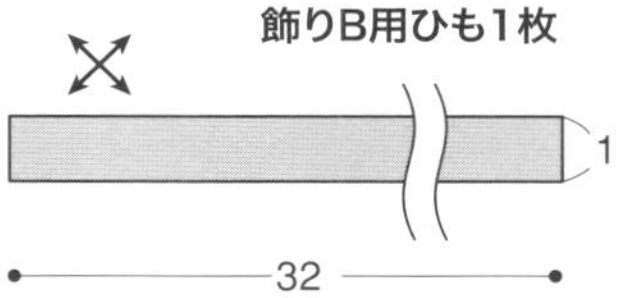

底板1枚

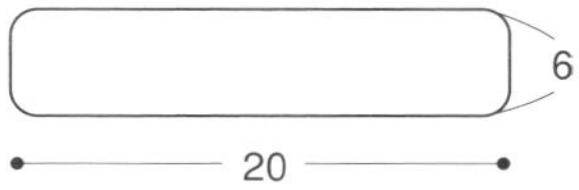

内ポケット2枚

内ポケットの作り方

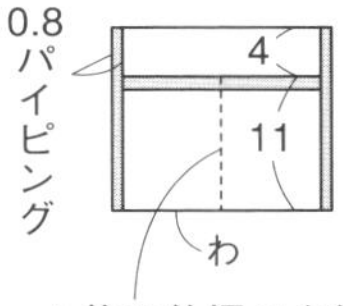

１枚は仕切りを縫う

バイヤステープで
くるんで始末する

口布2枚

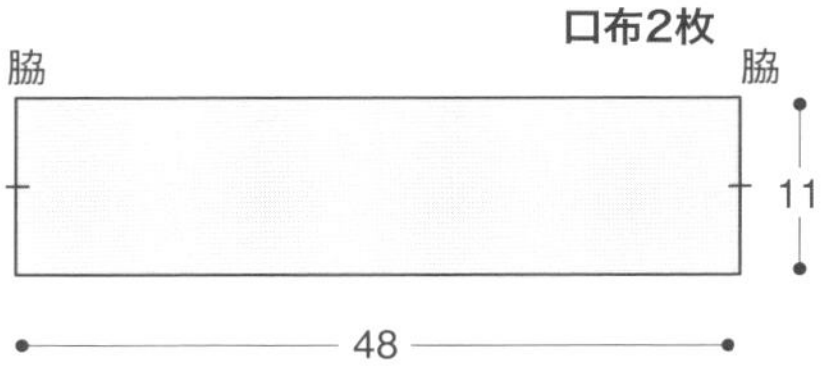

口布の作り方

中表に合わせて脇を縫う

内ポケット1枚

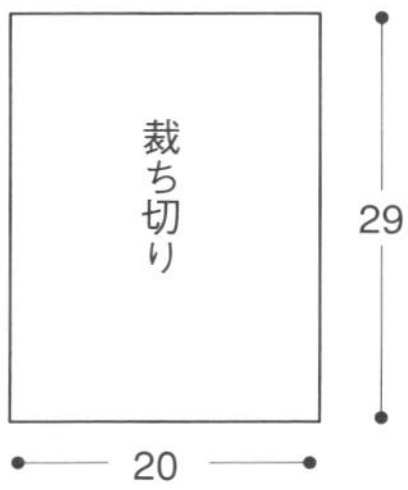

内ポケットの作り方

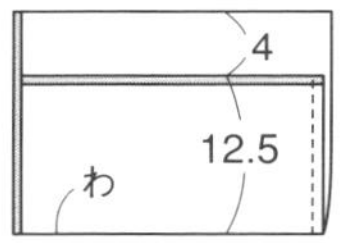

バイヤステープで
くるんで始末する

本体（メッシュ地、羽裏）各1枚

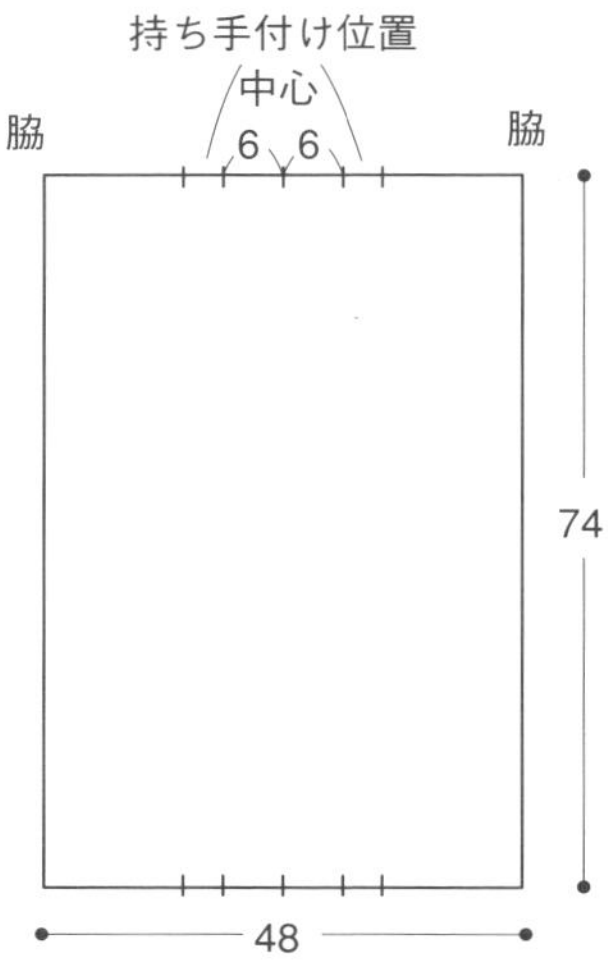

※中袋（メッシュ地）同寸

本体の作り方

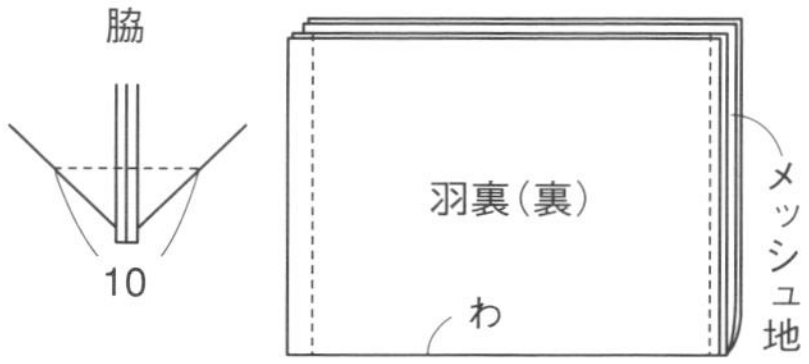

メッシュ地と羽裏を重ね、中表に
合わせて脇を縫い、マチを縫う
中袋も同様に縫う

仕立て方

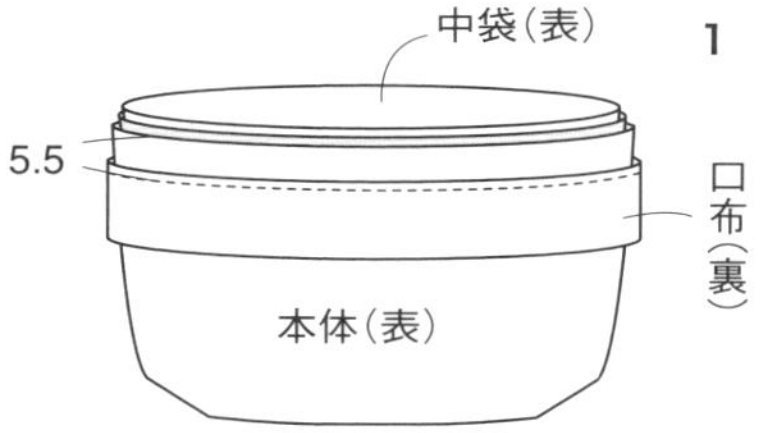

本体と中袋を外表に合わせ
口布を中表に合わせて縫う

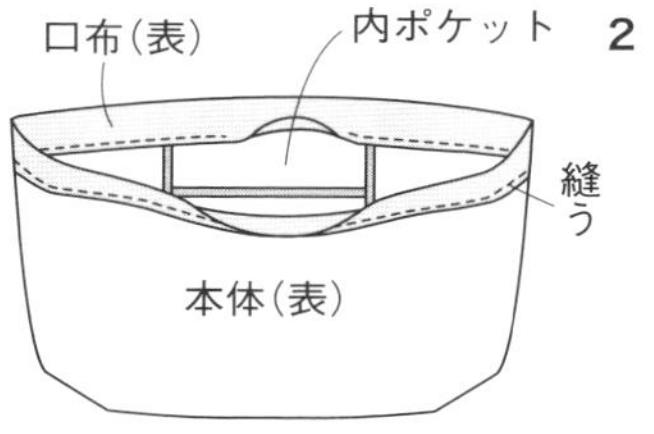

口布を内側に折り返し
縫い代を折り込み
内ポケットをはさんで縫う

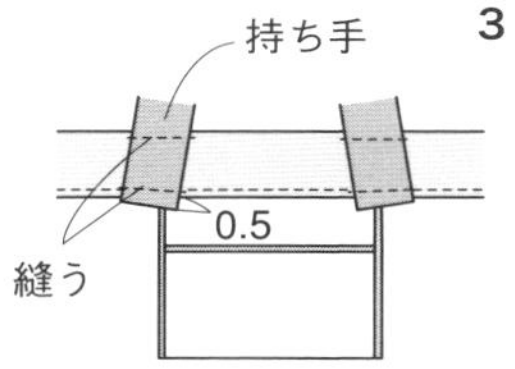

本体の内側に
持ち手を縫い付ける

底板1枚

メッシュ地のシンプルトートバッグ P.53

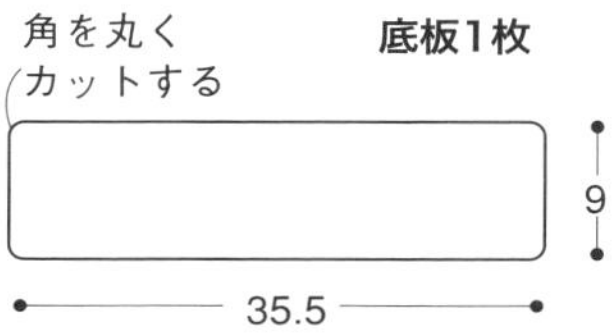

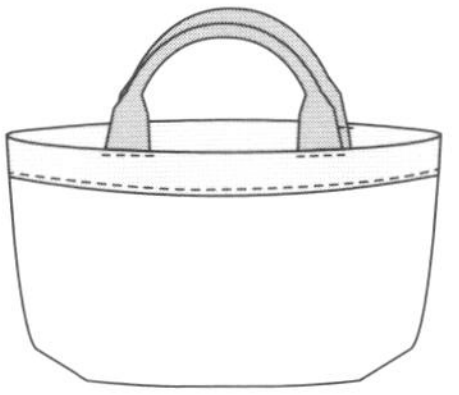

32×45cm

＊材料

本体用メッシュ地（中袋、内ポケット分含む）110 × 100cm　本体用羽裏 55 × 80cm　口布 55 × 30cm　幅 1.8cmバイヤステープ 60cm　幅 4cm 長さ 34cm持ち手 1 組　バッグ用底板 40 × 10cm

＊作り方のポイント

●内ポケットの作り方は 64 ページ参照。

●持ち手は中心に向かってやや斜めに付けるとよい。

＊作り方

①本体 2 枚を重ね、中表に合わせて脇を縫い、マチを縫う。
②内ポケットを作る。
③口布を作る。
④中袋を本体同様に作り、本体と外表に合わせ、口布を中表に合わせて縫う。
⑤口布を内側に折り返し、内ポケットをはさんで縫う。
⑥本体の内側に持ち手を付け、底板を入れる。

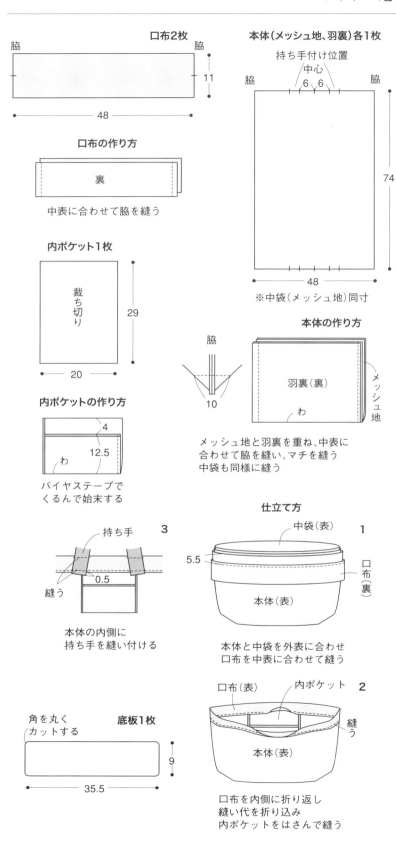

70ページ　簡単入れ子の長財布 80%縮小型紙
※125%に拡大して使用してください。

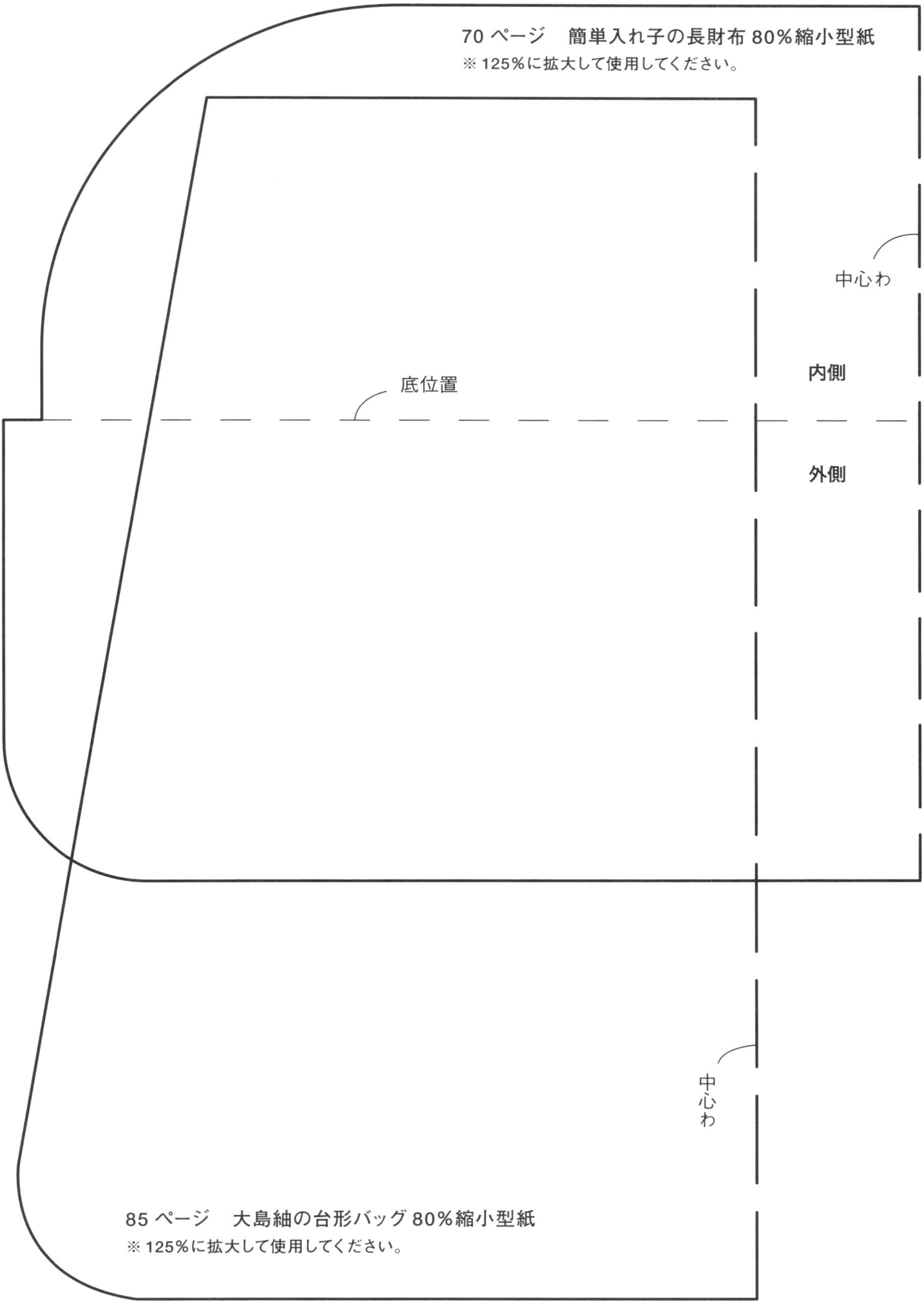

85ページ　大島紬の台形バッグ 80%縮小型紙
※125%に拡大して使用してください。

作品作りの基礎ノート

この本ではパッチワークキルトで作るものがほとんどなので、パッチワークの基礎を説明します。

古布を使う場合は弱くなっている布もあるので、裏に接着芯をはるなどしてから使ってください。

58ページのプロセスにも詳しい作り方が解説されているので、あわせてご覧ください。

トップを作る

1 ピースをカットする

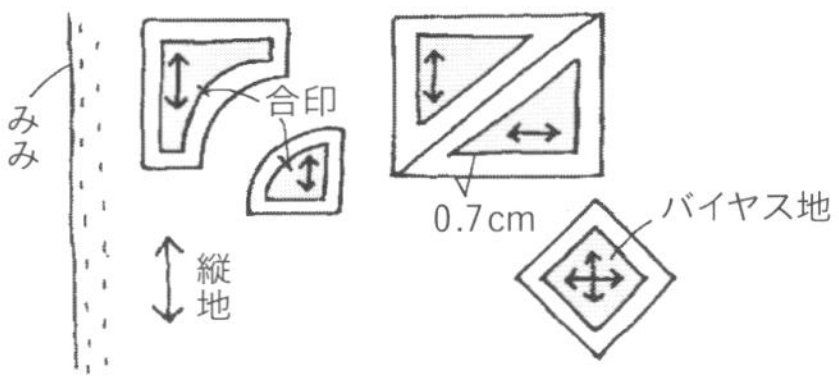

印付け
型紙を布の裏に置き、2Bくらいの鉛筆で印付け。 布目線と縦か横の布目を合わせます。目分量で0.7cm（バッグは1cmが目安）の縫い代を付けてカット。

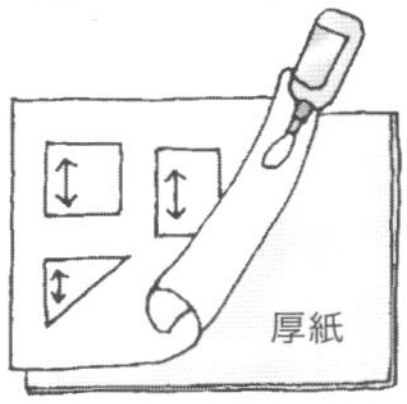

型紙を作る
紙に実物大型紙を写し、紙がのびないようにペーパーボンドで厚紙にはって正確に切ります。

2 ピーシング（ピース同士を縫い合わせる）

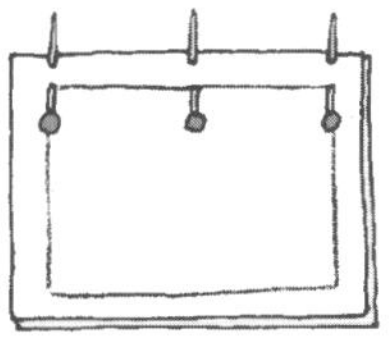

❶ピース2枚を中表に印と印を合わせてまち針で留めます。両端の印、中央、その間の順にまっすぐ刺しましょう。

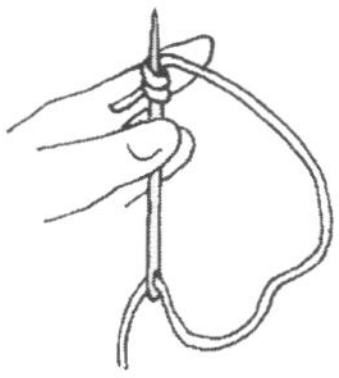

❷玉結びをします。針に糸を2、3回巻き付けて指で押さえ、針を抜きます。

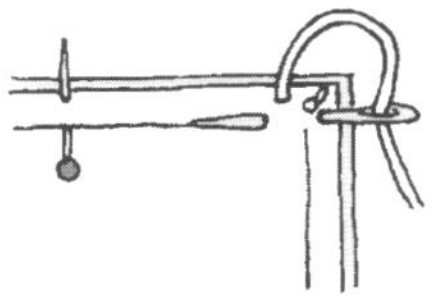

❸縫い始めで1針返し縫いをします。ぐし縫いで最後まで縫います。

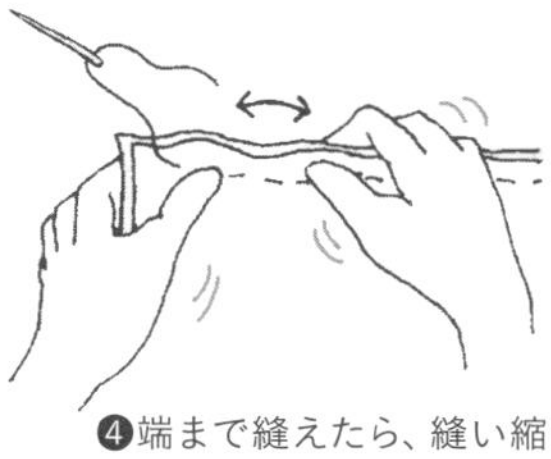

❹端まで縫えたら、縫い縮みを防ぐために糸こきをします。縫い目を爪でしごいて軽くのばします。

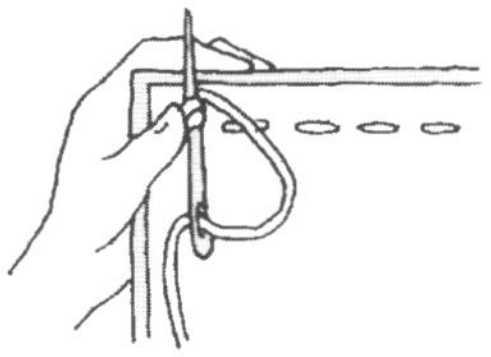

❺縫い終わりも1針返し縫いします。針を親指で押さえ、針先に糸を2、3回巻き付けて針を抜き、玉止めします。

ピーシングの縫い方3種

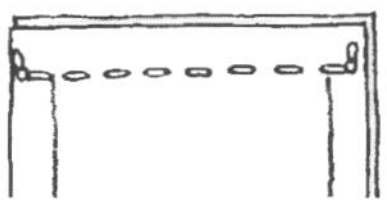

布端から布端まで
縫い切りをするときの縫い方。

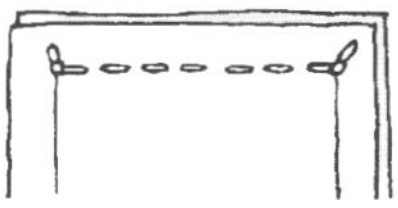

印から印まで
両端ともはめ込み縫いをするときの縫い方。

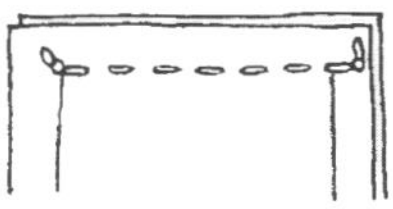

布端から印まで
印まで縫う側にはめ込み縫いをするときの縫い方。

作り方の流れ

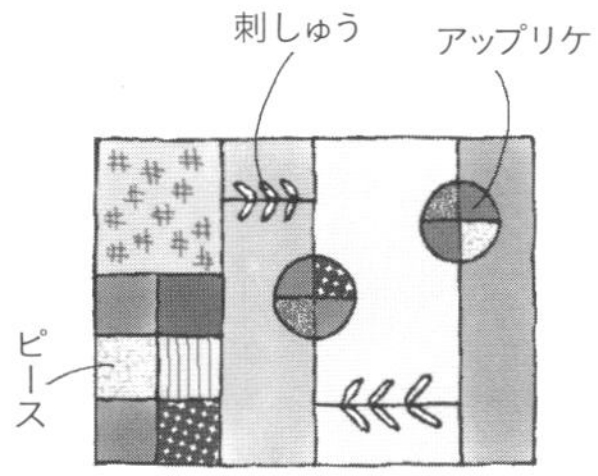

1　トップを作る
ピーシングやアップリケ、刺しゅうをしてまとめた表布をトップと言います。

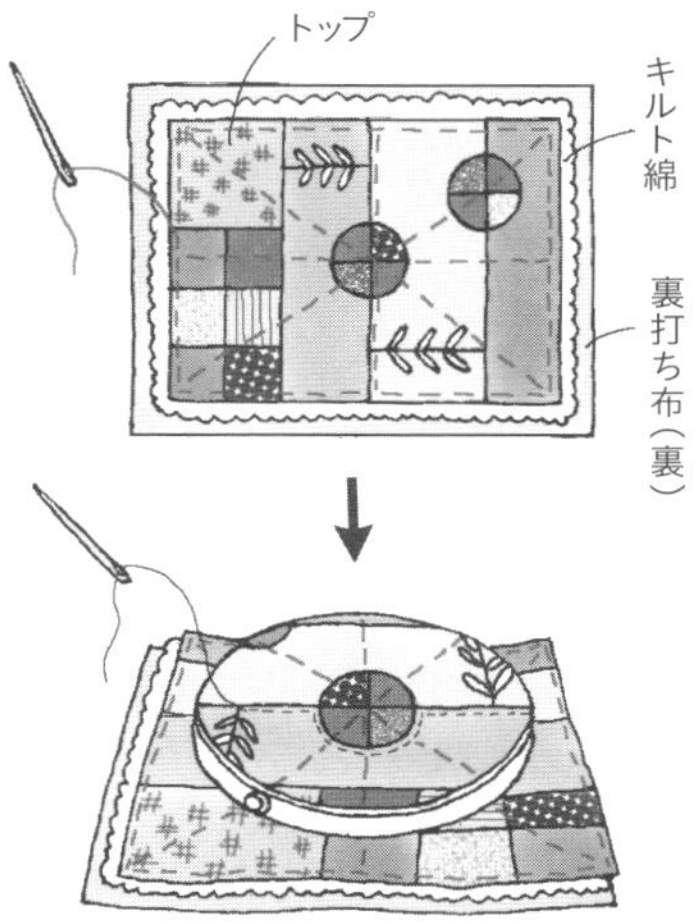

2　しつけをかけてキルティング
裏打ち布、キルト綿にトップを重ね3層がずれないようにしつけをかけて一緒に縫います。

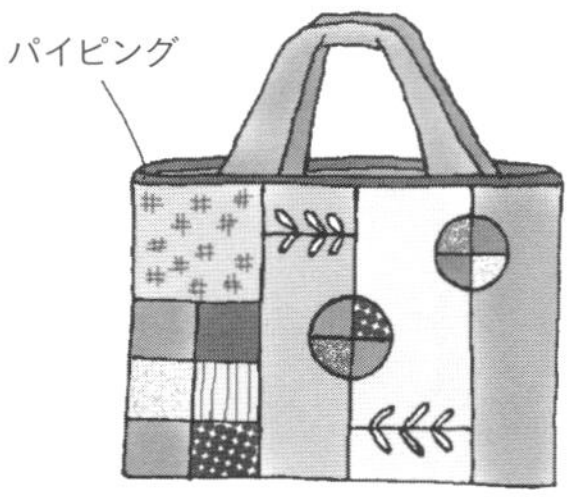

3　仕立てる
周囲や口をパイピングして、 バッグやポーチに仕立てます。仕立て方は、それぞれの作り方ページに掲載しています。 パイピングや持ち手の付け方は58ページを参照してください。

4 キルティングラインを描く

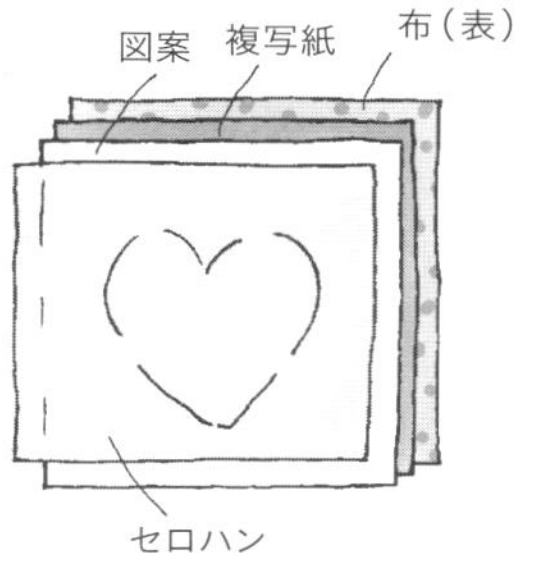

トップが出来たら、キルティングの目安となるラインを2Bくらいの鉛筆や印付け用のペンなどで軽く描きます。格子など直線の場合は定規を当てて引き、図案の場合は、図案の上にトップを重ねてなぞります。濃い色の布の場合は、布（トップ）、複写紙、図案、セロハンの順に重ね、上から鉄筆などでなぞって写します。

しつけをかけてキルティング

1 しつけがけ

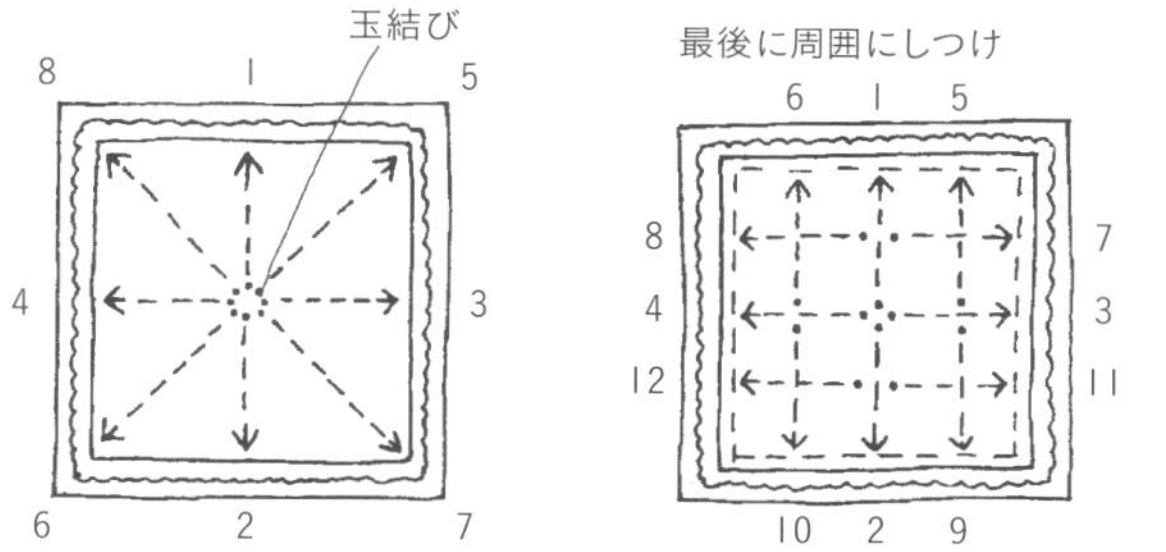

平らな場所で、裏打ち布、キルト綿、トップ（表布）の順に重ね、中心から外に手でならして空気を追い出します。3層がずれないようにしつけをかけます。布を持ち上げないように、すくう針目は小さく、糸の渡りは1～1.5cmくらいを目安に放射状か格子状にかけます。接着キルト綿や接着芯で3層を接着しているときは、しつけをかけなくてもかまいません。

2 キルティング（ステッチを入れる）

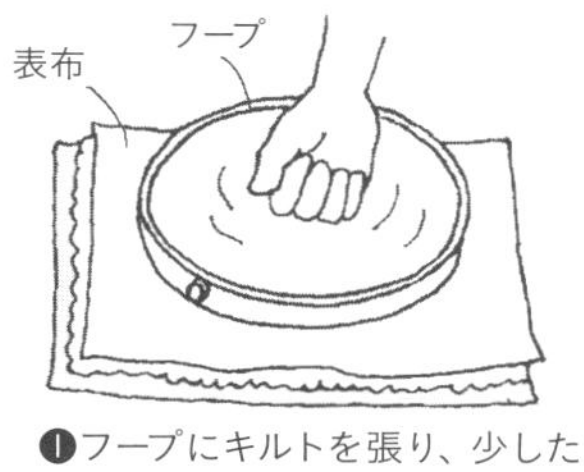

❶フープにキルトを張り、少したるませます。小物の場合はフープなしでも大丈夫です。

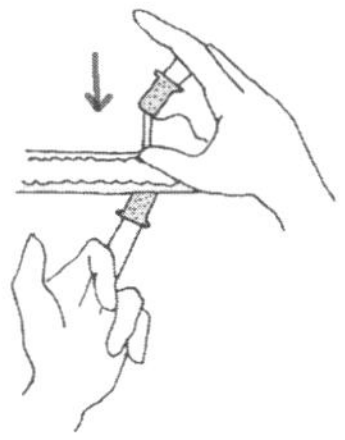

❷フープをテーブルとおなかで固定し、中心から外に向かって刺します。布に対して直角に針を入れるのが基本です。指にはめるシンブルは好みのものを使いましょう。

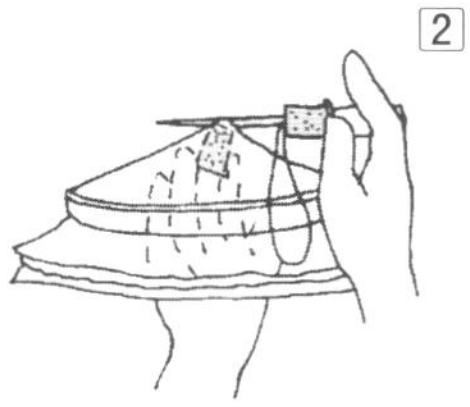

❸受け手のシンブルで押し上げてすくいます。3、4針すくって糸を引き抜くことを繰り返します。細かい針目のほうがきれいですが、まずは針目の大きさをそろえることが大切です。ピースの接ぎ目やアップリケのきわに刺すことを落としキルティングと言います。

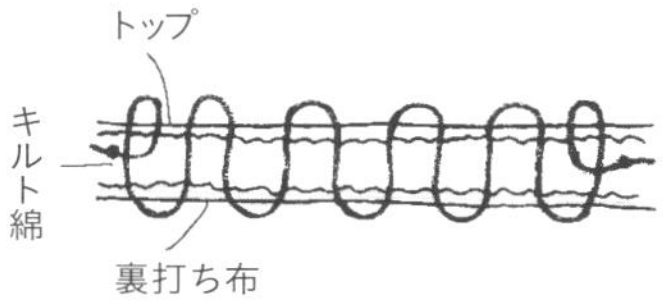

縫い始めと縫い終わり

始めはピースの接ぎ目から針を入れ、玉結びを引き込んで中に隠します。1針返し縫いをしてキルティングスタート。終わりも同様です。

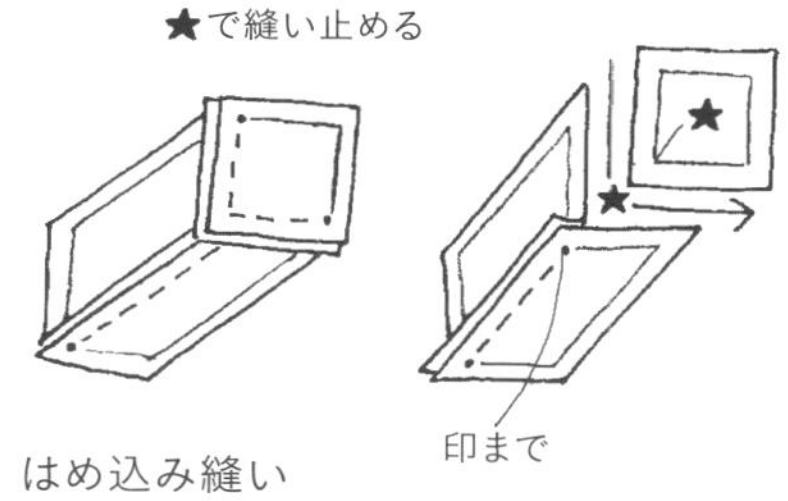

はめ込み縫い

2枚を中表に合わせて印まで縫ったら、はめ込むピースを中表に合わせて2辺をL字形に縫います。

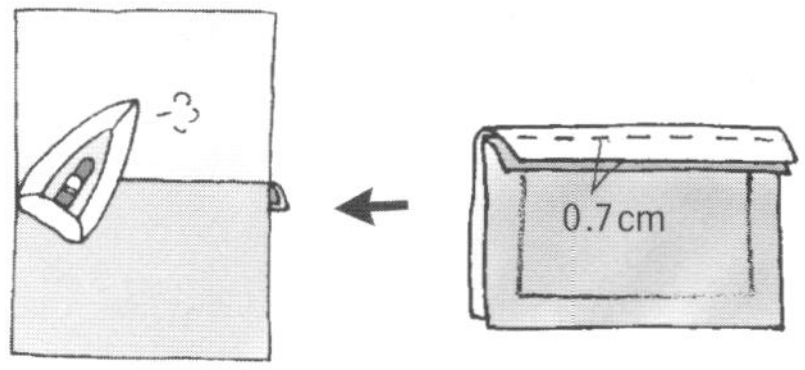

縫い代の倒し方

縫い代を0.7cmに裁ちそろえ、浮き上がらせたいピース側か、濃色のピース側に片倒しします。アイロンで押さえるとしっかりと倒れます。

3 アップリケ

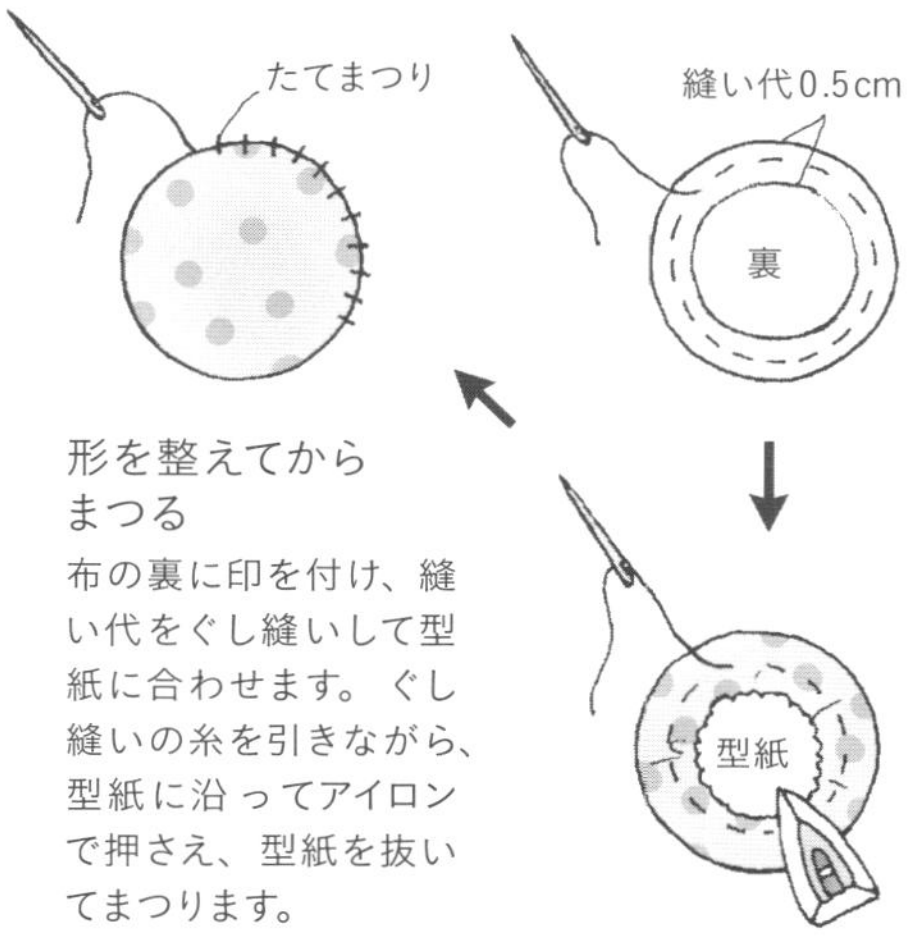

形を整えてからまつる

布の裏に印を付け、縫い代をぐし縫いして型紙に合わせます。ぐし縫いの糸を引きながら、型紙に沿ってアイロンで押さえ、型紙を抜いてまつります。

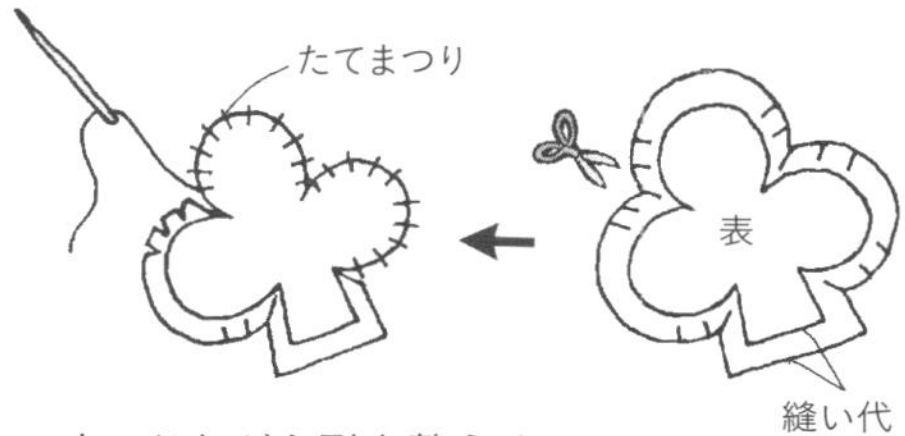

まつりながら形を整える

布の表に印を付け、くぼみ、へこんだカーブの縫い代に切り込みを入れ、縫い代を針先で折り込みながらまつります。

岡崎光子

茨城県出身。パッチワークキルト作家・講師。カフェ＆ギャラリー柏屋オーナー。婦人服縫製会社を設立し、残布を活用したパッチワークを始めて今に至る。古布を使った和を基調とした作品作りと、縫製の経験を生かした仕立てのよさに定評がある。雑誌や書籍への作品掲載多数。毎年おひなさまの時期には、柏屋で1か月間の作品展を開催。

• この本に使った材料について
持ち手や生地などの材料は、「柏屋」で購入できるものがあります。
お問い合わせください。

カフェ＆ギャラリー 柏屋
〒300-2656　茨城県つくば市真瀬595
tel.fax.029-836-2078

staff
撮影　山本和正
デザイン　中田聡美
イラスト　おちまきこ
作り方　大島幸　三島恵子
編集　恵中綾子（グラフィック社）

和布の針仕事
私の毎日使いたいバッグとポーチ

2016年5月25日　初版第1刷発行
2018年6月25日　初版第2刷発行

著　者　岡崎光子
発行者　長瀬 聡
発行所　株式会社グラフィック社
〒102-0073
東京都千代田区九段北1-14-17
tel. 03-3263-4318（代表）
03-3263-4579（編集）
fax. 03-3263-5297
郵便振替　00130-6-114345
http://www.graphicsha.co.jp
印刷製本　図書印刷株式会社

ISBN978-4-7661-2885-7　C2077